KB153951

중국 갑질 2천 년

중국 갑질 2천 년

황대일 지음

기파랑

저자가 한국과 중국 사이에 뿌리 깊이 얽힌 악연에 관심을 두고 공부한 것은 1995년부터다.

3·1 만세운동을 주도하다 일제의 칼에 맞아 순국하신 조부 황영남(黃永南, 1885~1919) 선생이 그해에 건국훈장 애국장을 추서받은 것을 계기로 역사책을 섭렵하기 시작했다. 할아버지가 가족의 생계를 뒤로 한 채 나라를 되찾으려고 목숨을 바쳐야 했던 시대 상황을 도저히 이해할 수 없었기 때문이었다.

출입처인 경찰청과 국방부 등의 바쁜 취재 일정에도 짬짬이 관련 서적을 뒤지고 논문을 읽은 덕에 머잖아 망국의 중요 단서를 포착할 수 있었다. 할아버지가 돌아가실 당시 조선이라는 나라는 권총 한 발 쏴 보지도 못한 채 일제에 나라를 빼앗긴 반송장 상태였다. 패권국 영국을 중심으로 세계질서가 재편됐는데도 중화사상이라는 미몽에서 깨어나지 못한 고종 정권의 무능과 부패가 갑작스러운 패망을 불러온 사실을 알게 된 것이다. 당파싸움에 매몰돼 선진 문물 수용을 거부한 조선은 한반도를 대륙 진출의 교두보로 삼으려는 일본의 침략 야욕을 눈치채지 못하다가 나라를 한순간에 통째로 내주고 말았다.

조선이 국권을 맥없이 상실한 데는 중국의 책임이 가볍지 않다는 점도 깨달았다. '부모의 나라'로 행세하던 청淸이 조선을 지켜주기는커녕 근대화 노력을 집요하게 방해한 탓에 국가 골격과 근육이 끊어지고 부서졌다는 사실이다. 청은 흥선대원군을 중국으로 납치하고 고종에게 퇴위하라고 협박하면서 10년 이상 국정을 뒤흔들었고 그 결과 조선은 개혁·개방의 골든타임을 놓쳐 나락으로 떨어졌다.

그런데도 중국은 역사적 범죄를 깡그리 무시한 채 400년도 더 된 임진왜란 당시 명군의 파병을 근거로 한 '재조지은再造之恩'을 오늘날까지 떠드는 후안무치를 반복하고 있다.

임진왜란 파병이 왜군 격퇴에 도움이 된 것은 사실이나, 출병한 속내와 무수한 민간인 학살, 약탈 등을 고려하면 마냥 고마워해야 할 일은 아니다. 왜란 이후 조선 양민 1만 명을 죽인 명나라 장군 모문룡과, 두 차례 호란 후 수십만 명을 납치해서 인신매매 시장에 팔아넘긴 청나라의 흑역사 앞에서는 중국이 통렬한 반성과 사과를 해야 마땅하다. 고조선까지 거슬러 올라가 보면 한반도에 빨판을 부착한 찰거머리 행태는 훨씬 더 많다.

세계 G2 국가로 급부상한 오늘날에도 중국은 주변 국가들을 윽박지르고 있다. 남중국해 영유권을 주장하며 인공섬에다 군사 기지를 만들고 '신新 실크로드' 일대일로—帶—路 프로젝트 참여를 여러 나라에 강요했다. 홍콩 민주화 시위를 무자비하게 탄압하고 주민의 정치적 자유마저 박탈하는 폭거도 보였다. 고려대를 비롯한 주요 대학에 홍콩 시위를 지지하는 대자보가 나붙자 국내 중국인 유학생들이 대자보를 갈가리 찢어 버리거나 집단 위력을 과시했다. 중국 정부와 다른 의견을 일절 용납하지 않겠다는 오만함의 극치였다.

2016년 7월 성주 사드(THAAD, 고고도미사일방어체계) 배치 결정 직후에는 중국은 한국 단체관광 제한, 대중문화 수입 금지, 한국 상품 불매운동 등 '한한령限韓令'으로 보복을 가했다. 사드 부지를 내놓은 롯데를 겨냥해서는 "중국 사업이 지진을 만날 것"이라는 엄포도 놨다. 병자호란 당시 청의 데자뷔였다. 청은 전쟁을 끝내면서 맺은 강화조약에 조선의 성곽 증축이나 수리는 반드시 청의 허락을 받아야 한다는 조항을 넣었다. 성은 공격이 아닌 방어 시설이라는 점에서 '조선판 사드'였다. 서울 한복판의 골프공 크기 물체를 탐지해 낼 만큼 정밀한 초대형 레이더를 운용하는 중국이 한국의 사드에 보이는 과민 반응은 한국을 재조지은의 채무를 짊어진 자국의 속국으로 보는 역사인식에서 비롯된 것이라고밖에 할 수 없다.

시진핑 중국 국가주석은 2014년 서울대 강연에서 임진왜란 때 전사한 명나라 등자룡 장군과 독립운동 당시 중국의 도움을 받은 김구 선생, 상하이 루쉰공원 내 윤봉길기념관 등을 언급함으로써 재조지은을 상기시키려 했다. 2017년에는 트럼프 미국 대통령과 정상회담을 하면서 "한국은 중국의 일부였다"라고 말했다. 한국은 전통적으로 중국에 예속된 속국이라는 속내를 드러낸 발언이었다.

한동안 잠잠하던 중국은 요즈음 다시 재조지은을 내세워 '친중반미'를 압박하고 있다. 140년 전 러시아의 남하를 막으려는 중국이 조선에 '친중국親中國, 결일본結日本, 연미국聯美國'을 강요한 『조선책략』을 연상케 하는 대목이다. 당시 조선은 청의 흥계를 인식하지 못하다가 나라를 빼앗기고 말았다. 수천 년간 내려온 중국의 갑질 역사를 간과한 채 보이스피싱과 다름없는 재조지은에 집착한 게 참사의 원인이었다.

이런 역사 왜곡에도 우리 정부는 한없이 관대했다. 문재인 대통령은 중국을 높은 산봉우리로 치켜세우며 중국몽 동참을 약속했다.

노무현 전 대통령은 미국을 상대로 강한 대립각을 세우면서도 중국에는 우호적이었지만 대중 외교 행보는 문재인 대통령과 확연히 달랐다. 중국의 명백한 잘못에는 침묵하지 않고 바로잡으려 했다. 중국이 동북공정을 통해 고구려사를 비롯한 한국 고대사를 빼앗으려고 하자 노 전 대통령은 중국 총리나 주석과 회담할 때 "양국 관계에 악영향을 끼친다"면서 사려 깊은 조치를 요구했다. 교육부 산하 기구로 고구려연구재단을 만들기도 했다.

망국의 한을 되풀이하지 않으려면 악연으로 점철된 중국과 한국의 과거를 위정자는 물론 일반인에게도 알려야겠다는 의무감에서 『중국 갑질 2천 년』을 출간하게 됐다.

중국의 갑질은 사대주의 늪에 빠진 조선 지배층이 부추긴 면도 없지 않다는 사실도 이 책에서 설명했다. 중국의 일방적인 가해 사실만 거론했을 때 생길지도 모르는 반중사상을 경계하려는 심모원려深謀遠慮에서다. 중국 혐오는 부메랑으로 돌아온다는 점에서 백해무익하다. 먼 나라와 친하게 지내고 가까운 나라는 공격한다는 '원교근공遠交近攻'은 세계 전역이 인터넷으로 묶인 시대에 바람직하지 않다. 지리적으로 멀건 가깝건 친해야 하는 '원교근린遠交近隣'이 진정한 시대정신이다.

원교근린이 성공하려면 자신은 물론 상대를 정확하게 알아야 한다. 중국이 외교 전략으로 삼는 '구동존이求同存異'도 지피지기 이후에야 구현될 수 있다. 차이를 서로 인정하면서 공통점을 추구한다는 구동존이는 1955년 '아시아·아프리카 회의'에서 저우언라이(주은래) 중국 외교부장이 제안한 용어로 국가 간 이견을 좁혀 합의점을 도출하는 데 주로 활용됐다.

중국이 과거 공산혁명 과정에서 '마법의 무기'로 활용한 통일전선 사업을 최근 대폭 강화한다는 점에서도 왜곡된 한중 역사의 교정이 필요하다. 중국 통일전선 세력이 국내 포털에서 재조지은을 강요하는 댓글을 무차별 살포하면서 여론 조작을 시도할 때

올바른 역사지식은 훌륭한 방어무기가 될 수 있다.

　다만, 이 책은 '중국의 갑질'이라는 주제에 맞춰 역사서와 논문, 언론 보도 등을 '오컴의 면도날'로 다듬은 탓에 일부 편향과 오류가 있을 것이다. 전문 영역에 천착하는 역사가가 아니라 다양한 분야를 섭렵하다가 특정 흐름을 포착하는 기자의 시각으로 엮느라 박이부정博而不精의 한계도 예상된다.

　그럼에도 이 책이 재조지은의 유전병을 치료하는 데 조금이라도 도움이 된다면 큰 보람으로 여기겠다. 중국이 한반도를 자국의 통제권으로 묶으려고 한중 역사를 왜곡할 때마다 그 주름을 펴 주는 다리미 역할까지 해 준다면 금상첨화다.

　기자 생활 틈틈이 정리해 둔 글을 책으로 출간할 수 있도록 저술 지원을 해 준 관훈클럽 정신영기금에 감사드린다.

2021년 9월
황대일

차례

책머리에   5

들어가며 한중 악연의 역사에서 배우기   17

1장 **주먹질과 악수** 고조선~고려   23

악연의 시작, 한 무제의 고조선 침략   26

'패륜 황제' 수 양제의 고구려 침공   30

중국 분열기엔 한반도와 '힘의 균형' / 중국 통일한 수나라, 네 차례 고구려
침공 / 향락과 무모한 전쟁 끝에 2대 만에 멸망

당, 아쉬울 땐 손 벌리고 힘 세지면 침략   37

선린외교 허물고 고구려 침공 / 나당동맹 어기고 한반도 독차지 야욕 / 발해
위협에 다시 신라에 손 내밀어

소동파 "고려는 개돼지"   46

동북아 강국 고려, 무성의한 송나라와 단교 / 고려의 높은 문화수준, 송나라
도 인정 / 중국 지식인의 뿌리 깊은 혐한

2장 갑질의 노골화 조선 전기 55

본격적인 사대는 조선부터 58

고려 때까지 '외왕내제'가 관례 / 원 간섭기부터 왕으로 격하 / 명, 이성계 족보 200년간 날조

인신 약탈 외교 72

공녀 끌고 갈 때마다 조선은 울음바다 / 공녀 잘못 땐 친정과 조정까지 불똥 / 소년들은 거세해 환관으로 / 조선인 환관이 사신으로 와 횡포

중국 사신 '천사'의 횡포 88

중국 사신 의전서열은 조선국왕 위 / 국빈급 접대, 심기 경호, 성접대까지

조선의 굴욕 외교 97

고려 말부터 균형추 기울어 / 조선 사신은 중국에서 머슴 대접 / 책봉이라는 멍에 / 병자호란 후 불평등관계 심화

3장 재조지은이라는 유령 임진왜란, 정묘호란 109

항왜원조의 진실 111

참전은 잠깐, 이후 내내 훼방만 / 평양성전투, 자른 머리 절반은 조선 백성 / 왜군 퇴로 열어 주고 강화에만 주력 / 조선 장수와 백성에게는 행패 / "명군은 참빗, 왜군은 얼레빗"

한반도 분할 기도의 원조 132

왜란 반년도 안 돼 1차 분할 협상 / 명 압력에 조선도 강화 찬성 / 선조, 의주 몽진 합리화하려 명 역할 부각

정묘호란 빌미 된 명군 조선 주둔 141

광해군은 균형외교, 인조는 친명으로 선회 / 명 주둔군, 정묘호란 수수방관 / 명군, 조선 백성 1만여 명 학살

4장   조선 쇠망의 도화선 병자호란~국권 상실 153

짧은 전쟁, 긴 후유증 155

문묘 종사 다투느라 명·청 교체기 대처 실패 / 농성 48일 만에 삼전도 굴욕 /
66만 명 전쟁노예로 끌려가 / 환향녀에게 가혹했던 무능한 조선 남성들 / 돌
에 새긴 청 황제의 '영원한 은혜'

청의 간도 점령 179

일방적 봉금…… 산삼 캐러 들어갔다가 사형도 / 분쟁 씨앗 된 백두산정계비 /
청·일 협약으로 간도 영영 빼앗겨

청 내정 간섭으로 근대화 골든타임 놓쳐 189

원세개의 조선 국정 농단 / 대미 수교에 "조선은 청 속방" 이면 합의 / 청 간섭
으로 수교국에 공관 설치 난항 / 흡혈귀의 최후

한반도 식민지화는 의화단운동 '나비효과' 211

서구 열강이 의화단 진압, 청 멸망 가속화 / 러·일, 한반도 분할 물밑협상 / 일,
의화단 10년 만에 한반도 병탄

5장   야욕의 대물림 일제강점기~6·25 223

군벌과 중국공산당의 한인 학살 226

일제에 매수된 군벌의 한인 사냥 / 사회주의자들에 친일 누명 씌워 학살 / 민
생단사건으로 조선인 항일 역량 크게 위축

장제스 속셈은 한반도 지배 회복 235

카이로 선언 '장제스 역할론'은 과장 / 중국 간섭으로 손발 묶인 광복군 / 임
시정부 승인 거부…… 연합국 참여 길 막아

중공군은 침략군   248

침략을 '항미원조'로 날조 / 중공군 주된 타깃은 한국군 / 중공의 6·25 개입은 예방전쟁 성격 / '자발적 지원군'도 허구 / 시진핑 집권 후 한국전쟁사 왜곡 기승

6장   갑질 부추긴 사대주의   269

조선 사대주의의 근원, 이성계 역성혁명   272

'조선' 국호도 중국이 낙점 / 쓰시마 정벌에도 명나라 눈치 / 사대주의 3종 세트, 만동묘·대보단·관왕묘

나라 망친 조선성리학   288

전가의 보도 '사문난적' / 북벌 개혁파 윤휴의 좌절 / 조선판 탈레반과 그 후예들

육참골단 각오로 국권 지킨 베트남   306

맺음말   311

참고문헌   317

한중 악연의 역사에서 배우기

역사적으로 중국은 국력이 강할 때는 거의 예외 없이 이웃을 향해 사악한 기운을 분출했다. 중국의 부당한 요구를 주변 약소국이 순순히 받아 주면 주종관계를 형성해서 공생하지만, 반항하면 가차없이 짓밟았다. 광활한 토지와 인구를 가진 대륙에 통일 제국이 등장하면 인접 국가들은 초긴장 상태에 빠지곤 했다. 주먹을 사방으로 마구 휘둘러 주변국을 수시로 타격했기 때문이다. 중국은 하늘에서 권력을 위임받은 천자天子국이고 주변 나라는 모두 조공을 바치는 번국藩國이라는 화이華夷사상이 워낙 강한 탓에 중국인들은 수천 년 동안 이어진 이러한 횡포를 당연시했다.

일본은 임진왜란과 식민통치 등으로 우리 민족을 괴롭혔지만, 일본의 침략 기간과 그로 인한 우리의 고통 강도는 중국과 비교하면 족탈불급이다. 한민족의 커다란 전쟁은 임진왜란, 정유재란, 6·25전쟁을 제외하면 나머지는 전부 중국과 치렀다. 현재 영토에 존재했던 옛 국가들을 중국 스스로 자국 역사에 편입했으니, 우리나라를 넘봤던 요遼(거란족), 원元(몽골족), 금金·청淸(이상 만주족) 등 이민족 나라도 전부 중국이기 때문이다.

중국의 군마가 우리 영토를 짓밟기 시작한 것은 기원전 109년부터다. 한漢 무제武帝가 고조선을 침략해 이듬해 무너뜨리고 그 자리에 4군을 설치했다. 삼국 위魏와 북조北朝·오호五胡 나라들, 그리고 중국을 재통일한 수隋, 당唐, 요, 금, 원, 명明의 홍건적, 청이 잇따라 한반도를 침략했다.

한국전쟁이 발발한 1950년에는 항미원조抗美援朝를 표방한 중공군의 참전으로 한반도 전역이 공산화할 뻔했다. 그 당시 사망과 학살, 행방불명 인원만 145만 명을 넘었다. 남한을 지원한 16개국이 유엔 결의로 파병한 데 반해 중공군은 일방적으로 개입한, 북한의 침략 공범이다.

6·25전쟁 이후 동북아시아에서 전면적 무력 충돌은 없어졌지만, 중국이 낡은 조공 체계를 여전히 이상적인 질서로 여기는 악습은 여전하다. 좀비처럼 되살아나는 중화의식은 시진핑 국가주석의 일련의 발언에서 확인할 수 있다. 시 주석은 2017년 4월 미·중 정상회담에서 도널드 트럼프 미국 대통령에게 수천 년의 한중 전쟁 역사를 이야기하다가 "한국은 사실 중국의 일부였다"고 발언했다. 앞선 버락 오바마 정부 시절 미·중 국방장관 회담에서 중국 측 참석자가 회담장에 있던 세계지도의 한반도를 가리키며

"이곳은 원래 우리 관할 영역이다"라고 말한 것과 궤를 같이하는 패권적 역사 인식이다.

2천 년 이상 이어진 황제국의 예속에 익숙해진 탓인지 대한민국 지도자들은 중국 갑질에 대체로 순응했다. 문재인 대통령이 2017년 12월 15일 베이징대학 강연에서 시 주석의 '인류운명공동체 구축론'에 찬사를 보내면서 중국을 높은 산봉우리로 비유한 것이 대표 사례다.

노영민 전 주중 대사는 2017년 12월 시진핑 주석에게 신임장을 제정할 당시 방명록에 '만절필동萬折必東'이란 글귀를 남겼다. 황하가 만 구비로 꺾여도 결국은 동쪽으로 흘러간다는, 우여곡절이 있어도 일은 결국 이치대로 이뤄진다는 뜻이라지만, 수백 년 전부터 조선의 중국 숭배 언어로 굳어진 말이다. 조선 선조와 송시열을 비롯, 재조지은에 감복한 17세기 조선 지배층이 명나라에 영원한 충성을 맹세할 때 이 말을 사용했다.

중국은 전통적으로 대외정책에서 조직폭력배와도 같은 행태를 보였다는 점에서 문재인 정부의 과도한 친중 발언은 득보다 실이 더 클 수 있다. 조폭은 비굴하면 깔보고 주먹과 흉기를 함부로 휘두르지만, 힘을 키워 과감하게 맞서면 주저하거나 얌전해지는 경향이 있다. 부드러우면 삼키지만 강하면 뱉어 낸다는 '여유토강茹柔吐剛'이 조폭의 성향을 상징하는 말이다.

문 대통령은 베이징대 연설에서 "중국과 한국은 근대사의 고난을 함께 겪고 극복한 동지"라는 말도 했다. 일부만 맞고 나머지는 틀리는 발언이다. 일본의 국권 침탈에 맞서 여러 번 소규모 군사작전을 함께 펼친 것은 공동의 국난 극복 사례이지만, 그 시기는 매우 짧고 성과도 미미했다.

중국은 1839년 아편전쟁 이후 서구 열강에 의해 국토가 찢기고 이권을 침탈당했을 때조차 한반도를 상대로 분풀이를 해 대는 비겁함을 보였다. 1880년대에 조선이 자력 근대화 기회를 상실한 데도 중국의 잘못이 크다. 청나라 대표로 조선에 군림한 원세개(위안스카이)의 부당한 간섭 탓에 조선은 근대화를 위한 골든타임 10년을 그냥 날려 버렸다. 중국은 이웃 식구가 어려울 때 아버지나 장남으로서 도움을 제공하기보다 날강도짓을 한 사례가 훨씬 많다.

세계 양강 G2 반열에 오른 요즈음에는 아편전쟁 이후 응축된 치욕을 한꺼번에 갚기라도 하려는 듯 다시 입이 거칠어지고 세상을 향해 레이저 눈빛을 발사하고 있다. 국익에 손상이 간다고 판단하는 사안에는 가차없이 응징했다. 2016년에는 성주 사드 배치에 대해 대규모 대한對韓 경제보복뿐만 아니라 혐한嫌韓 감정을 노골화했다. 한국인 관광객이나 기업인에게 욕설을 퍼붓거나 폭행하고, 헬스클럽에서 태극기를 갈기갈기 찢어서 걸어 놓는가 하면, 한국인의 식당 출입을 차단했다. 자유무역 질서를 떠들면서도 상대적으로 약한 국가는 언제든 쥐락펴락하겠다는 왜곡된 중화주의를 야만적으로 표출하는 모양새다.

한국은 중국의 압박을 피하려고 2017년 미국의 미사일방어체계(MD) 참여, 사드 추가 배치, 한미일 군사동맹 등 3가지를 하지 않겠다는 이른바 '3불不'을 약속했다. 근대 주권국가를 탄생시킨 1648년 베스트팔렌 조약과 배치하는 극히 이례적인 양보였다. 각국의 요새 강화와 동맹 체결을 보장한 이 조약의 권한을 주권국가가 스스로 포기했음에도 표독한 중국의 표정은 좀처럼 펴지지 않았다.

그해 문 대통령이 베이징을 국빈방문했을 때 중국 경호원들이 한국 기자들을 구둣발로 걷어차는 등 심하게 폭행했는데도 중국은 공식 사과를 거부했다. 책봉-조공 체제를 토대로 한반도에서 독점적 지위를 누리던 1894년 청일전쟁 이전 시절로 돌아간 듯한 모습이다. 책봉-조공 체제는 황제(천자)가 주변 국가나 이민족의 수장을 제후로 책봉하면 제후는 지역 특산물 등을 조공함으로써 군신관계를 유지하는 통치 방식으로, 주周나라에서 시작돼 청나라까지 지속됐다. 낡은 책봉-조공 체제의 단꿈에 아직도 빠져 있는 것이 중국몽中國夢의 실체가 아닌가 하는 의구심마저 들게 한다.

조선 임금이 한겨울 맹추위를 견디며 허허벌판에서 중국 황제에게 큰절하고 맨땅에 머리를 찧어 피를 철철 흘린 삼전도의 굴욕을 되풀이하지 않으려면 2천 년 이상 반복된 한중 간 악연을 제대로 알고 타산지석으로 삼아야 한다.

중국과 얽힌 오랜 역사를 돌이켜보면 부국강병과 다자간 균형 외교, 군사동맹이 국가 안전을 지키는 필수 장치라는 사실을 금방 깨달을 수 있다. 조공 답례품이나 정권 안정과 같은 단기 이익에 눈이 멀어서 주권과 국가 자존심을 쉽게 양보한다면 자멸적 재앙이 찾아온다는 점도 한중 역사는 가르쳐 준다.

01 주먹질과 악수

고조선~고려

기원전 2333년 한민족 최초의 국가로 탄생한 고조선은 한반도는 물론 중국 요녕(랴오닝)성까지 영토를 넓히며 발전한 동북아시아의 강대국이었다. 고조선은 한반도 남부 부족국가인 진震국의 특산물을 사들여 중국 한나라에 되파는 중계무역을 통해 성장했다. 풍부한 경제력에 걸맞은 군사력을 갖춘 덕에 중국 고대국가들은 물론 춘추전국을 통일한 진秦나라도 고조선을 넘보지 못했다.

하지만 한나라 7대 황제인 무제가 즉위한 기원전 141년 이후에는 고조선을 포함한 동북아시아의 평화 기반이 흔들리게 된다. 한 무제는 100년 이상 중국의 북쪽 국경을 괴롭혀 온 흉노 세력을 몽골 지방으로 몰아낸 데 이어 중앙아시아 방면의 국가들을 차례로 정벌했다. 남쪽으로는 복건(푸젠)성의 민월閩越과 동월東越

을 흡수하고 남월南越국 일대까지 점령했다. 그런 다음 5만 명의 군대를 동쪽으로 돌렸다. 고조선에 가로막혀 진국과 특산물 직거래를 하지 못하는 상황에서 조공마저 방해받았다는 이유로 기원전 109년 고조선 영토인 요동(랴오둥) 지역을 침공한 것이다.

당시 천하무적으로 평가받은 한 무제였음에도 고조선은 결코 만만한 상대가 아니었다. 한나라 대군은 육로와 해로를 통해 여러 차례 공격했으나 번번이 패퇴했다. 그러나 1년 동안 잘 버티던 고조선 군대는 기원전 108년 내분 탓에 수도 왕검성을 빼앗기면서 멸망했다. 그 결과 요동 일대에 한나라 통치기구인 낙랑, 임둔, 진번, 현도 4군이 설치됐다.

한 무제는 한족 사상 두 번째로 광활한 영토를 확보함으로써 진 시황제, 당 태종, 명 영락제永樂帝, 청 강희제康熙帝와 더불어 중국에서 가장 위대한 황제로 평가받는다. 하지만 우리 민족에겐 국권을 침탈한 최초의 원흉이다. 한 무제의 고조선 침략 때부터 한반도에 대한 중국의 본격적인 갑질이 시작돼 오늘날까지 한중 관계에 적잖은 악영향을 미치고 있다.

고조선은 망했을지언정 상당수 후손은 중국에 동화하지 않고 고구려를 건국해 대륙의 강대국과 다시 어깨를 나란히 할 정도로 국력을 키웠다. 한나라 멸망 이후 중국이 사분오열됐을 때는 고구려가 만주와 연해주, 요동반도까지 영토를 넓혀 '천하의 중심'

을 자처하기도 했다(임기환, "고구려는 천하의 중심이다", 매일경제 2017. 8. 3 참조). 중국 주나라 이후 중국이 독점해 온 '천자'의 지위를 누린 것이다.

581년, 남북조시대의 혼란을 끝내고 중국을 약 300년 만에 재통일한 수나라가 등장한 이후부터는 사정이 달라진다. 동북아시아의 무게중심이 다시 대륙으로 넘어가면서 한반도에 크나큰 시련이 닥쳤다. 단명한 수나라에 이어 당나라도 대군을 이끌고 수시로 침략했기 때문이다. 당군의 말발굽에 백제와 고구려가 잇따라 무너지고 신라는 치열한 전투 끝에 한반도의 절반만 간신히 지켜 냈다. 이후 통일신라는 물론, 고구려를 계승한 발해와 한반도를 재통일한 고려도 계속해서 중국의 위협과 침략에 시달렸다.

발해와 고려는 중국의 힘과 호전성 등을 고려해서 조공 예우를 갖추려 했으나 국가 자존심까지 꺾지는 않았다. 무리한 압박을 받을 때는 고슴도치 전략을 구사했다. 덥석 물었다가 찔리면 심각한 고통을 느끼도록 해 주는 방식이다. 외침에는 무력으로 응징하는 정면승부도 마다하지 않았다.

이 때문에 중국은 약하다 싶으면 주먹을 휘둘렀다가 강하다는 사실을 알게 되면 곧바로 악수를 청하는 이중전략을 취했다. 발해나 고려의 외왕내제外王內帝(대외적으로는 왕을 칭하지만 국내에서는 황제로 군림) 관행을 문제 삼다가 사실상 묵인한 것도 그런 이중전략의 일환이었다. 692년 신라 무열왕의 묘호廟號인 태종太宗을 쓰지 말도록 당나라가 강요했을 때는 신문왕이 거절할 정도로 당당했다. "무열왕이 덕이 있었고 신하인 김유신을 얻어 삼한일통三韓一統의 대업을 이루었으니 태종이라는 묘호를 받을 자격이 충분하다"는 이유까지 전달했다.

극동은 물론 중앙아시아를 넘어서 유럽까지 정복한 몽골족의 원나라조차 고려의 기상을 쉽게 꺾지 못했다. 고려는 1231년부터 28년 동안 원에 저항하다 항복함으로써 근 100년간 내정 간섭을 받았으나 국가 명맥은 유지했다.

악연의 시작, 한 무제의 고조선 침략

한국과 중국은 수천 년 동안 교류하면서 냉·온탕을 숱하게 경험했지만, 고대국가 형성 이전에는 근린 우호 관계가 대세였다.

중국 은殷나라의 기자箕子가 무리를 이끌고 고조선으로 옮겨 나라를 다스렸다는 기자동래설箕子東來說도 양측 관계가 원만했음을 보여 준다. 오늘날 역사학계에서 기자동래설의 진위를 놓고 논쟁하지만, 우리 조상들은 오랫동안 이를 사실로 믿어 왔다. 고구려는 기자 제사를 지냈고 고려 때는 '기성箕城' 평양에 기자 사당을 세우고 제사지냈다.

조선에서도 그 전통은 이어져 태종과 세종이 기자묘廟를 보수하고 석수石獸를 설치했으며 정자각도 건립했다. 유교적 교화를 이 땅에 처음 실현한 성현으로 기자를 숭상하는 분위기가 확산한 결과다. 고려를 멸한 세력이 기자조선을 계승했음을 천명하려는 의도에서 새 왕조의 국호도 조선으로 정했다.

한나라 고조 유방의 죽마고우였던 노관이 흉노 땅으로 망명할 때 그의 부장副將이었던 위만衛滿이 고조선으로 피신한 사실도 원만했던 한중 관계를 짐작게 해 준다. 위만은 패수浿水를 건너 고조선으로 망명할 당시 최대한 예의를 갖췄다. 한나라 의복 대신 동이족의 옷차림인 호복胡服을 입고 고조선의 고유 풍습인 상투를 틀었다. 나중에 왕위를 찬탈한 이후에도 국호를 계속 조선이라고 했다(『삼국지·위서』 동이전). 이 때문에 위만이 원래 고조선 사람이었을 것이라는 주장도 있다.

위만의 뿌리가 무엇이든, 분명한 것은 위만이 연燕나라 망명자 무리 1천 명을 이끌고 입국했는데도 물리적 충돌 기록이 없다는 점이다. 고조선이 이들의 망명을 기꺼이 수용했음을 추측게 하는 정황이다. 고조선 준準왕은 위만을 박사에 임명하고 100리에 달하는 넓은 땅을 주며 서쪽 변방을 지키도록 하는 등 깍듯이 예우했다. 준왕이 위만을 절대적으로 신임하지 않았다면 불가능한 일이었다.

그러나 위만은 나중에 딴마음을 먹게 된다. 연나라와 제齊나라 출신 유민을 모아 세력을 키운 다음 준왕을 내쫓고 왕검성에 도

읍을 정한다. 이 무렵 한나라는 건국 초기였고 계속된 흉노의 침입에 대비해 온 힘을 쏟은 데 반해서 고조선에는 매우 우호적이었다. 위만이 한나라의 외신外臣을 자처하고 요동의 만주족이 한나라의 변경을 침범하지 못하도록 해 주자 한나라가 병력과 물자를 제공해 줄 정도로 양국 관계가 돈독했다.

위만이 죽고 손자 우거右渠왕 때는 사정이 크게 달라진다. 한나라와 동쪽의 여러 나라 사이에 자리 잡은 고조선이 동서 무역로를 장악한 채 중계무역으로 막대한 이득을 챙기며 나날이 번창하자 한나라의 불만이 팽배해졌다. 그 무렵 한 무제가 북쪽 흉노를 정벌함으로써 건국 이후 지속한 역逆조공 관계를 뒤집을 만큼 한나라의 국력은 커졌다.

이런 상황에서 기원전 109년 한나라 사신의 피살 사건을 계기로 전쟁이 발발한다. 한 무제는 섭하라는 사신을 보내 우거왕에게 한나라의 신하로서 예우를 갖추라고 요구했다가 거절당한 데 이어 섭하가 살해되자, 이를 반란으로 규정하고 전면전을 감행했다. 섭하가 귀국길에 자신을 배웅한 고조선 관리를 죽이고도 한나라에서 처벌받지 않고 벼슬을 챙긴 데 분노한 우거왕이 군대를 동원해 그를 죽여 버린 것이다. 호시탐탐 공격 기회를 엿보던 한나라는 이를 빌미로 병력 5만 7천 명으로 원정군을 편성해 육상과 해상 두 갈래로 나눠 침략했다. 고조선과 한의 이 전쟁이 역사에 기록된 최초의 한중 간 악연이자 국가 차원의 갑질이다.

한나라 원정군은 왕검성을 에워싸고 총력전을 폈으나 점령은 쉽지 않았다. 고조선 군대가 한나라 대군에 맞서 약 1년간 치열한 교전을 벌이며 일진일퇴할 정도로 막강했기 때문이다. 전쟁은 오래도록 팽팽하게 진행되다 왕검성의 내분으로 고조선이 멸망하게 된다. 한나라는 기원전 108년 6월 고조선 영토에 낙랑, 진번, 임둔, 현도 4군과 속현을 설치해 직접 통치했다.

4군 중 진번과 임둔 2군은 25년 만에 소멸하고 현도군도 33년 만에 토착 세력에 점령돼 한사군 체제는 낙랑군만 남고 무너지게 된다. 313년 고구려 미천왕의 공격으로 멸망할 때까지 약 421년간 존속한 낙랑군은 중국과 한반도 사이에서 무역과 통신 등을 장악함으로써 한반도 남부 삼한三韓 등의 발전을 가로막았다. 한반도에서 고대국가가 중국보다 한참 늦게 탄생한 것도 낙랑군의 존재와 무관하지 않다.

고구려는 낙랑군 탈환 이후 급성장하면서 중국의 통일왕조인 수나라, 당나라와 어깨를 나란히 할 정도로 국력이 커졌다. 백제와 신라도 위·진魏晉 시대부터 중국과 직접 교류하면서 중앙집권 국가의 위상을 갖춰 나갔다. 역사에 가정은 없다지만, 위만조선이 한의 침공을 물리쳤거나 낙랑군이 일찍 사라졌더라면 한반도의 발전은 훨씬 앞당겨졌을 것이다.

'패륜 황제' 수 양제의 고구려 침공

중국 분열기엔 한반도와 '힘의 균형'

한나라 멸망 후 위진남북조시대(220~589)에 접어들면서 중국의 갑질은 뜸해진다. 중국이 분열되어 끝없는 전란에 휩싸이고 소小빙하기를 맞아 한반도를 괴롭힐 여력이 없었기 때문이다.

위진남북조시대에 농업문화와 유목문화가 융합되고 실크로드를 통한 동서 교역이 활발해진 것은 장점이다. 인도에서 불교가 전해져 새로운 문화와 예술이 흥한 것도 이 시기다. 이러한 선진 문화는 한반도로 전해져 고대국가 발전에 보탬이 됐다.

고구려 소수림왕 즉위 2년인 372년 전진前秦 왕 부견符堅이 승려 순도順道를 보내 불상과 불경을 전했다(『삼국사기·고구려본기』 소수림왕). 374년에는 전진에서 아도阿道가 고구려로 파견돼 불도를 전하고 최초의 한국 사찰인 성문사와 이불란사를 세웠다. 소수림왕은 전진과 평화를 유지하고 불교를 호국사상으로 삼았다. 또 태학을 세워 중국에서 수입한 유교를 가르쳐 국가 인재를 양성했다.

백제는 양梁을 비롯한 중국 남조 나라들과 활발하게 교류하면서 불교를 받아들이고 모시박사毛詩博士와 공장工匠, 화사畵師 등을 초빙해서 선진 문화를 적극적으로 수용했다.

공자의 사상을 집대성한 유교는 위만조선 시대에 일부 도입됐지만, 한반도에 본격적으로 수용된 시기는 위진남북조시대다. 한반도 동남쪽의 신라는 고구려와 백제를 통해 유교를 수용한 탓에 중앙집권국가 성립이 삼국 가운데 가장 늦었다.

당시 한반도 국가들은 중국과 활발한 조공외교를 펼쳤으나 국익이 걸린 사안이 생기면 당당하게 맞섰다. 436년 북위北魏의 침공으로 이웃 북연北燕이 멸망할 때 고구려 장수왕이 취한 대응 방식이 그런 사례다. 장수왕은 갈로와 맹광 두 장수를 북연의 도읍인 화룡성에 급파해 무기고 등을 털고 북연왕 풍홍과 백성을 사로잡아 철수했다. 북위는 한 발 늦은 탓에 북연왕을 놓쳐 버리자 고구려에 항의하면서 군사 공격 위협을 가했다. 하지만 고구려를 제압할 자신이 없었기 때문에 군사행동을 하지는 못했다.

풍홍왕이 장수왕의 고압적인 태도에 불만을 품고 남송南宋으로 망명하려 했을 때도 고구려의 위상을 확인할 수 있다. 남송에서 사신을 보내 풍홍의 이송 비용을 대라고 요구하자 장수왕은 풍홍과 일가족 10여 명을 죽여 버렸다.

489년 중국 남제南齊의 사신이 북위에 가서 고구려 사신과 나란히 앉았을 때는 장수왕이 북위에 강한 불만을 터트렸다. 대국에 걸맞은 의전 특혜를 누리지 못한 데 대한 항의였다.

중국 통일한 수나라, 네 차례 고구려 침공

위진남북조시대의 마감으로 동북아시아에서 힘의 균형이 깨지면서 한반도에는 다시 재앙이 시작됐다.

5세기 중반 이래 동아시아는 장기간 평화를 이어갔다. 중국의 남북조, 몽골고원의 유연柔然과 뒤이은 돌궐, 티베트고원 서북쪽의 토욕혼, 동북아시아의 고구려 등 주요 국가들이 힘의 균형을 이룬 덕분이다. 고구려는 독자 세력권을 유지함으로써 중국 왕조와 대등한 관계로 공존했다. 이런 상황에서 수나라가 중국을 통일하자 세력균형이 깨지면서 전운이 감돌았다.

북주北周의 양견楊堅이 수 황제(문제)가 돼 남북조를 통일한 뒤 한민족에 대한 지독한 갑질과 침략을 일삼았다. 300여 년간 분열된 중국을 통일한 뒤에도 영토 확장 야욕을 불태웠다. 수는 동아시아 전체에 중국 중심의 국제질서를 구축하려는 의도에서, 북방의 돌궐과 남조 진陳을 멸망시킨 데 이어 고구려까지 넘봤다. 수는 598~614년까지 고구려를 무려 4차례나 공격해 국가 명운을 건 전쟁을 벌였다.

수 문제는 중국을 통일한 지 17년 만인 597년 풍년이 들고 군사가 넉넉해지자 고구려에 도발적인 내용의 국서를 보냈다.

"짐이 천명을 받아 온 천하를 애육愛育하여 왕(영양왕)에게 바다 한귀퉁이를 맡기는 것은 교화敎化를 드날려서 원로방지圓顱方趾로 각기 그 천성天性을 다하게 함이라. 왕이 매양 사절을 보내 해마다 조공하지만, 정성이 미흡하다."

영양왕의 분노를 자극해서 전쟁을 일으키고 싶었던 문제는 자국과 함께 동아시아 'G2 국가'를 형성한 고구려의 사신 파견을 '조공'으로 표현했다. 영왕왕은 이런 국서를 받고 심한 모욕감을 느낀 듯 초강경 대응을 하게 된다. 강이식 장군이 "오만무례한 글에는 붓이 아닌 칼로 회답하자"며 즉각적인 개전을 건의하자 선뜻 수락했다(신채호, 탁양현 엮음,『단재 신채호의 조선상고사 1』, e퍼플, 2018). 어차피 벌어질 전쟁이라면 선공을 취함으로써 피해를 줄이려는 일종의 예방전쟁이었다.

전면전으로 치달은 이 전쟁은 세 갈래로 이뤄졌다. 고구려 병마원수로 임명된 강이식이 군사 5만 명을 이끌고 임유관臨渝關으로 출정했고, 고구려의 동맹 세력인 말갈 군사 1만 명은 요서(랴오시)를 공격해 수의 군사를 유인했다. 거란 군사 수천 명은 바다를 건너 산동(산둥)을 침공했다.

고구려 군대가 수 요서총관 위충과 접전을 벌이다가 패한 척하며 임유관에서 철수하자 수 문제가 30만 대군을 이끌고 육지와 바다를 통해 진격해 왔다. 그때 강이식은 수군을 거느리고 바다로 출격해 수나라 군수품 보급선을 격파한 데 이어 육지에서 성문을 굳게 닫고 장기전에 돌입했다. 수나라 군사는 양식이 떨어진 데다 6월 장마를 만나 굶주림과 전염병으로 무수히 죽어 가다가 결국 퇴각했다. 그때 강이식 군대가 성문 밖으로 나가 추격전을 벌여 대부분 섬멸하고 막대한 무기를 확보했다.

여수麗隋전쟁이 이렇게 마무리되는 듯했으나 그것은 동아시아

역사상 최대 규모의 전쟁을 알리는 예고편에 불과했다. 아버지 문제를 죽이고 집권한 수나라 2대 황제 양제는 612년부터 매년 1차례씩 3년 동안 고구려를 침공했다.

향락과 무모한 전쟁 끝에 2대 만에 멸망

양제는 전쟁과 대운하에 미친 중국 최악의 폭군으로 악명을 날린 인물이다. 양제 즉위 당시 수나라 재정 상태는 매우 탄탄하고 민생이 안정돼 있었다. 하지만 양제가 권력을 찬탈한 이후 국가 곳간이 텅텅 비면서 전국 곳곳에서 민란이 일어났다. 정치 중심지인 북부와 물산이 풍부한 남부를 연결하는 대운하와 동서 및 남북 간 수로를 건설하고 곳곳에 궁궐을 신축하느라 국가 재정이 거덜 났다. 국가부도엔 양제의 고구려 침략도 한몫 했다.

제2차 여수전쟁은 매우 하찮은 동기에서 시작됐다. 사신과 공물을 보내거나 왕이 예방해 황제에게 경의를 표하는 주변 국가들과 달리 고구려는 이런 예의를 갖추지 않았다는 게 침공 이유였다. 612년 1월 양제는 고구려를 칠 수밖에 없는 다섯 가지 이유를 적은 조서를 발표했다. 이는 사실상 선전포고문이었다. 조서에는 "고구려가 어리석고 불공하여 도를 어지럽히고 덕을 무너뜨려 악을 가리고 간사함을 품어 천자국인 수나라가 침공할 수밖에 없다"는 내용을 담았다. 양제는 권력에 눈이 멀어 친형을 모함해서 태자 자리를 빼앗은 것도 모자라 부친마저 살해하고 집권한 패

룬 군주라는 점에서 고구려의 결례를 질책한 것은 전형적인 내로
남불이었다.

양제는 조서 발표 후 얼마 지나지 않아 육군 113만 명과 해군
4만 명을 이끌고 침공을 감행했다. 군량과 군수품 운반 인원까지
합치면 전체 병력은 300만 명에 달한 것으로 추정된다.

고구려군은 요하(랴오허)에서 도하를 저지하다 두 달 만에 요동
으로 퇴각해 수성 작전으로 전환했다. 평원에서 정면승부를 피하
고 들판의 모든 동식물과 물자를 없애 버린 다음 주요 성곽을 지
키는 데 주력함으로써 적의 공격을 무력화하는 이른바 청야清野
작전이었다. 소규모 부대를 가끔 성 밖으로 내보내 적을 기습공격
함으로써 교란하고 후방 물자 보급을 차단하는 작전도 병행했다.

고구려군의 완강한 저항으로 요동성 등 주요 거점에서 한 발짝
도 나아갈 수 없는 데다 대규모 원정군에 필요한 물자 조달이 어
려워지자 출정 초기에 기고만장했던 양제는 초조해졌다. 설상가
상으로 겨울 추위가 임박해지자 양제는 작전을 급변경했다. 정예
요원 30만 명이 평양에 이르는 주요 성들을 우회해서 곧바로 평
양성을 치는 기동전술을 택했다. 1636년 청나라가 조선을 침공한
병자호란 당시 인조의 강화도 피란을 막는 데 활용한 전술의 원
조격이었다.

정예부대가 일단 평양을 장악하면 바다 건너 대동강을 거슬러
올라오는 해군과 합류해서 성곽을 포위공격한다는 작전이었으

나, 결과는 참담한 실패였다. 고구려군 총사령관 을지문덕이 정면 대결을 피한 채 거짓 패배를 거듭하며 수나라군을 평양 깊숙이 끌어들이는 작전에 우문술과 우중문이 이끄는 별동군 30만 명이 완벽하게 걸려들었다. 수나라 군대는 덫에 걸린 줄도 모르고 평양성 부근까지 진격했지만, 이미 극도로 지친 데다 군수품 보급선까지 끊겨 진퇴양난에 빠졌다. 고립무원이라는 사실을 뒤늦게 깨닫고 서둘러 퇴각했지만 그마저도 여의치 않았다. 고구려군의 추격을 받아 살수에서 포위돼 거의 전멸했다(살수대첩, 612). 30만 명 가운데 불과 2,700명만 요동으로 귀환했다.

이듬해인 613년 4월 수 양제는 설욕을 다짐하며 고구려를 다시 침공해 요동성 함락을 목전에 두었으나 예부상서 양현감의 반란으로 철수하고 만다. 614년 3차 정벌 역시 실패로 끝났다. 국내 곳곳에서 일어난 반란으로 전쟁을 지속할 수 없게 되자 고구려군과 협상 끝에 퇴각했다.

대운하와 화려한 궁전 건설, 잦은 고구려 원정 등으로 백성의 삶이 도탄에 빠져 민란이 끊이지 않았는데도 양제는 오불관언이었다. 사치와 향락에 탐닉한 채 국정을 멀리했다. 양제는 여러 번 양주揚州로 내려가 길이 약 60미터의 배를 강에 띄워 놓고 풍광을 즐겼는데 이때 배를 끈 인원이 1천 명을 넘었다고 한다(박종구, "수나라 2대 황제 수양제(박종구의 중국 인물 이야기)", 광주일보 2017. 4. 11). 궁궐 100여 개 방에 미녀를 넣어 두고 날마다 새 방을 찾아가는 황음을 일삼다 618년 측근에게 살해되면서 비로소 폭정이 멈추게 된다.

양제는 무모한 침략 전쟁으로 본인은 물론, 수백 년 만에 어렵사리 이룩한 통일왕조마저 단기간에 파멸로 이끈 망국의 군주라는 오명을 남겼다. 당나라 때 붙여진 양제煬帝라는 묘호는 '색을 밝힌 패륜 황제'라는 뜻이라고 한다.

고구려는 전쟁에서 이겼음에도 막대한 재산과 인명 피해를 봤다. 청야전술로 요동에서 평양에 이르는 지역의 모든 논밭이 불탄 데다 무수한 군인이 희생됐다. 요동에서만 군사 1만 명이 죽고 요동성 공방 때도 최소 2만~3만 명이 전사한 것으로 추정된다.

고구려와 수의 전쟁 기간에 신라와 백제는 수의 원정을 요청하면서 외교적으로 수를 지원하는 듯했으나 막상 전쟁에서는 관망 태도로 일관했다. 동아시아 '빅 2' 국가끼리 벌어진 싸움에 끼어들지 않고 지켜봄으로써 자국의 안전을 도모하려는 전략이었다.

당, 아쉬울 땐 손 벌리고 힘 세지면 침략

중국은 한 무제 이후 강성해지면 주변국에 어김없이 망치를 휘두르고 약할 땐 악수를 청하는 외교·군사전략을 구사했다. 수나라 패망 이후 대승상 출신인 이연李淵이 618년 중국의 새로운 국가로 세운 당도 예외가 아니었다.

당 고조 이연이 전국에 걸친 대혼란을 수습할 때는 주변국에 한없이 관대했다. 하지만 정국이 어느 정도 안정되고 국력이 커지게 되자 돌변했다. 갑자기 유화책을 걷어차 버리고 강력한 힘을 과시했다. 전형적인 대국굴기의 모습이었다.

이연은 수 말기 이래 분열된 지역 곳곳을 제압하고 북아시아 유목민 국가인 동돌궐을 차지했다. 630년대에는 중국 서북쪽의 서돌궐과 톈산산맥 일대의 오아시스 국가들을 하나씩 장악했다.

그는 중국 중심의 세계질서를 무력을 통해 구축하겠다는 야욕을 한동안 고구려에 숨긴 채 매우 우호적인 태도를 보였다. 622년에는 여수전쟁 당시 발생한 양측 포로를 교환하고 사신 왕래를 활발하게 추진했다. 북서부 공략에 집중하느라 동쪽으로 전력을 분산할 여력이 없던 상황에서 취한 기만책이었다.

선린외교 허물고 고구려 침공

고구려는 이러한 속셈을 간파하지 못한 채 호혜외교로 화답했다. 624년 영류왕이 당 고조에게 조공하고 상주국 요동군공 고구려왕上柱國遼東郡公高句麗王으로 책봉받았다. 628년에는 「봉역도封域圖」라는 지도까지 바쳐 가며 선린 의지를 보였다(『삼국사기·고구려본기』). 「봉역도」는 남아 있지 않아 실체를 알 수 없으나 주요 도로와 성의 위치 등을 담았다면 핵심 군사기밀 자료였을 것으로 추측된다. 그렇게 중요한 「봉역도」를 당에 전달한 것은 동돌궐 세력이 약해진 틈을 타서 고구려가 요서 지역을 탐하지 않겠다는 메시지를 담은 상징외교 차원으로 추정된다(윤성환, "624~642년 고구려의 대당 외교와 정국 동향", 『동북아역사논총』 59: 15~16, 2018).

그런데도 당은 대對고구려 정책 기조를 공세적으로 전환함으로써 평화공존 기대를 훼손한다. 그 첫 사례가 631년 발생한 경관京觀 파괴였다. 당 태종은 돌궐 반란 세력을 제압한 다음 국력에 자신감이 생기자 장손사長孫師를 사신으로 보내 경관을 철거해 버렸다. 경관은 수나라 113만 침략군을 무찌른 을지문덕이 적군의 유골을 쌓아 만든 탑 모양의 전승 기념물이다. 경관의 크기는 알 수 없으나 경京자로 미루어 매우 거대했을 것으로 짐작된다. 경이 가장 크다는 의미를 갖기 때문이다(허성도, "한자이야기: 京(경)", 동아일보 2006. 3. 17). 경관은 고구려의 영광이자 자부심, 국력 상징물로서 백성을 상무尙武정신으로 똘똘 뭉치게 하는 역할을 했을 것으로 보인다. 반면, 중국인에게는 조상 30만 명이 몰살당한 악몽과 치욕을 떠올리게 하는 조형물인 셈이다. 그래서인지 장손사는 국경을 넘어 경관으로 가서 위령제를 지낸 다음 곧바로 허물었다고 한다.

고구려는 경관 파괴를 문제 삼아 한동안 당나라와 수교를 중단했으나 640년에 다시 화해 제스처를 취했다. 영류왕의 태자 고환권高桓權을 당에 보내 국자감 입학을 요청한 것이다("8살에 당에 끌려가 노비와 내시가 된 고구려 왕손", 한겨레 2020. 4. 12). 이런 노력은 머 잖아 엄청난 패착으로 드러난다. 당이 대군을 이끌고 고구려를 침략한 것이다. 야수로 돌변한 태종 이세민의 '살인 발톱'을 눈치 채지 못한 것이 화근이었다.

당은 635년과 640년 티베트고원의 토욕혼과 지금 신장 지역의 고창高昌국을 각각 차지한 다음 645년 칼끝을 고구려로 돌렸다. 병력 약 50만 명과 각종 공성용 무기를 동원한 수륙 양면 침공을 감행했다. 고구려가 온 정성을 기울인 저자세 선린외교가 물거품 이 되는 순간이었다. 수 양제의 침략 때 군건하게 버텼던 요동 일 대 성들은 이번에는 와르르 무너졌다. 성의 위치가 평지여서 공성 무기에 속수무책이었다. 다행히 안시성을 비롯한 산악 지대 성은 고구려군이 잘 싸워 준 덕에 태종의 1차 원정을 가까스로 막아 낼 수 있었다.

당은 2차 원정을 앞두고 전략을 바꿨다. 단기간에 고구려를 이 기기 어렵다고 보고 육군과 해군의 소규모 부대가 공격과 퇴각 을 반복함으로써 방어군의 진을 빼는 소모전을 택했다. 이 때문 에 고구려 농민들은 제대로 농사를 지을 수 없어 심각한 타격을 입었다. 지구전이 어느 정도 효과를 거뒀을 때는 전면전으로 전 환했다. 다만, 북쪽 육로와 바닷길로만 진격하던 1차 원정과 달리 세 방면에서 전선을 형성했다. 신라의 힘을 빌려 고구려 남부 국 경 지대에 강력한 전선을 추가로 구축했다. 그 결과 당은 겨울에도 신라로부터 군수품을 지원받아 대륙으로 물러나지 않고도 전쟁을 지속할 수 있었다.

이런 상황에서 665년 연개소문 사망 후 아들들이 권력다툼을 벌이면서 고구려는 난공불락이던 요동 신성新城과 부여성에 이어 668년 평양성마저 잃고 멸망했다.

나당동맹 어기고 한반도 독차지 야욕

당나라의 선의를 순진하게 믿고 온갖 굴욕까지 감수했다가 패망한 고구려와 마찬가지로 신라도 머잖아 토사구팽 신세가 된다.

당의 동아시아 패권 장악에는 신라의 군사 지원이 절대적으로 주효했다. 백제 패망 2년 만인 662년 당군이 고구려 수도 평양성을 공격할 당시 추위와 군수품 차단, 고립 등으로 몰살 위기를 맞았을 때 신라군이 구출해 줬다. 고구려군의 대대적인 반격으로 수만 명이 전사하는 등 절체절명인 상황에서 신라 김유신이 나타나 쌀 4천 섬과 조 2만 2,250섬을 지원해 준 것이다(이동근, "효령사 김유신 장군의 캐릭터적 고찰",『국학연구논총』 10: 252-253, 2012). 김유신은 고구려군과 격전 끝에 1만여 명을 쓰러뜨려 당군의 재무장도 도와줬다. 668년에는 고구려 남쪽에서 대곡성, 한성 등 12개성을 함락시키고 북상한 신라군이 당군과 함께 평양성을 포위해 준 덕에 고구려를 멸망시킬 수 있었다.

중국의 동아시아 패권 장악에 마지막 걸림돌이던 고구려가 제거되자 당은 태도를 확 바꿔 버렸다. 648년 체결한 나당동맹 협약을 헌신짝처럼 버리고 한반도 전체를 삼키려 했다.

나당동맹은 신라 김춘추가 648년 당으로 건너가 며칠 동안 협상 끝에 이뤄졌다. 양국이 연합군을 편성해 백제와 고구려를 차례로 무너뜨린 다음 신라가 백제를, 당은 고구려를 차지한다는 게 동맹 조건이었다. 신라가 당에 군사동맹을 제안한 것은 백제에 의해 대야성(지금 합천)이 함락되자 고구려와 일본에 지원을 요청했다가 거절당한 이후다.

신라와 당의 동맹 체결 이후 동북아시아 정세는 숨 가쁘게 돌아갔다. 그런데도 백제와 고구려는 새로운 정세 변화를 눈치채지 못한 탓에 군사 대비에 소홀할 수밖에 없었다. 그 결과 나당 연합군이 침략했을 때 속수무책으로 당했다.

신라는 백제전 승리 후 나당동맹 약조대로 그 땅을 차지할 것으로 기대했으나 그것은 오판이었다. 당이 백제 영토를 다스리려고 독자 행정기구인 웅진도독부 등 5개 도독부를 설치함으로써 점령지 분할 약속을 파기해 버렸기 때문이다. 나치 독일이 1939년 중부유럽의 분할과 안전보장을 약속한 불가침조약을 소련과 맺었다가 1941년 300만 병력을 동원해 소련을 침략한 상황과 흡사했다.

663년에는 당이 신라를 '계림대도독부鷄林大都督府'로 정하고 문무왕을 계림주 대도독으로 임명했다. 당시 신라는 당의 검은 속내를 간파했으나 여전히 위협적인 고구려의 존재를 고려해서 나당동맹을 유지할 수밖에 없었다. 하지만 신라의 전략적 인내는 고구려 멸망 이후 한계에 봉착했다. 당이 평양에 안동도호부를 설치해 신라를 직접 관리하겠다는 의지를 보였기 때문이다. 당의 조치를 그대로 수용하면 신라는 자주성을 잃고 당의 일개 지방으로 전락할 처지에 놓였다.

신라는 머잖아 당의 군사도발이 이뤄질 것으로 직감하고, 고구려가 1차 여수전쟁 때 한 것처럼 예방전쟁을 시도했다. 670년 옛 백제 땅 일부와 군사 요충지를 점령하고 요동을 공격했다. 전면전에 대비한 선제공격이었다. 당은 총력전으로 대응했다. 한반도 주둔군과 별도로 본토에서 설인귀가 이끄는 대규모 병력이 수군과 육군으로 나눠 침략해 왔다. 신라군은 전쟁 초기에 당군과 백제부흥군이 주둔한 82개성을 빼앗고 사비성(부여)을 무너뜨렸으나 요녕의 오골성과 황해도 백빙산, 호로하(임진강) 등에서는 대패했다.

당은 전쟁과 별도로 신라 왕족끼리 권력투쟁을 벌이도록 이간질을 시도했다. 674년 신라 문무왕의 관작을 삭제하고 그의 동생인 김인문을 신라왕에 책봉한 것이다. 하지만 이런 분열 책동은 성과를 내지 못했다.

전쟁의 분수령은 675년 9월 신라와 당이 총력전을 펼친 경기도 연천의 매소성전투였다. 신라군은 이곳에서 군마 3만 380마리와 무기 3만여 정을 노획하는 대승리를 거둬 전쟁 주도권을 장악했다. 이어 676년 11월 금강 하구인 충남 서천군 기벌포 앞바다에서 설인귀가 이끄는 당의 수군을 완파함으로써 7년간의 나당전쟁이 종료됐다.

당은 종전 직후인 676년 평양의 안동도호부를 요동성으로 이전하고 웅진도독부는 요녕 건안성(개평)으로 옮기면서 대동강 북쪽으로 완전히 철수했다. 이로써 신라 영토는 대동강과 원산만을 연결하는 지역의 이남으로 확정돼 고구려 영토를 대부분 상실하게 된다.

전쟁이 마무리된 것은 중국 서북 변경에서 돌발사태가 발생한 데다 장기전으로 당의 민심이 극도로 나빠졌기 때문이다. 당시 티베트족의 토번국이 당군을 궤멸시키고 당의 안서도호부에 속한 4개 도시를 장악하면서 당의 수도인 장안이 매우 불안해진 상태였다. 당은 서북쪽과 동북쪽 두 곳에서 동시에 전쟁을 치를 자신이 없자 교착상태에 빠진 신라 전선을 포기하고 토번 전선에 주력하느라 한반도에서 군대를 빼갔다.

발해 위협에 다시 신라에 손 내밀어

이후에도 당의 대외정책은 철저한 힘의 논리를 따랐다. 동맹국 신라를 헌신짝처럼 버리고 약 50년 동안 소원한 관계를 이어가던 당은 신생국 발해가 강성했을 때는 다시 표변했다. 화사한 미소를 띠면서 신라에 손을 내민 것이다. 달면 삼키고 쓰면 뱉는 당의 '감탄고토' 전략은 훗날 큰 효과를 발휘했다.

732년 발해가 당을 공격했을 때 신라는 발해 남쪽 국경 지역으로 군대를 파견해 발해의 전력을 분산시켜 줬다. 당에 대한 발해의 공격은 지역 간 세력균형이 갑자기 깨져 언제든지 협공을 당할 수 있다는 위기의식에서 비롯됐다. 발해 무왕은 오랫동안 대당對唐 외교 문제를 상의해 온 흑수말갈이 726년 관례를 깨고 아무런 사전 협의 없이 당에 사신을 보냈다는 보고를 받고 전쟁을 결심하게 된다. '발해 패싱'에 대한 강력한 응징이었다.

당시 발해는 군사력은 물론 인구 규모 면에서도 당보다 절대열세였다는 점에서 전쟁은 계란으로 바위 치기였는데도 선제공격을 택한 데는 나름대로 합리적인 근거가 있었다. 흑수말갈이 당과 공모해서 발해의 후방을 위협할 가능성을 미리 제거하고 발해에 이미 복속된 말갈족에 대한 당의 영향력 확대를 차단하는 효과를 무왕은 기대했다. 결국 무왕은 732년 장문휴 장군에게 당나라 등주登州(산둥 옌타이시 펑라이) 공격을 명했다.

당은 발해군에 직접 맞서는 한편, 군사 우위에도 불구하고 신라에 원병을 요청했다. 신라가 남쪽에서 공격하면 발해군의 역량이 분산돼 약해질 수밖에 없을 것이라는 계산에서 취한 전략이었다. 당의 요청에 호응한 신라군의 북진은 실패로 끝나고 만다. 이동 지역의 산이 험하고 맹추위 속에 폭설이 내려 절반의 병사가 얼어 죽었기 때문이다. 신라군은 출병 성과를 내지 못했으나 733년 등주를 점령한 발해군을 견제하는 데는 적잖은 효과를 거둔 것으로 추정된다. 발해군이 협공 상황에 직면한 탓에 등주에서 서둘러 퇴각했을 개연성이 높기 때문이다.

소동파 "고려는 개돼지"

당나라가 멸망한 907년부터 중국에는 15개 국가가 우후죽순처럼 생겨나 대륙을 사분오열시킨 오대십국五代十國시대가 전개된다. 중국 최후의 대분열기로 일컬어지는 이 시대는 후주後周의 노장老將 조광윤이 마침표를 찍게 된다.

후주의 금군대장으로서 군권을 장악한 조광윤은 960년 어린 공제恭帝로부터 왕권을 물려받은 뒤 송宋을 세우고 황제 자리에 올랐다. 태조 조광윤은 국정 안정을 꾀하면서 주변 정벌에 나서 형남荊南, 후촉後蜀, 남한南漢 등을 흡수함으로써 통일 기틀을 마련했다. 피를 흘리지 않고도 예비 정적들의 권력을 황제에게 집중시켜 강력한 중앙집권 체제를 구축했다.

동북아 강국 고려, 무성의한 송나라와 단교
조광윤은 학문을 최고 통치 수단으로 삼아 중앙정치 무대에 문인을 중용하고 지방 군대를 이끌고 국경을 수비하던 절도사의 권한을 대폭 축소하는 파격 조치도 취했다. 절도사들이 독자적으로 군대를 키워 반란을 일으킨 자신과 같은 전례를 반복하지 않기 위한 처방이었다. 문치의 영향으로 국정이 일찍 안정되면서 수많은 석학과 명필, 시인이 등장했다.

하지만 군사력의 급격한 약화로 외침에 취약해진 탓에 송은 강대국에 굽실거려야만 했다. 3대 황제인 진종은 1004년 북쪽 거란족 국가인 요와 벌인 전쟁에서 완패한 다음 굴욕적인 협약인 '전연澶淵의 맹盟'을 맺었다. 이로써 송은 매년 비단 20만 필과 은 10만 냥을 요에 상납하고 양국 황제는 형제관계를 맺어 포로를 교환하게 된다. 그 결과 요는 송과 대등한 관계로 격상돼 중국 한족 국가를 중심으로 형성된 일원적인 책봉 체제가 무너졌다.

국가 간 역학관계도 크게 바뀌었다. 고려가 동쪽에서 요·송과 함께 3강 체제를 구축할 때 서쪽에서는 서하西夏가 일어나 새로운 균형을 이뤘다. 당시 송은 북쪽 오랑캐 국가로 무시해 온 요에 돈을 주고 평화를 구걸하는 저자세를 취하면서 고려에는 매우 까칠했다. 송을 벌벌 떨게 한 거란의 3차례 침략을 모두 물리칠 정도로 군사력이 막강한 고려를 푸대접한 것이다. 송은 요에 매년 특산물을 바치면서 고려는 단순한 교역 상대국으로 취급했다.

그나마 이 무렵이 우리가 근대 전 역사에서 중국으로부터 가장 좋은 대우를 받은 시기였다. 고려는 송 태조 즉위 2년인 962년에 사신을 보내 외교를 수립하고 963년부터 송의 연호를 사용했다. 고려 광종은 송으로부터 책봉까지 받음으로써 중국 중심의 기존 국제질서를 인정해 줬다.

송과 달리 거란에 대한 고려의 태도는 과도할 정도로 냉랭했다. 거란이 친하게 지내던 발해를 하루아침에 무너뜨린 데 따른 배신감 때문이었다(『고려사』 성종세가 원년; 『송사』 고려전). 고려는 거란에 완패한 송과 달리 25년 동안 요의 침략을 잘 막아 냈을 뿐만 아니라 3차 전쟁에서는 완승했다. 요를 건국한 야율아보기耶律阿保機가 낙타와 말을 보내며 친선관계를 요구했을 때도 거란을 박대했다. 송이 거란에 조공하며 굽실거린 것과 정반대였다.

926년 발해가 거란에 패망하자 고려 태조는 유민을 받아들이면서 거란을 금수지국禽獸之國(짐승 나라)으로 적대시하기도 했다. 942년에는 요 태종이 낙타 50필을 보내자 사신 30명을 섬으로 유배보내고 낙타는 개경 만부교萬夫橋에서 굶겨 죽여 버렸다.

고려와 송의 책봉-조공 관계는 잘 유지되다가 994년 멈추게 된다. 거란의 침입을 받은 고려가 송에 군사 지원을 요청했다가 거절당하자 국교를 끊어 버렸다. 고려는 거란의 침략 위협을 받는 처지에서도 송과 유대를 되레 강화하며 전통적인 책봉-조공 질서를 고수했다는 점에서 매우 이례적인 조치였다. 고려는 국가 자존심까지 훼손해 가며 송을 편애하다가 막상 위기 상황에서 안보 우산을 얻지 못하자 조공외교를 중단해 버린 것이었다. 이웃

나라인 요를 멀리하고 바다 건너 송을 섬긴 것이 거란의 침략 배경이라는 점에서도 단교는 불가피했다. 그러나 송에는 단교 이후에도 우호적이었다. 송을 문화대국으로 칭송하고 상인들의 활발한 왕래를 인정했다. 귀화한 송나라 사람에게는 별 능력이 없어도 관직을 하사했다.

고려가 아시아 최강이던 요를 꺾고 전쟁을 끝낸 1019년 이후에는 동아시아 외교와 지역안보의 균형자 역할을 톡톡히 해낸다. 거란은 제3차 고려 침공 당시 귀주에서 군사 약 6만 명을 잃고 전의를 완전히 상실했다. 고려는 종전 후 거란과 국교를 맺으면서 송의 연호를 버리고 요에 조공하되, 국왕 친조親朝와 전략 요충지인 강동 6주의 반환 요구는 거부했다. 거란의 위신을 챙겨 주는 대가로 영토주권과 자존심을 수호한 것이다. 이후 동북아시아는 고려·송·요 3국의 세력균형을 통해 장기간 평화를 누렸고 1071년에는 고려와 송이 국교를 재개했다.

고려의 높은 문화수준, 송나라도 인정

그 무렵 종이 호랑이 수준이던 송의 갑질 본능이 되살아났다. 자국의 책봉을 받도록 1103년부터 꾸준히 고려를 압박했다. 1115년 여진족이 금나라를 건국하면서 동북아시아의 안보정국이 요동치는 상황에서도 책봉 강요는 이어졌다.

고려는 책봉 요구를 받아들이면 요나라를 자극할 수 있다고 보고 시간 끌기 전략을 취했다. 송은 미묘한 국제관계를 간과한 채 금과 손잡고 요를 무너뜨렸다가 얼마 지나지 않아 동맹국 금의 침략을 받아 멸망하게 된다. 금과 일정 거리를 유지하라는 고려의 충고를 듣지 않아 생긴 참극이었다(김보광, "12세기 초 송의 책봉 제의와 고려의 대응", 『동국사학』 60, 2016).

고려 사신이 송에서 귀국할 때 조공품보다 더 많은 양의 중국 물품을 선물로 줬기 때문에 조공은 실리외교라는 평가도 우리 역사학계에는 있지만, 그 논리는 설득력이 약하다. 고려와 송은 상대국에서 귀하지만 자국에는 비교적 흔한 비교우위 물품을 교환했으므로 고려가 경제적으로 더 득을 봤다는 것은 피상적인 계산 방식이다. 사절단의 왕래 횟수도 고려에 불리했다. 송에 파견된 고려 사절단은 총 67회였으나 고려에 입국한 송의 사절단은 32회에 그쳤다. 고려가 보낸 방물方物 횟수도 56회였지만 송의 회사回賜는 37회뿐이었다. 고려는 군사력에서 송보다 앞선 데다 경제와 문화 측면에서도 거의 대등했지만 신하국 대우를 받았다. 자주국으로서 체면과 자긍심을 심각하게 훼손당한 모양새였다.

1123년 사신단의 일원으로 고려에 입국한 송나라 사신 서긍徐兢이 귀국한 후 고려에서 보고 들은 것을 기록해 펴낸 『선화봉사 고려도경宣和奉使高麗圖經』(고려도경)은 그 당시 고려의 경제·문화 역량과 자존심 수준이 어느 정도였는지를 짐작게 해 준다. 송은 1115년 대금大金을 건국한 여진족의 위협을 받자 고려와 동맹을 맺으려고 서긍을 포함한 1천여 명의 사절단을 선박편으로 고려에 파견했다. 『고려도경』은 고려인이 방 안에 침상과 걸상을 두고 돗자리를 깔았으며 육류보다 생선을 많이 먹고 차를 즐겼다고 전한다. 중국산 수입 밀로 만든 국수가 귀한 대접을 받았고, 일본에서 참외와 복숭아를 들여와 먹고 일본산 부채를 사용했다. 여인들은 흰 모시저고리에 노란 치마를 입고 붉은 비단으로 묶은 머리카락을 우측 어깨로 흘러내리게 하는 식으로 치장을 했다. 아침에 일어나면 목욕부터 하고 외출할 정도로 무척 청결했으며 중국인은 때가 많다고 비웃었다. 여름에는 매일 두 번씩 시내에서 남녀가 섞여 목욕할 정도로 자유롭게 만나 사랑하고 헤어졌다. 남녀 차별이 심했던 조선과 달리 고려에서는 여성 지위가 매우 높았음을 알 수 있다. 학문을 숭상하여 문맹을 부끄럽게 여기고, 수만 권의 책이 소장된 왕실도서관 임천각臨川閣 외에도 여염집 거리에도 서점이 두셋씩 있었다. 기술자를 우대하여 관아에서 일을 맡기고, 손재주가 뛰어난 거란의 포로도 적극적으로 활용한 덕에 비색翡色 청자를 포함한 정교하고 화려한 물품이 생산될 수 있었다. 문화 선진국으로 자부하던 송의 사신이 보더라도 고려는 매우 부강하고 기술과 문화수준이 우수했으며 백성은 자유분방했다.

　『삼국사기』를 쓴 김부식도 『고려도경』 덕분에 중국에서 유명인사가 됐다. 그의 시문 재주를 칭찬하면서 용모까지 그려 소개한 덕분이다. 그 결과 훗날 김부식이 송에 사신으로 갔을 때 방문

지마다 예우를 받았다(백지원, 『완간 고려왕조실록』, 진명출판사, 2010, 42-43쪽).

중국 지식인의 뿌리 깊은 혐한

그 무렵 송의 신흥 권력층은 국익 차원에서 고려 사신을 환대하는 모양새를 취했지만, 기득권 세력은 고려를 야만국이라고 폄훼하며 헐뜯고 교류를 반대했다. 세상의 중심인 중국에서 볼 때 고려는 고작 동쪽 오랑캐 나라에 불과하다는 뿌리 깊은 화이사상의 발로에서 고려를 증오하고 멸시했다.

송의 지식인 가운데 고려를 가장 혐오한 인물은 당송팔대가唐宋八大家로 꼽히는 소식蘇軾이 아닐까 싶다. 소동파蘇東坡로 더 잘 알려진 그는 시·사詞·부賦·산문 분야에 남긴 업적이 워낙 탁월해서 고려에서 큰 존경을 받았으나, 막상 본인은 최악의 혐한 인물이었다.

소동파는 아버지 소순蘇洵과 동생 소철蘇轍까지 삼부자가 당송팔대가에 속한다. 김부식의 아버지는 소순 부자를 추앙해서 두 아들에게 소식과 소철의 끝자를 붙여서 부식과 부철이라는 이름을 지어 줬다(이기환, "혐한파 소동파를 짝사랑한 고려(이기환의 흔적의 역사)", 경향신문 2014. 1. 28). 고려의 천재 문학가로 유명한 이규보와 한림학사 권적, 대학자 이제현 등 당대 최고 엘리트들도 하나같이 소식을 극찬한 광팬이었다. 소식이 '고려 오랑캐'와 절대 상종하지 말라는 요지의 상소문을 무려 7차례나 올린 사실을 모른 채 학문 업적만 보고 그런 평가를 했을 것으로 추정된다.

소식은 항주(항저우) 태수로 발령난 1089년, 황제 철종에게 한 달 동안 연속 3차례 올린 상소문에서 고려 혐오 사상을 쏟아 냈다. 고려 사신 접대와 답례품 비용이 과다하다는 게 주요 내용이었다. 소식은 고려 사신이 중국 산천 그림을 그리고 서적을 구해서 거란으로 보내는 간첩 역할을 할 수 있다는 경계심도 드러냈다. 오랑캐(고려인)는 천성이 탐욕스러워 보답하지 않으면 원한을 품을 수 있다는 비방도 서슴지 않았다.

소식은 고려와 절대 상종할 수 없는 다섯 가지 이유를 밝힌 「오해론五害論」까지 남겼는데 그 내용은 다음과 같다. 첫째, 고려 공물은 모두 허접하지만, 송의 경비는 백성의 고혈이다. 둘째, 고려 사신이 닿는 곳마다 백성과 말, 기물 등을 징발하고 영빈관을 수리한다. 셋째, 송의 하사품을 거란에 넘겨줄 것이다. 이는 도적에게 무기를 빌려주고 식량을 대 주는 것이나 마찬가지다. 넷째, 송에서 수집한 모든 정보가 거란으로 들어갈 게 뻔하다. 다섯째, 훗날 거란이 송과 고려의 교섭을 문제 삼는다면 감당할 수 없게 된다.

소식은 고려 대각국사 의천이 송 황제 부부에게 무병장수를 기원하며 보낸 금탑 2개마저 의심하면서 고려 사신을 서둘러 추방하라고 압박했다. 고려 오랑캐는 금수와 같아서 중국인과 다르게 다스려야 한다는 글도 썼다. 고려인을 개돼지 수준으로 폄훼한 것이다.

흉년으로 기아에 허덕이던 당시 상황을 고려하더라도, 송이 고려 덕에 엄청난 외교·안보 이익을 누렸다는 점에서 이런 적개심은 정상이 아니었다. 거란을 떠받들면서 고려를 무시한 이중 태도는 문화적 우월감과 선민의식에 사로잡힌 송나라 지식인들의 위선과 비겁함을 동시에 보여 준다.

02 갑질의 노골화

조선 전기

조선의 대외정책을 흔히 '사대교린事大交隣'으로 요약한다. 대大로서 소小를 섬기면(이대사소以大事小) 천하를 보전할 수 있고, 소小로서 대大를 섬기면(이소사대以小事大) 자기 나라를 보전할 수 있다는 맹자의 말(『맹자』 「양혜왕 상」)이 그 유래다.

맹자는 교린의 도를 사소事小와 사대事大의 결합 관계로 설명했는데, 훗날 사소는 희미해지고 사대만 부각돼 사대교린 정책의 근간이 됐다. 이 때문에 약자가 강자에게 일방적으로 복종할 뿐 강자의 약자 배려는 그다지 중시하지 않는 책봉-조공 체제가 중국을 중심으로 구축됐다.

책봉은 주변국과 군신관계를 맺어 천자의 권위를 유지하고 상호불가침의 평화공존을 통해 변방의 안정을 꾀하려는 중국의 외교술이었다. 우리 역사에서 책봉은 기원후 32년 고구려 대무신왕이 후한 광무제에게 책봉을 받은 것으로 시작돼 청이 일본과 치른 전쟁에서 패배한 1894년까지 이어진다.

조선은 우리 역사에서 사대를 가장 충실하게 실천하며 중국 황제를 하늘의 아들(천자)로 숭배했다. 이는 근대적인 주권 개념이 존재하지 않던 시절에 책봉-조공 관계로 얽힌 동아시아에서 살아남기 위한 생존 방편이었다. 책봉을 거부하면 조공무역과 선진 문물 도입이 어렵고 국가안보를 보장받지 못하는 국제질서 속에서 조선은 유교의 종주국 명나라가 과학기술과 문화 분야에서 선진국인 데다 동아시아 외부 세계에 대한 지식을 알려주는 정보 창구라는 점 등을 고려해서 웬만한 굴욕도 감수했다.

하지만 조선이 머리를 낮게 숙일수록 중국은 고개를 더욱 뻣뻣이 세우며 갑질 양상을 노골화했다. 즉위 전부터 친명 정책을 표방한 태조 이성계가 1392년 건국 직후 명나라 황제 홍무제에게 사신을 보내 새로운 왕조의 개창을 보고하면서 국호 정정과 국왕 칭호를 요청했으나 거절당했다. 이듬해에는 말 9,800필을 상납하고 고려 때 명에서 받은 국왕 금인金印을 반환했음에도 조선국왕 도장(인신印信)을 받지 못했다. 그런데도 싫은 기색을 일절 나타내지 못한 채 중국 황제의 환심을 사는 데 국가 역량을 총동원했다.

명은 조선 건국 초기에 몽니를 부리다가 조선 태종이 즉위한 1400년에야 국왕의 고명誥命(왕위 승인 문서)과 인장을 보내왔다.

조선왕조 수립 후 8년 만이었다.

명의 번국으로 인정받는 대가는 간단치 않았다. 종속의 상징으로 명 연호를 사용하고, 성절사聖節使·천추사千秋使·정조사正朝使·동지사冬至使 등 정기적인 사행 외에 수시로 사신을 보내야 했다. 조선 사신들은 중국에서 황제에게 접근하기 위한 여러 절차를 밟을 때마다 거액의 뇌물을 주어야 했고 인간 이하의 모멸감을 겪기도 했다. 반면 명나라 사신들은 국경을 넘는 순간부터 조선 고위 관리들의 마중을 받았다. 남으로 이동할 때는 주요 고을마다 초호화 잔치가 벌어지고 뇌물 공세가 이어졌다. 서울에서는 왕과 문무백관이 총동원돼 영접했다.

명은 정례 조공 외에 중요 물품의 상납을 강요했다. 1401년 조선이 말 1만 필을 요구받고 어렵사리 조달한 것이 대표적인 사례다(『태종실록』 1년 9월 1일). 조공품은 좀처럼 구할 수 없는 희귀 물품이 대부분이었으나 명의 답례품은 상대적으로 조달이 쉬운 것들이었다.

중국 사신이 조선을 진짜 괴롭힌 것은 따로 있었다. 궁궐에서 일할 소년(화자火者)과 소녀(공녀貢女)를 바치라는 요구였다. 화자나 공녀를 조달하라는 명의 요구가 접수되면 전국은 울음바다를 이뤘다. 애지중지 키운 어린 자식이 이국 땅에서 개고생을 하는 것은 물론 심하면 목숨까지 잃을 게 불을 보듯 뻔했기 때문이다.

조선은 얼핏 중국의 내정 간섭을 받지 않고 통치한 것처럼 보이지만, 실상은 명 황실에 크게 얽매였다. 주요 정책 결정이나 법률 제정, 군대 동원 등을 할 때마다 명의 제도나 관행, 황실 기류 등을 크게 의식했다.

그나마 조선 초기에는 국가 자율성과 자존의식을 지키려고 노력했다. 조선을 중국의 속국이 아니라 완결성을 지닌 하나의 세계로 파악하는 오복태일五福太一 신앙에 따라 동서남북과 중앙에 도관道觀(도교 사원)을 세운 것이 그 사례다. 조선왕조의 역성혁명은 천자인 명 태조의 승인에 앞서 천명을 좇아 이행했다는 논리를 갖추고 고려부터 내려온 교사郊祀도 유지했다. 교사는 천자가 교郊에서 상제에 제사하는 교제郊祭와 사직단에서 토지와 곡식신에 제사지내는 사직제를 일컫는다. 조선 세조 8년과 성종 2년에 왕이 친히 제사한 기록만 있고 그 후에는 없다. 하늘 제사는 천자의 고유 의례로 여긴 명의 금지 조치로 사라진 것으로 추정된다.

본격적인 사대는 조선부터

고려 때까진 '외왕내제'가 관례

조공은 원래 중국 서주西周 때 왕(천자)과 종친 제후들 간의 결속력을 다지기 위해 고안된 정치 의례였던 것이, 중국을 재통일한 한나라에서 대외관계로 발전했다. 한나라 황제가 여러 주변국 군장에게 형식적인 관작을 수여함으로써 책봉-조공은 국경을 넘어서 동아시아 전체로 확대돼 새로운 외교질서로 자리 잡았다. 책봉과 조공은 동전의 양면과 같았다. 주변국 군장이 정치적 의례 차원에서 중국 황실의 조회朝에 참례하고 공물貢을 바치면 황제는 특정 관작과 답례품을 내렸다. 조朝는 훗날 설과 동짓날, 중국 황제 생일에 제후국의 왕과 문무백관이 황궁을 향해서 절하는 망궐례로 바뀐다.

책봉과 조공은 쌍무적인 외교 의례이면서, 대규모 물품 교역을 동반한다는 점에서 공公무역 성격도 띠었다. 일단 책봉을 받으면 조공국은 중국을 중심으로 작동되는 국제질서의 부속국가로 여겨져 불평등 대우를 감수해야 했다. 내치內治는 비교적 자유로웠지만, 국방과 외교 주권은 크게 훼손됐다.

다만, 책봉-조공은 국제사회의 역학관계가 요동칠 때마다 성격을 달리했다. 위진남북조시대에는 책봉의 주체가 다원화됐다. 고구려는 북위와 남조의 여러 왕조에서 책봉을 받았다. 천하를 분점한 권력자들이 여럿 등장하면서 특정 황제의 지배 체제와 종주권을 인정하던 책봉-조공 체제가 붕괴한 결과였다. 봉호封號는 다양한 국제관계의 성격을 반영하기도 했다. 남조 양 무제는 백제왕에게 고구려왕보다 한 등급 높은 봉호를 줌으로써 위상을 더 높여 주려 했다.

책봉-조공 이데올로기를 고착화하는 데 사용한 대표 언어는

'황제'와 '왕'이다. 황제는 진 시황제 영정贏政이 육국을 멸하고 춘추전국시대를 끝낸 기원전 221년 이전에는 존재하지 않았다. 진시황이 전설 속 삼황오제의 '황'과 '제'를 따서 황제皇帝라는 이름을 지어 스스로 시황제가 되었다(『사기·진시황본기』). 황제 칭호는 신해혁명으로 청이 멸망한 1911년까지 존재했다.

진의 통일 이전 전국시대의 제후들은 왕이라고 자칭했다. 그 무렵 중국 요동과 요서를 중심으로 성장하던 고조선 군주를 중국 사서史書는 '후侯'로 기록한다. 주나라 분봉分封 체제의 공·후·백·자·남公侯伯子男에서 두 번째 서열이다. 기원전 3세기경 전국칠웅의 하나인 연과 대립하면서 고조선의 후는 중국 연과 같은 왕으로 격상된다.

그나마 고구려와 신라, 백제, 고려 등은 '외왕내제' 방식으로 실리와 자존심을 챙겼다는 평가를 받는다. 중국의 천자국 지위를 인정하고, 자국 군주는 대외적으로 왕으로 칭하되 내부에서는 황제에 준하는 호칭이나 체제를 갖추는 것이다. 국가 자존심을 유지하고 군주의 통치 권위를 높이는 동시에 중국의 선진 문물 수입과 전쟁 예방 효과를 거두려는 외교 방편이었다.

고구려왕은 북조를 세운 다른 이민족처럼 스스로 '왕 중의 왕'인 태왕太王이라고 칭하고 외국에서 조공을 받았다. 고구려에 복속된 말갈과 거란, 북연北燕 등이 조공 국가였다. 태왕은 비류국왕인 송양을 다물국왕으로 '책봉'하고 부여 임금의 동생에게 '왕작王爵을 하사'함으로써 제국의 면모를 보였다. 호태왕好太王, 즉 광개토대왕릉비를 보면 고구려가 백제와 신라, 가야를 속국으로 거느렸음을 짐작할 수 있다.

'대왕'이라는 호칭을 쓴 백제 지위도 만만찮았다. 벽중왕을 비롯한 다양한 왕작을 속국에 하사했다. 백제 군주를 마한황제로 칭하거나 의자왕을 황제로 불렀다는 기록도 있다("백제왕들은 스스로 황제라 칭했다: 노중국 교수, '백제의 대외 교섭과 교류' 펴내", 매일경제 2013. 2. 27). 의자왕의 아들인 부여융의 호칭도 태자太子였다.

신라 마립간麻立干은 가야나 진한 등과 같은 소국 임금과 동격이었으나 지증왕부터 왕을 사용했다. 법흥왕은 자체 연호를 만들었고, 태왕으로 칭한 진흥왕부터는 황제 격식에 어울리는 용어를 썼다. 마운령비나 창녕 척경비에서 '제왕帝王'이나 '짐朕' 같은 용어가 발견된다. 문무왕은 귀순한 고구려 왕족을 '고려국왕'이나 '보덕국왕'으로 책봉하고 봉토를 하사했다. 탐라국이나 우산국도 속국으로 거느려 제국의 모습을 띠었다. 신라 마지막 군주인 경순왕의 아들(마의태자)도 세자가 아닌 태자로 기록됐다.

이처럼 삼국은 중국의 책봉—조공 체제에 편입됐지만, 밖으로 왕 호칭을 사용하면서 국내에서는 황제로 행세하는 '외왕내제' 방식으로 국가 자존심을 지켰다.

신라와 함께 한반도 남북조시대를 개척한 발해도 건국 초부터 당과 거의 대등한 관계를 구축했다. 당의 책봉을 받았음에도 황제국의 제도인 3성 6부제와 독자 연호를 사용했다. 왕 부부는 황상皇上과 황후로 각각 칭했다("무덤은 말한다, 발해의 진실을", 조선일보 2009. 8. 26). 발해도 여러 말갈 부족에서 조공을 받았다. 멸망 후 발해 부흥운동 때도 고영창을 황제로 칭하고 독자 연호를 제정했다.

한반도를 재통일한 고려도 왕실 인물의 호칭을 천자국 예법에 맞췄다. 군주는 폐하, 황상 등으로 불렸고 스스로는 짐이라고 칭했다. 대비 대신 태후라는 호칭을 사용했다(김기덕, "고려조의 왕족봉작제", 『한국사연구』 52: 47-97, 1986). 왕의 승계자는 세자가 아닌 태자, 왕의 동생은 세제 대신 황태제로 불렀다. 왕족과 훈신은 제후 왕이나 공·후·백·자·남으로 책봉했다. 황실 인물의 생일에 특별한 명칭을 붙여 '○○절'로 작명해 명절처럼 기념하기도 했다. 고려는 중국에 조공했을지라도 신하국가가 아니었음을 보여 주는 정황이다. 고려는 여진과 탐라에서 조공을 받았다.

고려가 왕을 '해동천자'로 지칭하는 황제국 체제였음을 보여 주는 대목이 『고려사』에서 발견된다.

해동천자이신 황제는 / 부처가 돕고 하늘이 도와 교화를 펴러 오셨네 / 세상을 다스리는 은혜가 깊으니 / 원근과 고금에 드문 일이네 / 외국에서 모두 허리를 굽히고 달려와서 귀순하니 / 사방이 편안하고 깨끗해져서 창과 깃발을 내던지게 되니 / 성덕聖德은 요堯임금이나 탕湯임금에게도 견주기 어려우리.

海東天子當今帝, 佛補天助敷化來. 理世恩深, 遐邇古今稀. 外國躬趨盡歸依, 四境寧淸罷槍旗, 盛德堯湯難比. (「풍입송風入松」, 『고려사·악지』)

황제를 중국처럼 성황聖皇으로 표현하기도 했다.

성황께서는 궁에서 기르게 하셨습니다. 상황上皇께서 맞아들여 왕비로 삼으시어 중전을 맡기시고 나라의 재원才媛을 여럿 낳아 짐의 짝이 되게 하였습니다. (『고려사·열전』 희종후비 성평왕후 임씨)

고려 후기 문신인 최자崔滋가 1254년 엮은 『보한집補閑集』에도 '천자'라는 단어가 여러 번 등장한다. 고려에서 군주를 천자로 부르며 황제급으로 인식했음을 짐작게 하는 대목이다. 당시 하늘의 뜻을 받들어 세계를 통치하는 군주를 의미하는 천자가 존재해야 천제를 올리고 하늘의 법칙을 담은 역법을 만들어 연호를 정할 수 있었다.

원 간섭기부터 왕으로 격하

고려의 높은 위상은 고려 후기부터 확 달라진다. 한족 국가를 무너뜨리고 이민족이 세운 원과 청도 중국 중원의 새 주인으로서 기존 책봉-조공 체제를 이어받아 고려와 조선에 심한 갑질을 했다. 고려는 원의 부마국이 되면서 황제와 관련한 호칭을 모조리 잃게 된다. 중화사상에 포획돼 외왕내제를 포기하고 국가 체면을 심하게 구겼다.

고려를 이은 조선에서는 대對 중국 예속이 훨씬 심해진다. 성리학을 국가 통치이념으로 삼아 중국의 제후국을 자처한 조선은 여진과 류큐(오키나와)에서 조공을 받으면서도, 중국을 상대로는 외왕내제를 포기했다. 왕을 중국 황제의 신하로 설정하고서 관련 언어를 모조리 정비했다. 왕은 자신을 짐朕 대신 '과인寡人'으로 불렀다. 명 황제가 스스로 부르는 '짐'보다 한 단계 아래다(박영규, 『한 권으로 읽는 조선왕조실록』, 웅진지식하우스, 2020, 32쪽). 왕의 아들은 태자가 아니라 세자로, 태후와 태황태후는 각각 대비와 대왕대비로 강등됐다. 고구려, 발해, 고려 등이 스스로 연호를 제정한 것과 달리 중국 연호를 받아 사용했다. 왕이나 왕비, 왕세자는 중국의 책봉을 받지 못하면 정통성을 얻지 못했다. 왕이 바뀔 때마다 명과 청에 각각 조천사朝天使와 연행사燕行使를 보내 온갖 수모를 겪으며 머리를 조아린 이유다(박희병·박희수, "조선시대 중국 파견 사신의 총칭 문제", 『한국문화』 86: 17-20, 2019).

조선은 행정 체계마저 차별을 받았다. 고려는 당의 3성 6부를 모방해서 2성 6부를 채택했다가 원 간섭기에 1부 4사로 전환했는데, 조선에서는 1부 6조 체제로 운영됐다. 고려 봉작인 공·후·

백은 각각 부원대군과 군, 부원군으로 강등된다. 설이나 동짓날, 중국 황제 생일에는 왕이 문무백관과 종친 등과 함께 북경을 향해 망궐례를 했다. 조선 인조는 병자호란으로 남한산성에 포위된 상황에서도 설날이 되자 백관을 이끌고 멸망한 명나라를 향한 망궐례를 행하기까지 했다. 망궐례는 대한제국이 수립된 1897년까지 이어졌다.

'만세'도 중국 황제의 전유물이었다. 조선 같은 제후국 군주에게는 '천세' 호칭만 허용됐다. 1423년(세종 5년) 명나라 사신 해수海壽가 조선을 떠나면서 한 발언에서 이런 사실을 확인할 수 있다. "해수가 송별연을 마치고 하직하면서 말했다. '황제는 만만세 하고, 전하(세종)는 천천세, 세자(문종)는 천세하소서"(이기환, "천세, 구천세, 만세(이기환의 흔적의 역사)", 경향신문 2016. 5. 11).

궁궐 대문 숫자도 제한을 받았다. 중국은 궁궐 입구에서 황제 집무실까지 대문이 5개였으나 조선은 3개뿐이다. 경복궁에 광화문과 흥례문, 근정문 등 3개가 설치된 것도 그런 규제 때문이었다.

복장 차이도 뚜렷했다. 황제는 발톱이 7개 달린 누런 용의 황룡포를 입었고 태자는 발톱이 5개인 붉은 색 용이 그려진 홍룡포를 착용했다. 조선 왕의 의복은 홍룡포, 세자는 발톱이 4개인 검정색 용의 흑룡포를 걸쳤다(송기호, "왕국과 황제국(송기호의 역사 이야기)", 『대한토목학회지 62(2): 108-109, 2014).

왕 책봉이 없으면 홍룡포조차 입지 못했다. 태조 이성계는 명

홍무제로부터 책봉을 받지 못해 처음에는 '고려왕 임시대행'이라는 뜻의 '권지고려국사權知高麗國事'로 자처해야 했고, 조선이라는 새 국호를 정한 뒤에도 끝내 권지조선국사權知朝鮮國事에 그쳤고 했고 청룡포를 착용했다. 명은 1401년에야 태종(이방원)을 정식 왕으로 책봉했다. 태종은 청룡포만 착용하다가 아들 세종이 즉위한 이후 홍룡포를 입었다. 조선왕의 옷은 즉위 때마다 명에서 만들어 보내 주다가 청나라 건국 후 그런 관행이 사라지면서 두 나라 복식이 완전히 달라진다.

주변국을 속국으로 대하는 중국의 대외정책은 아편전쟁이 발발한 1839년까지 지속했다. 이 전쟁에서 영국에 완패한 중국의 민낯이 드러나면서 천자국 지위를 상실했다. 청이 '종이 호랑이'일 때 탄생한 대한제국은 황제국 외형을 잠깐 갖췄으나 실속은 없었다. 고종은 1897년 원구단을 짓고 하늘에 제사지낸 뒤 국호를 대한제국으로, 연호는 광무로 정하고 초대 황제로 즉위했다. 국기와 애국가, 국장國章을 만들고 조상 5명을 황제로 추존하는 작업도 병행했다.

대한제국은 겉으로만 제국일 뿐 걸맞은 국력을 갖추지 못한 탓에 머잖아 국가 주권을 일본에 빼앗기고 만다. 중국 속국에서 간신히 벗어나는 듯했으나 워낙 무기력했던 탓에 일본 식민지로 전락한 것이다.

명, 이성계 족보 200년간 날조

중국(명)은 자국 역사서에 엉터리로 기록한 이성계의 족보를 고쳐 달라고 애원하는 조선의 요구를 약 200년간 무시하다가 멸망 직전에야 마지못해 수정하는 몽니를 부렸다.

명은 자국의 『태조실록』과 『대명회전大明會典』을 편찬하면서 이성계를 고려 최후의 간신이자 멸망의 원흉으로 비난받던 이인임李仁任의 아들이라고 기록했다(조선 『태조실록』 3년). 권력형 부정부패를 일삼고 명나라 사신 살해 사건을 주도한 이인임은 이성계와 본관이 달라서 두 사람 사이에는 아무런 혈연관계가 없었다. 더욱이 고려 권문세력의 수장이던 이인임은 이성계를 비롯한 조선 개국 세력에 의해 제거됨으로써 두 사람은 원수지간이었다. 이인임은 이성계의 즉위 직전에 고려 역사상 처음으로 부관참시를 당했다. 이인임과 이성계가 부자 사이라는 명의 기록대로라면 조선 태조는 친부에게 최악의 패륜을 저지른 군주인 셈이다. 조선 역성혁명의 당위성을 대내외에 내세우려면 고려 패망 원흉의 죄상을 널리 알려야 하는 상황에서 이인임이 이성계의 부친으로 명에 기록됐으니 조선 건국의 주역들은 환장할 노릇이었다. 조선은 송·명을 거치면서 유교를 집대성한 성리학을 국교 수준으로 떠받들어 통치철학으로 삼았다. 성리학의 핵심 가치는 "격물치지, 성의정심, 수신제가치국평천하格物致知, 誠意正心, 修身齊家治國平天下"(『대학』)였다. 자신의 몸과 마음을 제대로 닦은 군자만이 훌륭한 통치자가 될 수 있다는 점에서 명의 기록대로라면 이성계의 권위는 송두리째 흔들리게 된다.

명 『태조실록』과 『대명회전』에 허위 사실이 쓰인 것은 고려 말 이성계 일파에게 앙심을 품고 명으로 망명한 윤이와 이초의 농간에서 비롯됐다(『선조실록』 7년). 이성계가 "공민왕을 시해한 이인임의 아들이자 우왕과 창왕을 직접 죽인 살인범"이라고 보고해서 명의 사서史書에 실린 것이다. 이성계는 이런 사실을 알고 정도전과 한상질을 명에 급파해서 적극적으로 해명했다. 고려 왕 시해설이 굳어지면 조선 개국의 정통성이 심각하게 훼손될 수 있다는 우려 때문이었다.

이 문제는 정도전 일행의 노력으로 일단락되는 듯했으나 조선 건국 2년 후인 1394년 다시 불거졌다. 명나라 사신 황영기가 고려를 배신한 "이인임의 후손인 이성계"라는 구절로 시작하는 국서를 가져왔다. 이에 이성계는 "신臣과 인임은 같은 이씨가 아닙니다. 신이 국정을 맡아서 인임의 불법을 모두 다 다루려다가 미움을 받아서 허위사실이 명에 보고됐다"고 해명했다(조선 『태조실록』 3년). 이로써 명의 기록이 고쳐진 것으로 보였으나, 1402년 태종마저 이인임의 후손이라고 적힌 문서가 발견돼 조선이 다시 경악하게 된다(『태종실록』 3년). 조선은 서둘러 사신단을 꾸려 이성계 혈통이 잘못 기록됐다며 바로잡아 달라고 명에 매달렸다. 명의 영락제는 "예전 기록이 잘못됐으면 고치라"는 하교와 함께 해당 문서를 작성한 관리를 처벌토록 했다. 이로써 종계변무宗系辨誣(족보 수정)가 깔끔하게 끝난 것으로 조선 조정은 믿었다.

하지만 영락제의 하교는 약 100년 뒤 허언으로 드러난다. 1518년 주청사로 명나라에 다녀온 남곤과 이계맹이 "『대명회전』 초본을 봤는데 태조께서 1375~1392년 공민왕과 우왕, 창왕, 공양왕 등 고려 왕 4명을 시해한 것으로 쓰여 있었다"고 보고한 것이다. 중종은 과거 태조와 태종이 올렸던 해명 문서와 영락제의 윤허 기록 등을 모아서 남곤을 통해 명에 전달토록 했다. 남곤 일행은 정덕제에게 애원한 끝에 "선조의 오명을 씻으려는 조선국왕의 효성이 가상하므로 왕실의 종계를 바로잡도록 하겠다"는 약속을 받아 왔다(『중종실록』 14년). 그러나 명의 예부禮部(외교부)는 이성계가 이인임의 자손이라는 기록만 수정한다고 말할 뿐 고려왕 4명을 살해했다는 대목에는 침묵했다.

황제의 약속에도 『대명회전』 개편이 무산될 수도 있다고 판단한 조선은 60년 동안 수시로 주청사를 보냈으나 성과는 없었다. 명의 예부는 "선황제先皇帝의 성지聖旨가 있었으니 수정을 해 주겠지만 『대명회전』 개편에는 수년이 걸린다"는 핑계를 대며 수정을 질질 끌었다.

명종대에는 주청사 파견 여부를 놓고 조정이 심한 갈등을 빚기도 했다. 제대로 수정되는지 사신을 보내 직접 확인하자는 의견과, 자칫하면 보복을 당할 수도 있으니 지켜보자는 견해가 충돌한 것이다. 그러는 사이에 명종은 족보 수정 소식을 듣지 못한 채 승하했다. 뒤를 이은 선조도 왕실의 숙원인 종계변무를 해결하려고 발벗고 나섰지만 번번이 좌초됐다. 명의 사신 접견 때 간절히 부탁한 데 이어 주청사를 두 차례 보내 개정을 요구했다가 예부로부터 질책만 들었다.

그러다가 1584년 이 문제를 극적으로 해결하게 된다. 선조가 대제학 황정욱을 새 주청사로 임명하면서 역관들에게 "이번에도 실패하면 참형으로 다스리겠다"고 경고했는데 그게 주효했다. 사신단 파견 직후 『중수 대명회전』 조선편에서 "이인임의 아들 이성계"라는 대목이 통째로 빠진 것이다(『선조실록』 17년). 이 소식을 접한 선조는 너무나 기쁜 나머지 명나라 사신을 영접하는 모화관으로 직접 나가 황정욱을 마중했다. 그런 다음 종묘로 직행해서 왕실의 숙원을 드디어 해결했음을 조상들께 보고했다. 선조는 또 황정욱을 비롯한 관련 공신에게 특진과 포상을 하고 특정 죄인을 제외한 모든 범죄자에게는 사면령을 내렸다.

그나마 종계변무가 극적으로 성공한 것도 역관 홍순언과 명나라 기생의 인연 덕분이라고 야사는 전한다. 이긍익의 『연려실기술』에 따르면 홍순언은 명종 시절 역관으로 연경燕京(베이징)으로 가다가 압록강 인근 통주(퉁저우)의 홍등가에 들렀는데 거기서 비통하게 눈물을 흘리는 미모의 기생을 만났다. 홍순언은 잠시 얘기를 나누다가 전염병으로 부모를 잃었으나 가난해서 장례를 치르지 못해 몸을 팔게 됐다는 기구한 사연을 듣고 출장비에서 거액을 떼서 주고는 기방妓房을 나와 버렸다. 측은한 마음에서 도와준 것이었다.

홍순언은 귀국 후 공금 횡령 사실이 발각돼 투옥됐다. 이후 종계변무 실패 땐 참형이라는 명령에 겁먹은 다른 역관들이 횡령 공금을 갚아 주는 조건으로 홍순언에게 역관 대역을 부탁해서 수락을 받았다. 홍순언 일행은 연경에 도착해서 대규모 환영단을 만나게 된다. 명의 말단 관리조차 조선 사신을 업신여긴 전례에 비춰 보면 파격적이었다. 홍순언은 예부시랑(차관) 석성이 역관에 불과한 자신을 보려고 멀리 마중 나온 사연을 듣게 됐다. 통주 홍등가에서 만난 기생이 석성의 후처로 들어가 은혜를 갚으려고 깜짝 환영 쇼를 벌인 사실을 알게 된 것이다. 그때부터 종계변무는 일사천리로 진행됐다. 해당 업무를 담당하는 예부는 옛날 같으면 조선의 자료를 믿을 수 없다는 등의 변명을 늘어놓으며 무시하기 일쑤였는데 이번에는 확연히 달랐다. 그 결과 이성계가 이인임의 아들이고 고려왕을 살해했다는 대목이 삭제된 『대명회전』 필사본을 조선이 1584년에 넘겨받을 수 있었다.

선조는 건국 이후 지속된 왕실의 골칫거리가 해결된 데 크게 기뻐하며 서자 출신의 중인 신분이던 홍순언을 당릉군에 책봉했다. 조선 역관으로서는 최초의 공신 작호다. 이후 홍순언의 한양 집에는 명에서 온 엄청난 양의 비단 짐이 도착했다. 비단마다 모두

'보은報恩'이란 글자가 수놓여 있었다고 한다. 석성의 부인이 한 땀 한 땀 글자를 수놓아서 보낸 비단이었다. 석성은 홍순언과 인연을 이어가다 임진왜란 당시 병부상서로서 조선에 원군을 파병하는 데도 큰 도움을 줬다.

야사대로라면 명은 고위 관리 1명이 신경 쓰면 해결할 수 있는 문제를 약 200년간 질질 끌며 조선 왕실을 괴롭혔다는 점에서 갑질의 끝판왕이었다.

인신 약탈 외교

공녀 끌고 갈 때마다 조선은 울음바다

중국에 바친 조공은 일방적 상납이 아니라 교역 형태를 띠었다. 공물을 주고 답례품을 받는 방식이다. 이를 근거로 "우리는 중국과 실리외교를 폈을 뿐 굴욕적인 조공을 하지는 않았다"는 주장이 많다. 조공 물자만 따지면 무리한 평가가 아닐 수 있으나, 숱한 여성이 공녀로 희생됐다는 점에서 이런 주장의 설득력은 크게 떨어진다.

고대 중국에서 강력한 이민족 군주와 친선을 맺으려고 바친 '화번공주和蕃公主'가 공녀의 유래다. 이민족인 번蕃과 화친하려는 목적을 띤 공주라는 뜻이다. 화번공주는 황제의 실제 딸인 경우는 드물고 역모에 얽힌 황실 종친의 여식이나 친인척, 제후의 딸 등이 차출돼 공주로 위장했다. 전한 원제元帝가 수시로 침략해 온 북쪽 흉노족을 달래려고 중국 4대 미녀 중 한 명인 왕소군王昭君을 흉노왕 호한야선우呼韓邪單于의 왕비로 보낸 것이 유명하다. 왕소군의 고달픈 타향살이를 빗대 "봄이 왔으나 진정한 봄이 아니다"라는 '춘래불사춘春來不似春'이라는 시구가 생겨났을 정도였다. 당 측천무후의 좌사左史였던 동방규가 쓴 「소군원삼수昭君怨三首」가 그 시다(한우덕, "春來不似春(한자, 세상을 말하다)", 중앙일보 2015. 3. 16).

중국 역사에서 최전성기를 누린 당나라조차 돌궐과 위구르, 토번, 거란 등에 화번공주를 보냈다. 군사력이 강력한 국가와 불필요한 충돌 방지를 위해 일종의 결혼동맹을 맺은 것이다.

우리 역사에서도 공녀가 화번공주와 비슷한 역할을 했지만, 피해는 훨씬 심각했다. 『삼국사기』에는 신라가 당에 미녀를 바쳤다獻美女는 기록이 수시로 나온다(진평왕 53년, 성덕왕 22년, 원성왕 8년 등). 본격적인 공녀 송출은 원나라 건국 이후 이뤄졌다. 고려는 세계 최강인 원나라 군대와 약 30년간 싸우다가 1259년 간신히 전쟁을 끝낼 수 있었다. 고려는 강화 조건으로 원의 부마국이 되어 매년 막대한 공물과 여자를 바치는 대가를 치러야 했다. 공녀는 그전에도 전쟁 때마다 있었으나 원나라처럼 지속하여 공식 요구한 적은 없었다. 유목국가인 원이 여성을 금, 은, 식량 등과 같은 약탈

품으로 간주했기 때문이다.

　공녀의 연령대는 보통 13~16세였다. 공녀 공출을 피하려고 그 나이 이전에 딸을 시집보내는 조혼 풍습이 고려 후기에 정착했다. 고려 공녀는 충렬왕부터 공민왕까지 약 80년간 50여 차례 선발됐고 전체 숫자는 2천 명을 넘을 것으로 추산된다. 이 수치는 정사正史만을 토대로 계산한 것이고, 사신이나 귀족, 관리 등이 사사로이 데려간 공녀를 합치면 실제 인원은 이보다 훨씬 많을 것으로 짐작된다.

　공녀들은 원으로 가기 싫어서 신체를 훼손하거나 목숨을 끊는 일이 잦았다. 가족과 생이별하는 현장은 예외 없이 눈물바다를 이뤘다. 고려 학자 이곡(李穀, 1298~1351)이 원나라에 올린 상소문을 보면 공녀 징발의 폐단과 참상을 알 수 있다.

　　고려인들은 대개 딸을 낳으면 이웃 사람도 볼 수 없게 했다. 공녀 공출 가정에서는 부모와 친척이 모여 밤낮으로 통곡했고 떠날 때는 옷자락을 끌어당기며 엎어져 길을 막기도 했다. 분함을 못 이겨 우물에 빠지거나 목을 매어 죽는 사례도 있었다. 기가 막혀 기절하는가 하면 피눈물을 쏟고 실명하기도 했다. (『고려사·열전』 이곡)

이곡은 "이런 일이 너무 많아서 다 기록할 수가 없다"며 공녀 진상을 중단해 달라고 원나라에 간절히 호소했으나 그 결과는 마이동풍이었다.

고려 재상인 홍규洪奎의 집안도 공녀 선발의 희생자다. 1288년 장녀의 머리카락을 잘라 여승으로 만들었다가 혹독한 대가를 치렀다. 모진 고문을 당하고 재산을 빼앗긴 채 섬에서 귀양살이를 했다. 스스로 단발을 했다며 아버지 홍규를 보호하려던 장녀도 매타작을 당했다. 쇠로 만든 매로 전신을 난타당해 온몸이 성한 데가 없었다(『고려사·열전』 홍규).

공녀가 되면 대부분 원나라 궁중 시녀나 노비로 일생을 비참하게 보내야만 했다. 황실 공녀와 별도로, 사신에게 끌려간 여성은 원나라 고관대작의 성노리개나 노비로 전락했다. 상당수 공녀는 평생 중노동에 시달리고 결혼이나 이성 교제를 할 수 없었다. 남자를 사귀다가 발각되면 대부분 사형을 당했다. 공녀 중에는 원 순제順帝의 두 번째 부인이 된 기奇황후처럼 출세한 이들도 있으나 그런 일은 매우 드물었다. 고관과 결혼하더라도 남편을 잃으면 삶이 비참해진다. 일부다처제 사회인 원에서 홀어미의 처분권을 가진 아들의 부인이 되거나 다른 곳에 시집가야 하기 때문이다. 고려는 부친의 첩과 눈이 맞아 화간을 해도 교수형으로 다스린 만큼, 아들과의 결혼은 공녀에게 견디기 힘든 치욕이었다. 일부는 노비 신분으로 인신매매를 당하는 등 짐승처럼 학대를 당했다.

중국에서 원이 명으로 교체된 1368년 이후에도 공녀 송출은 계속됐고 사대주의에 빠진 조선의 왕들은 공녀 선발에 온 정성을 기울였다. 태종과 아들 세종 집권기에 공녀 송출이 집중됐다. 그 무렵 20여 년간 114명을 보냈는데 궁녀나 황실 처첩으로 간 여성은 16명이고 나머지는 무수리 48명, 요리 담당 집찬녀執饌女 42명, 무녀巫女 8명 등이다. 집찬녀는 황궁에서 술을 담그거나 젓갈, 두부를 만드는 일을 했다.

임상훈 순천향대 교수는 2017년 열린 '동아시아 역사 속의 여성 이주와 문화' 국제학술회의에서 조선 공녀를 분석한 논문을 발표했다. 임 교수는 이 논문에서 "여성 왕래를 엄격히 제한한 시대에 114명은 적은 숫자가 아니다. 공녀는 자신의 의지와 무관하게 명궁에 끌려가 자유롭지 못한 삶을 살았다"고 설명했다.

1443년 이후 공녀 송출은 중단됐다가 청이 들어선 후 효종 때인 1650년 재개돼 청에 32명을 보냈다.

공녀들은 중국으로 갈 때 장기간 추위나 더위로 병에 걸리기 일쑤였고 환관들로부터 성추행을 당하기도 했다. 어렵사리 목적지에 도착해서도 생지옥을 경험하다가 죽음을 맞았다. 어린 딸을 가진 모든 가정은 이런 사실을 알기에 공녀를 구하는 중국 사신이 압록강을 넘었다는 소식을 들으면 공포에 떨어야만 했다.

조선 양반들은 딸이 공녀로 뽑히는 걸 막으려고 사력을 다했다. 10세 이전 혼인, 대리심사, 장애인 위장, 피부병 걸리기 등의 방법을 주로 사용했다. 오늘날 기상천외한 병역 기피 수법과 흡사하다. 적발됐을 때 처벌은 병역 기피보다 훨씬 무거워서 해당 부모는 가혹한 매질과 재산 몰수 처벌을 받았다. 어린 딸의 고문 치사나 자살, 참형, 순장 등을 염려한 상당수 부모는 이런 불이익에도 불구하고 모든 수단을 동원해서 공녀 차출을 피하려 했다.

중국에서 공녀 진상을 요구하면 조선은 임시기구인 진헌색進獻色을 설치해 각 도에 차출 숫자를 할당하는 것으로 공녀 선발이 시작된다. 보통 한 번에 10~20명꼴로 뽑았다. 천민이나 노비 딸, 빈민 양반의 규수는 대상에서 빠졌다. 진헌색의 경차관敬差官은 지방으로 직접 내려가 고을 수령을 진두지휘해서 후보자를 뽑는다(『태종실록』 8년 4월 16일). 공녀 후보를 어렵게 구하더라도 중국 사신의 눈에 들지 못하면 해당 부모는 봉변을 당하게 된다.

조선에서 최초로 공녀를 요구받은 1408년, 전국 곳곳을 두 달 동안 이를 잡듯이 뒤져 미모의 소녀 30명을 한양으로 데려왔을 때 그런 일이 벌어졌다. 의정부 심사를 거쳐 7명을 뽑았으나 중국 사신 황엄이 퇴짜를 놓았다(『태종실록』 8년 7월 5일). 중국식 화장을 하고 황엄 앞에 선 이들이 중풍 환자처럼 입을 뒤틀거나 머리를 흔들었으며 심지어 다리를 절룩거렸기 때문이다. 이를 본 황엄은 미인이 없다면서 왕이 경상도로 파견한 내시 박유를 결박하고 곤장을 치려 했다. 그런 다음 교의(임금이나 3품 이상 고위 관리용 의자)에 걸터앉아 정승을 앞에 세워 놓고 질책하고서 숙소인 태평관으로 돌아갔다.

황엄이 격노하자 태종은 중국의 후환을 의식한 듯 소녀 30명의 부모를 파직하거나 귀양을 보냄으로써 사태를 무마했다. 태종이 제시한 엄벌 이유는 '자식 교육 잘못'이었다. 사헌부에서 딸을 잘못 가르친 죄를 물어 조견을 개령(경북 김천)으로, 이운로는 음죽(경기도 이천)으로 각각 이주시키고 김천석은 정직시켰다(『태종실록』 8년 7월 2일).

조정은 전국에서 580명을 다시 모아 한양으로 보내 명 사신의 중간심사와 태종의 최종 면접을 거쳐 5명을 뽑았다. 모두 현직 관리의 딸인 이들을 데려갈 사절단에는 공녀 아버지나 백부, 오빠 등이 포함됐다. 이들이 하직 인사를 올리고 경복궁 건춘문을 지나 명으로 떠날 때 부모 친척의 통곡 소리가 장안을 흔들었고 길가에는 구경꾼까지 몰려들어 눈물바다를 이뤘다(『세종실록』 9년 7월 20일). 공녀를 태운 가마 행렬은 중국 황제에게 바치는 종이를 실은 수레인 것처럼 위장해 백성이 볼 수 없도록 했다. 최종 공녀 심사에서 탈락해 국내에 체류한 여성은 혼인이 금지됐다.

세종은 딸을 흉하게 보이도록 얼굴에 뜸을 뜨고 독성 약품을 붙이는 식으로 공녀 선발 회피 수법이 진화하자 신고제로 대응했다. 미혼 여성을 빠짐없이 신고하도록 한 다음 관리들이 언제든지 적임자를 찾아내 서울로 보내는 방식이었다. 딸을 숨기거나 알리지 않은 사실이 적발되면 재산을 빼앗아 고발자가 갖도록 했다. 일종의 신고포상금제다. 이 제도 시행 이후 조선에는 심각한 불신과 공포 분위기가 팽배해졌다. 세종은 공녀 선발을 피하려고 딸을 시집보내는 일이 생기면 해당 지역의 수령까지 처벌했다. 조선이 얼마나 왜소한 나라였고 위정자들은 사대를 위해 비겁하게 몸부림쳤는지를 알 수 있다.

서울 서대문구 영은문迎恩門(현재 독립문)은 조선 공녀의 잔혹사를 상징한다. 은혜로운 중국 사신을 영접한다는 뜻으로 세운 건축물이다. 공녀를 요구하는 사신은 압록강 인근 의주에서부터 초호화 대접을 받는다. 정승급 관리가 안내하고 주요 이동로마다 환영 행사가 펼쳐졌다. 왕궁으로 가는 길 주변은 비단이나 색종이로 장식하고 광대들이 춤을 춘다. 왕은 궁에서 사신과 맞절하고 명나라 황제 칙서를 수령한다. 상당수 사신이 조선 출신 환관인데도 왕은 깍듯이 예의를 갖춘다. 황제 칙서를 가지고 온 사신이라고 해서 칙사로 불렀다. '칙사 대접'이라는 말의 유래다(송기호, "칙사대접(송기호의 역사 이야기)", 『대한토목학회지』 62(10): 72-73, 2014).

중국 환관이 공녀들을 데리고 출국할 때는 왕과 왕비가 '중화를 흠모한다'라는 뜻의 모화관까지 나가 배웅했다. 세종은 명나라 영락제가 좋아한다는 은어와 연어, 문어, 광어 등을 말려서 공녀를 바칠 때 함께 보내려 했다(『세종실록』 6년 7월 8일).

공녀 잘못 땐 친정과 조정까지 불똥

왕까지 나서서 사신을 지극정성으로 대했지만, 공녀들은 중국에서 참극을 겪는 일이 허다했다. 대표적인 공녀 참사는 11~19세에 황실로 끌려간 8명이 명 영락제가 죽었을 때 모두 순장된 사건이다. 영락제의 손자인 선덕제의 후궁 후보로 뽑힌 8명도 기구한 운명을 겪었다(조병인, "명나라 영락제에게 진헌된 여덟 공녀의 비극", 『고궁문화』 12, 2019).

영락제는 조선인 공녀 8명 중 미모에 중국어 실력까지 겸비한 권씨 여인을 총애해서 현인비로 봉했다. 나머지 7명에게도 순비나 소의, 첩첩호, 미인 등 작위를 내렸다. 현인비는 궁중 업무를 총괄하며 사실상 황후 노릇을 했다. 하지만 중국 생활 1년 6개월만인 1410년에 갑자기 죽으면서 피바람을 예고하게 된다(이한우, "명나라 영락제의 총애를 받은 조선여인 현인비(이한우의 조선이야기)", 주간조선 2006. 11. 6). 조선 출신의 공녀인 여미인이 질투해서 독살했다는 첩보 때문이었다. 영락제는 여미인을 한 달 동안 불로 고문해서 죽여 버린다. 공녀 임씨와 정씨는 목매 자살하고 황씨와 이씨는 국문 과정에서 참형을 당했다. 조선 공녀 8명 중 병에 걸린 최씨만 간신히 목숨을 건졌고 7명은 어린 나이에 모두 죽었다.

현인비 독살설로 공녀뿐만 아니라 황궁 내관과 노비 등 수백 명이 숨진 이 사건의 불똥은 조선으로 튀었다. 태종은 영락제의 진노 소식에 여씨 어머니와 친척을 서둘러 투옥한 다음 처리 방법을 논의했다. 아버지는 이미 죽은 상태였다. 대신들은 사직을 무너뜨리고 종묘와 왕릉을 파괴한 죄를 적용해서 모든 친족을 노비로 삼자는 주장과, 천자를 노하게 하고 조선에는 수치를 안겼으니 모두 죽이자는 주장으로 갈렸다. 한쪽 말만 듣고 여씨 가족을 처형하는 것은 옳지 않다는 반론도 있었다. 태종은 갑론을박을 지켜보다가 여씨의 어미인 장씨만 관청 노비로 삼고 다른 친족은 석방했다. 다만, 영락제에게 사신을 보내 "여씨의 어미를 처형했다"고 거짓 보고를 함으로써 중국의 압박을 피했다.

이들을 공녀로 선발한 명나라 사신 황엄의 집안도 풍비박산이 났다. 영락제는 이미 죽은 황엄의 관을 자르고 아내와 노비를 모두 관노로 만들어 버렸다. 독살설은 나중에 가짜로 밝혀졌다. 명나라 궁녀가 여미인에게 동성애를 요구했다가 거절당한 데 앙심을 품고 가짜뉴스를 퍼트려 영락제를 속인 사실이 드러난 것이다. 영락제는 무고 등에 연루된 모든 사람을 찾아내 처형하도록 했다. 이때 환관과 비빈 등을 합쳐 약 3천 명이 목숨을 잃었다고 한다. 이른바 '어여의 난'이다(『태종실록』 8년 11월 7일).

한확의 누이로 공녀가 되어 황제의 총애를 받은 궁녀 한씨는 당시 무사했으나 1424년 영락제의 장례 때는 야만적인 순장 풍습의 희생양이 됐다. 한씨를 포함한 궁인 30여 명이 황궁 마루 위 평상에서 대들보와 연결된 올가미로 목이 묶여 죽은 뒤 영락제와 함께 매장됐다고 『조선왕조실록』은 전한다.

공녀 한씨가 순장됐음에도 친동생인 한확은 출세가도를 달리며 부귀영화를 누렸다. 한확은 누나 덕에 명에서 광록사소경 벼슬을 받고 조선에서는 경기관찰사, 병조판서, 이조판서 등 요직을 거쳐 좌의정까지 지냈다. 세조는 중국 황실에 대한 한확의 입김을 의식해서 그의 딸을 세자 도원군의 처로 맞았다. 조선 9대 임금 성종의 어머니 인수대비다.

권력 맛에 취한 한확은 누나가 순장된 지 4년 만인 1428년 동생인 한계란마저 공녀로 보내 영락제의 손자인 선덕제의 후궁이 되게 했다. 그 덕에 한확은 범죄를 저질러도 임금조차 함부로 다룰 수 없을 정도의 막강한 위세를 부렸다. 그러나 대부분 공녀 가족은 눈에 넣어도 아프지 않을 만큼 예쁜 딸을 빼앗아 간 중국의 '인신 약탈' 외교에 피눈물을 흘리며 신음해야만 했다.

소년들은 거세해 환관으로

중국 황제는 한반도에서 어린 여성 외에 소년들까지 끌고 가 환관으로 부려 먹었다. 중국에 바치는 청소년들은 화자火者라고 불렀다. 고환과 성기를 모두 제거한 남자라는 뜻이다. 화자라는 이름의 정확한 유래는 알 수 없으나 성기 거세 때 불로 지져 마무리한 데서 붙여졌거나 남자人 고환 2개가 떨어져 나간 것을 형상화한 화火를 염두에 뒀다는 주장이 있다. 화자도 공녀처럼 원의 간섭 시기에 시작된 인신 조공이다. 고려는 9차례에 걸쳐 100여 명을 보냈고 조선은 207명을 15회로 나눠 제공한 것으로 기록됐다.

박영규의 『환관과 궁녀』(웅진지식하우스, 2009)에는 환관의 내밀한 역사가 자세히 소개돼 있다. 이 책에 따르면 화자는 대부분 궁궐 환관으로 채용돼 허드렛일을 도맡아 했다. 경력이 쌓이고 실력을 인정받아 황제를 보필하기도 했다. 환관들은 화자라는 말을 매우 싫어했다. 조선 태종 당시 입국한 명나라 환관들은 화자라는 용어를 문서에 쓰지 말라고 조선 조정에 요구하기도 했다.

환관은 중국 은나라 갑골문에도 나올 정도로 역사가 오래됐다. 그 당시 적대관계였던 강羌족을 포로로 잡아서 환관으로 삼았다고 한다. 중국 최초 통일왕조인 진과 한에서는 최고 중형인 5형刑의 하나로 생식능력을 박탈하는 궁형宮刑으로 환관을 만들었다. 환관은 천했으나 궁궐에서 제왕이나 후궁, 궁녀 등과 접촉하면서 권력과 부를 얻기도 했다. 종이를 발명한 후한의 채륜과 스페인 콜럼버스에 앞서 대항해에 성공한 명나라 정화鄭和도 환관이었다.

본인 성기를 스스로 제거해서 환관이 되는 자궁自宮도 있었다. 궁형 처벌이 수나라에서 폐지된 이후 환관은 대부분 자궁이었다. 환관이 되면 의식주가 해결되고 권력까지 얻는 매력 때문에 자궁 희망자가 많았으나 정작 성공하는 사례는 드물었다. 거세술이 너무 힘들고 위험한 데다 비용 부담이 컸기 때문이다.

중국에서 환관은 명 말기 10만 명에 달할 정도로 많았다. 자체 조달이 어려우면 조선을 비롯한 이웃 조공국가의 화자를 활용했다. 다만, 황제를 잘 보필할 만한 명석한 조선 소년들을 수십 명씩 갑자기 구하기가 쉽지 않아서 중국의 요구보다 실제 파견 인원은 다소 적었다. 어린 화자들을 이끌고 북경에 도착한 사역원 종4품 배온이 명나라 황제에게 올린 글에 그런 사실이 적혔다.

> 영락 21년(1423) 흠차소감(사신) 해수가 황제의 명을 받들어 "네가 조선국왕에게 말하여 서른 내지 쉰 명의 어린 화자를 뽑아서 거느리고 오라"라고 전했으므로, 삼가 어린 화자 스물네 명을 보내 드립니다. (『세종실록』 5년 9월 9일)

다만, 영락제가 요구한 30~50명을 선발하지 못해 24명만 보내게 됐으며 이들의 연령은 대략 11~21세라는 사실도 보고했다. 화자로 송출되는 데 따른 보상은 매우 초라했다. 이들 24명이 모두 의복 한 벌과 갓·신·모관毛冠을 받고, 본가는 일체 잡역에서 면제받는 게 전부였다.

중국 환관이 되려면 단순히 성기능을 없애는 데 그치지 않고 고환은 물론 성기를 완전히 제거해야 했다. 조선은 중국과 달리 시술 전문가가 없었던 탓에 화자 후보로 뽑힌 10대 소년들이 과다출혈이나 염증, 소변 출구 폐쇄 등으로 죽은 사례가 부지기수였다. 영락제가 요구한 30~50명을 다 채우지 못한 것도 시술 잘못에 따른 사망 발생과 무관하지 않아 보인다.

　이 때문에 중국 황제의 명을 받은 사신이 화자를 구하려고 입국한다는 소식이 들리면 10대 아들을 둔 가정은 충격과 공포에 휩싸였고 조정은 조달 방법을 놓고 골머리를 앓았다. 중국 황제를 천자로 받드는 신하국 조선이니 어떠한 희생을 감수하더라도 할당된 숫자를 채워야만 했기 때문이다. 태종은 최소 300~400명의 화자를 데려오라는 환관의 얘기를 듣고 "종자가 있는 것도 아닌데 어떻게 그 많은 인원을 확보할 수 있겠습니까?"라며 매우 난감한 반응을 보이기도 했다(『태종실록』 7년 8월 6일).

　우여곡절 끝에 화자를 충원하더라도 걱정이 끝나는 게 아니다. 황제 보필을 비롯한 황실 업무에 제대로 적응하지 못해 쫓겨나는 일도 있었다. 명나라 홍무제는 조선이 건국된 1392년 화자 수십 명을 받았다가 소년 신귀생만 남기고 나머지는 모두 귀국시켰다.

조선인 환관이 사신으로 와 횡포

화자들은 중국에서 주로 환관으로 활동하다가 조선에 칙사로 파견되는 일이 잦았는데 그때마다 폐해가 막심했다. 이들은 조선 조정과 통역 없이 소통할 수 있고 양국 사정을 잘 알았으므로 고려와 조선에 자주 파견됐다(『태조실록』 7년 6월 24일).

　조선인 환관의 업무는 공녀나 화자, 사냥용 매·개 등 조공품 검수와 수송 등이었다. 이들은 성기능을 파괴해 청춘을 망치게 한 조국에 보복이라도 하려는 듯 입국 때마다 온갖 횡포를 부렸다. 사신으로서 1406~1456년까지 13차례 조선을 드나든 윤봉의 악명이 특히 높았다. 황제의 두터운 신임을 받은 윤봉은 중국에 바칠 금과 은의 공물을 줄여 주고 물소 뿔 수출 제한 조치를 완화시켜 주기도 했지만 도움보다는 해악이 훨씬 컸다. 해동청, 스라소니, 검은 여우 등을 잡는다고 황제를 속여 수시로 국경을 넘나들며 탐욕을 부렸다. 수많은 어린이를 화자나 공녀로 징발하고 사냥용 송골매(해동청)를 강요했다. 해동청은 영민하고 사냥 능력이 뛰어나 명 황제가 가장 반기는 조공품의 하나였다. 조선 임금은 직접 나서서 벼슬과 특진, 쌀 등을 내걸고 진헌에 필요한 매를 확보하려 애썼다(『세종실록』 9년 8월 3일).

윤봉은 정부 동향을 살펴서 명 황제에게 보고하는 정보원 노릇도 했다. 이 때문에 조선 조정은 그의 비위를 맞추려고 무엇이든 할 수밖에 없었다. 그런 배경에서 그의 부친인 윤신에게 2품직을 추증하고 동생 윤중부에게는 대호군을 거쳐 정2품직을 제수했다. 윤중부는 형의 도움으로 조선이 보내는 사신 파견 기회를 거의 독점한 채 중국을 들락거리며 막대한 부를 챙겼다(『문종실록』 1년 3월 15일).

조선은 이런 폐단을 막으려고 환관의 근친은 사신이 될 수 없다는 의견을 제시했다가 윤봉으로부터 "작은 물고기가 뼈만 많다"는 힐난을 듣기도 했다. 그의 위세에 눌린 조선은 윤중부의 아들로 윤봉의 양자가 된 길생을 사신으로 삼아 자주 파견하는 무마책을 사용했다. 윤길생처럼 과거 시험도 없이 크고 작은 관직을 받은 윤봉의 친족은 50여 명에 달했다. 윤봉은 고향인 황해도 서흥군을 도호부로 승격시키고 본가의 수리·증축도 하도록 했으며 토지와 노비까지 챙겼다. 고가품인 피혁·포목·동그릇·종이·마구·도자기·인삼을 강탈하기도 했다. 1429년 귀국 때는 선물 궤짝 200개를 가져갔다(규장각 한국학연구원 엮음, 『조선 사람의 세계여행』, 글항아리, 2011, 32-33쪽). 궤짝 1개당 인부 8명씩 붙은 운반 행렬은 약 3킬로미터에 달했을 것으로 추정된다.

윤봉이 화자로 데려간 정동이란 아이도 1455~1483년 5차례 칙사로 파견돼 갑질을 일삼으며 조선 조정을 괴롭혔다. 정동이 가는 곳마다 말이나 귀중품을 빼앗거나 백성을 때렸으며 심지어 관리까지 폭행했다. 황희와 맹사성 등 조정 대신들이 모여 비상회의까지 열었으나 결론은 "능욕을 꾹 참고서라도 사신에게 잘해주자"는 것이었다. 사신이 조선에 불리하거나 거짓된 정보를 황제에게 흘리면 뒷감당을 할 수 없다는 판단에서 치욕을 감수한 것이다.

중국 사신 '천사'의 횡포

중국 사신 의전서열은 조선국왕 위

조선에 오는 중국 사신은 '천자의 사신'이라는 뜻에서 '천사天使'
로 불렸다. 조선에서는 거의 매년 중국 사신을 맞느라 초비상 상
황이 벌어졌다. 양국의 사신 교환이 조선 외교의 거의 전부라고
해도 과언이 아니었기 때문이다.

중국 사신의 임무는 경조사 참석, 임금 즉위나 세자 책봉 승인
서 전달 등이다. 예비 환관인 화자나 공녀 차출도 이들의 몫이었
다. 중국 사신은 환관이나 중하위직이었지만 명목상 신분은 조선
임금 지위와 맞먹었다. 황제를 대리한 특사이기 때문이었다. 칙사
는 황제의 최측근 환관이나 일반 관료가 맡았다. 조선왕을 책봉
하는 고명을 내릴 때는 주로 관료가 입국했고, 포상 등과 관련한
사신은 환관에게 돌아갔다.

사신 신분은 명과 청에서 달랐다. 명은 환관 위주로 사신을 보
냈으나 청은 3품 이상 고위직 파견을 원칙으로 정해서 최대한 지
키려고 했다. 중국 사신의 파견 횟수는 명이 188회, 청이 245회였
다. 칙사가 아닌 실무자급 입국은 그보다 훨씬 많았다(규장각 한국
학연구원 엮음,『세상 사람의 조선여행』, 글항아리, 2012, 41쪽).

사신단의 규모는 시기별로 다르지만 칙사를 비롯한 관원이 대
체로 30여 명이고 보좌 인력과 경호원, 하인을 합치면 약 200명

에 달했다. 사신단 접대와 조공품 제공으로 국가 곳간이 텅텅 빌 때가 많았지만 지엄한 황제의 심부름꾼에게 싫은 내색은 할 수가 없었다.

사신 접대에는 임금을 포함한 국가 고위 관료들이 총동원돼 의전 규정을 엄수하고, 심기 경호까지 해 줬다. 임금은 사신 영접 행사를 엄숙한 종교행사처럼 치렀다.

황제의 명으로 사절단을 보낸다는 통신문이 평안북도 의주부 윤에게 전달되면서 사신 일정은 시작된다. 조정은 사신 파견 소식을 접하면 임시기구인 영접도감을 설치하고 국경에서 한양까지 사신을 안내할 원접사를 임명한다. 원접사는 학문과 덕망을 겸비한 정2품 이상 고위 관리 중에서 발탁했다. 영접도감은 여러 정부 기구에서 차출된 관리들로 꾸려져 사신 접대와 통역, 물품 교역 지원 등을 했다(김경록, "조선시대 사신접대와 영접도감", 『한국학보』 117, 2004). 영접도감 관원은 가끔 심기 경호에 실패해서 사신에게 매 맞는 수모를 겪기도 했지만 대체로 선호하는 자리였다. 사신을 잘 접대해서 기쁘게 하면 그를 통해 왕에게 인사를 청탁할 수 있었기 때문이다.

사행단의 이동로인 안주, 평양, 황주, 개성 등 주요 지역에는 2품 이상 선위사가 파견돼 사신단을 극진히 모셨다. 통행 불편을 덜어 주려고 지나는 길에 황토를 뿌리고 평평하게 했다.

사신이 압록강을 건너서 홍제원에 이르기까지 곳곳에서 지방 관리들이 총동원돼 호화판 잔치를 열었다. 이들이 지나가는 누각이나 다리, 마을 어귀에는 오색 실과 종이, 헝겊 등을 내걸어 화려하게 장식하고 곳곳에서 산대희를 연출했다. 산대山臺란 산처럼 높이 쌓은 야외 특별무대를 뜻한다. 무동타기와 땅재주, 마상재馬上才, 외줄타기·쌍줄타기, 솟대 타기, 백수무 등으로 구성된 산대희는 평양과 황주, 개성, 한양 등에서 주로 이뤄졌다. 한양 산대희는 광대 600명이 참여할 정도로 웅장하고 수준이 높았다(정혜진, "산대희(정혜진의 소소한 무용담)", 법보신문 2020. 5. 12).

사신이 도착하면 왕은 왕세자와 문무백관 등을 데리고 궁궐 밖으로 나가 맞았다. 홍제원에서 환복한 사신단은 모화관으로 옮겨 임금의 영접을 받는다. 왕은 만조백관과 함께 기다렸다가 머리를 조아려 환영 인사를 올린 다음 작설차와 인삼차로 다례를 베풀며 원거리 여행의 노고를 위로한다.

임진왜란 때는 원군으로 파병된 중국 장수들이 사신의 대우를 받았다. 조선은 임시기구인 접대도감을 설치해 이들을 칙사처럼 대접했다. 영조가 허리를 크게 숙여 사신을 모시는 장면을 그린 영접도를 보면 칙사의 권위가 얼마나 컸는지를 상상할 수 있다(김남, 『노컷 조선왕조실록』, 어젠다, 2012, 83쪽).

국빈급 접대, 심기 경호, 성접대까지

임금이 사절단을 친히 안내하여 광화문에 도착하면 의례상 사신이 먼저 경복궁(창덕궁)으로 들어가고 임금은 그 뒤를 따랐다. 궁궐의 주객이 바뀐 모양새였다.

황제 칙서를 받을 때는 왕이 네 번 절하고 세 번 머리를 조아리는 사배삼고두 예의를 갖췄다. 중종대에는 절을 한 번 더 추가하는 오배삼고두로 바뀌었다(『중종실록』 32년 3월 5일). 반정으로 집권한 국왕들은 더욱 취약해진 정통성 때문에 사신에게 최대한 예의를 갖춰 복종심을 표했다. 인조는 세자 책봉 때 궐 밖까지 나가 오배삼고두를 했다(『인조실록』 12년 6월 20일). 명에서 청으로 넘어간 뒤에는 오배삼고두가 삼배구고두로 전환된다. 병자호란 당시 인조가 남한산성에서 나와 삼전도에서 청 태종에게 백기 투항하면서 예를 갖출 때 행한 방식이다.

칙서 수령 의식이 끝나면 화려한 연회가 펼쳐진다. 여독을 고려해서 다례만 하고 숙소로 이동하기도 했다. 연회와 행사 일정은 『국조오례의』를 근거로 준비하되 사신 의향을 최대한 존중해서 유연하게 운용했다(김종수, "조선시대 사신연 의례의 변천", 『온지논총』 38, 2014).

사신 접대는 출신 국가별로 현저하게 달랐다. 중국이 최혜국이었고 일본과 여진족 사신 대접은 상대적으로 소홀했다. 중국 사신은 국빈급 접대를 받은 것은 물론, 한양 곳곳에서 관광하거나 사냥을 즐겼다. 숙소 시설과 대우도 확연히 구별됐다. 중국 사신은 최고급인 태평관을 왕의 안내를 받아 이용했다. 일본과 여진족 사신은 왕의 환영 없이 각각 동평관과 북평관에서 투숙했다.

사신을 대하는 왕의 위치도 달랐다. 사신을 맞을 때는 왕이 남쪽을 바라보는 남면이 원칙이었으나 중국 사신 앞에서는 동쪽을 보고 맞절했다. 중국을 제외한 다른 나라 사신은 남쪽에서 북쪽 왕을 우러러보는 모양새를 취했다. 연회 때 술은 중국 사신에게 왕이 먼저 부었지만 다른 나라 사신들은 그 반대였다. 매사에 퍼스트였던 중국 사신 앞에서 조선국왕은 한없이 작아졌다.

중국 사신들이 한양에 도착하면 여러 차례 공식 연회에 참석했다. 공식 연회는 사신 도착 이후 닷새 동안 5차례 열리고 귀국 무렵에 2차례 더 추가된다. 공식 일정 외에 사적으로 한양 교외 등을 돌아보는 유관遊觀도 있었다. 명에서 파견된 사신의 한양 유람은 모두 138회였다고 한다(이상배, "조선전기 외국사신 접대와 명사(明使)의 유관 연구", 『국사관논총』 104: 13-15, 2006). 유관 장소는 강과 사찰, 성균관, 모화루, 남산의 순으로 선호되었다. 한강 선유船遊는 유관의 절반을 차지할 정도로 높은 인기를 끌었다. 60명 이상 타는 호화 여객선인 정자선亭子船을 띄워 놓고 뱃놀이를 하다가 한강변 정자인 제천정에서 연회를 즐겼다. 『악학궤범』에 따르면 이때 동원되는 연주인은 대체로 악사 1명, 여기女妓 20명, 악공 10명 등이었다. 부원군(왕의 장인이나 정1품 공신의 작위)과 정승, 고위 관료가 함께 승선한 정자선에서는 수많은 기녀와 악공이 기쁨조 역할을 했다.

사신이 장기간 머무는 서울은 물론, 지방 고을에서 이뤄지는 연회장의 단골 메뉴는 여성 접대였다. 방기房妓로 불리는 여성들이 잔치에서 가무로 여흥을 돋우고 잠자리 시중을 들었다. 방기들은 중국인이 즐겨 부르는 노래를 익히고 명 황제가 좋아할 만한 시와 노래를 연습하기도 했다. 인조 초기에는 청나라 사신의 잠자리를 위해 관기는 물론 궁궐 의녀까지 동원했다(『통문관지』권4, 사대 하, '방배房排'). 기생들이 성접대를 거부하며 죽음으로써 항거하는 일도 있었다.

중국 사신이 연일 칙사 대접을 받은 것과 달리 일본 사신은 상대적으로 홀대받았다. 3품 관리인 선위사의 안내로 궁궐로 들어가 임금에게 인사한 다음 궐내에서 잔칫상을 받는 게 사실상 공식 접대의 전부였다.

조선왕들이 국가 자존심마저 버려 가며 사신을 모시느라 백성의 고통은 이만저만이 아니었다. 사신 입국 때마다 술과 여자 접대가 필수인 공식 연회만 수십 차례에 달했고 조공품과 별도로 비공식 뇌물까지 잔뜩 챙겨 주느라 백성의 가산을 수탈할 수밖에 없었다.

중국 사신들은 당시 좀처럼 잡을 수 없었던 토표土豹(스라소니)의 가죽을 내놓으라고 떼를 쓰기도 했다. 사신 창성은 연회장인 태평관으로 찾아온 세종에게 토표를 요구했다가 "국경 지대 야인들이 간혹 토표 가죽을 판 적이 있으나 우리는 생포 기술이 없습니다"라는 답을 듣고 "토표가 있는 사실은 황제께서 잘 알고 계시니 꼭 잡아서 바치도록 하소서"라고 말했다(『세종실록』 12년 9월 28일). 중국 황제의 분부이니 무조건 확보하라는 압박이었다.

사신들의 만행이 갈수록 심해지자 사대주의에 빠진 조선 관료들조차도 크게 동요했다. 중국 황제도 이런 사실을 인지했는지 외교문서에 적힌 물품 외에 사신이 별도로 제시하는 요구는 일절 수용하지 말라는 칙서를 내렸다. 사신들이 불만을 품고 양국 사이가 멀어지도록 이간질을 하더라도 일절 후환이 없을 것이라는 약속도 했다. 그런데도 사신들은 옛날과 마찬가지로 칙서에도 없는 물품을 요구했다. 거절당하면 조그만 꼬투리라도 잡아서 으름장을 놨다.

그러다가 심각한 일이 터지고 말았다. 명의 황제가 여진족 지역으로 사냥꾼을 보내 매를 잡는다며 필요한 식량과 인력을 제공하라고 조선에 명령했다. 조선은 진퇴양난에 빠지고 만다. 황제 명을 따르면 여진족을 자극해서 국가안보가 위태로워지고, 그렇다고 거부하면 명의 심각한 보복이 걱정되는 상황이었다.

우여곡절 끝에 위기를 넘겼으나 그 뒤에 더 큰 어려움에 봉착한다. 명의 군사와 사냥꾼 수백 명이 황제에게 바칠 매를 잡는다는 구실로 함경도로 침입해 우리 영토를 짓밟아 버린 것이다. 이런 일이 반복되자 세종은 사신들의 개별 요구를 수용하되 그 규모는 과거보다 줄이는 식으로 난국을 풀어 나갔다. 황제국인 명의 부당한 압력에 굴복하는 '전략적 인내'로써 책봉-조공 체제를 유지한 것이다.

중국 사신의 갑질은 청나라보다 명나라 시절에 훨씬 심했다. 명 말기에 사신들의 가렴구주는 절정을 이뤘다. 1625년 환관 왕민정이 은 10만 7천 냥과 인삼 2,100근, 표범 가죽 204장, 큰사슴 가죽 200장, 흰 종이 1만 600권, 호랑이 가죽, 부채, 기름 먹인 종이, 강원도 평창산 설화지雪花紙 등을 요구했다("조선에 제가 가야 합니다: 明·清때 사신 경쟁 치열", 매일경제 2016. 9. 12). 명에서 사신 결정 때는 뇌물이 횡행했다. 1625년 인조 책봉을 위해 입국한 왕민정은 조선에 오기 위해 실권자 위충현에게 막대한 은화를 바쳤다. 칙사 임무를 마치고 귀국할 때는 뇌물 액수보다 훨씬 많은 13만 냥을 챙겨 갔다(규장각 한국학연구원 엮음, 『세상 사람의 조선 여행』, 38쪽).

영접도감은 중국 사신에게 바칠 물품을 전국에서 거뒀는데, 제품 심사 기준을 너무 높이거나 부정부패를 저질러서 백성의 원성을 사기도 했다.

병자호란 이후에는 반청 의식 때문에 일시 청 사신을 일시 홀대하기도 했다. 영접도감에 차출된 일부 관리는 사신 접대를 피하려고 사직했다. 왕은 아프다는 핑계로 모화관 영접을 거부하기도 했다.

1685년 조선인 25명이 산삼을 캐려고 국경을 넘었다가 청의 단속 관리를 총으로 쏴 죽이는 사건과 관련해 사신이 파견되자 숙종은 모화관 대신 궐내에서 영접했다. 사신이 도착했을 때 숙종은 방 안에서 이불을 뒤집어쓰고 누워 중환자 행세를 하고 있다가 간신히 일어나서 칙서를 받아 읽었다. 이때 청의 사신이 불같이 화를 내며 호통을 쳤다. 글씨가 잘 보이지 않는 어두컴컴한 방에서 칙서를 읽는 척만 했다는 게 질책 이유였다. 깜짝 놀란 숙종이 부랴부랴 촛불을 켜게 한 뒤 칙서를 받아 읽어 내려가면서 사태는 간신히 수습됐다. 중국 사신은 변방 관리들의 묵인으로 월경 살인 사건이 발생했다며 범인과 함께 지방관의 처벌을 명령했다. 심지어 숙종도 처벌 대상에 넣어 벌금 2만 냥을 부과했다(노대환, "숙종·영조대 대명의리론의 정치·사회적 기능", 『한국문화』 32: 159, 2003).

숙종은 이런 봉변을 당했음에도 1713년 백두산정계비 문제로 사신이 입국하자 또다시 냉대했다. 청은 백두산과 두만강 사이 경계가 불명확한 탓에 산삼을 노린 조선인의 잦은 국경 침범과 물리적 충돌이 생긴다고 진단하고 정계비 문제를 상의하기 위해 사신을 파견했다. 숙종은 이번에도 몹시 아픈 것처럼 꾸며 내시들의 부축을 받아 모화관까지 나갔다가 국경 지도를 달라는 요구에 물길과 산세만 대충 설명한 뒤 "황폐하고 외딴 지역이라서 지도를 만들지 않았다"고 변명했다.

숙종과 달리 영조는 예의와 정성을 다해 사신을 대했다. 그 덕분에 신뢰가 쌓여 뇌물 외교 관행을 끊고 은을 지정 수량만큼만 제공했고 공물 규모도 줄이는 실리를 챙겼다(노혜경, "淸 부담스러워 병났다며 사신 피한 숙종…… 원칙대로 대접하고 실리 챙긴 영조", 동아비즈니스

　화려하고 장대한 환영 행사를 준비하느라 백성의 허리가 휘청거렸으나 굴욕적인 사신 영접은 1894년 청일전쟁 직전까지 계속됐다. 건국 과정의 약점과 특히 조선 후기에는 재조지은 등으로 인해 사대주의가 고려보다 훨씬 심해진 탓이다.

조선의 굴욕 외교

고려 말부터 균형추 기울어

고려는 원나라 등장 이전에 중국 중원을 견제할 국력을 갖춰 실리외교를 폈다. 광종은 960년 건국한 송과 수교했다. 만주를 장악한 거란과 고려가 전쟁을 치르면서 외교가 한동안 중단되기도 했지만, 전반적으로는 원활한 편이었다. 고려는 거란족이 세운 요나라를 견제하면서도 송과 수교함으로써 경제적 이득을 취했고 송 역시 균형외교 차원에서 고려와 친선관계를 형성했다. 요와 금에 독자적으로 맞설 수 없었던 송은 고려에 우호적인 태도를 보였다. 동북아시아의 균형자 능력을 갖춘 고려의 도움이 절실했기 때문이었다. 송은 고려 승려 의천에게 고려사란 절을 지어주고 고려 사신의 지위를 중국 북서부의 강대국인 서하보다 높여 조공사가 아닌 국신사라는 호칭을 부여했다. 송의 외교는 고려와 연결해서 요와 금을 억제하는 '연려제요聯麗制遼, 연려제금聯麗制金' 방식이었다. 당시 송은 인접한 요나 서하에 막대한 귀중품을 정기적으로 바친 대가로 평화를 구걸하던 상황이었다(자오이, 차혜정 옮김, 『대송제국쇠망사』, 위즈덤하우스, 2018).

그러다가 고려가 원의 간섭을 받으면서 약 80년간 자주권을 박탈당했다. 고려왕과 원 공주의 결혼이 강제되고 원에서 자란 왕자가 귀국하여 왕권을 승계했다. 하지만 이들은 언제든지 원으로 소환돼 왕권을 박탈당할 만큼 입지가 취약했다.

1343년에는 원의 사신단이 충혜왕을 집단구타하고 연경으로 끌고 가는 일이 벌어졌다. 원나라 황제의 밀명을 받은 6명이 칙사로 위장해서 입국했다가 마중 나온 충혜왕을 발로 걷어차고 포박해서 원으로 압송했다. 원나라 황제는 "그대는 백성의 고혈을 긁어먹은 것이 너무 심해 그대의 피를 천하의 개에게 먹인다 해도 오히려 부족하다. 사람 죽이기를 싫어해서 귀양보내니 나를 원망하지 말라"면서 충혜왕을 폐위하고 연경에서 2만 리 떨어진 게양揭陽으로 귀양보냈다. 충혜왕은 귀양지로 이동하던 1344년에 죽었는데 독살된 것으로 추정된다(박영규, 『한권으로 읽는 고려왕조실록』, 웅진지식하우스, 2000, 466쪽).

조선 사신은 중국에서 머슴 대접

중국에 새 임금 즉위를 알리고 고명을 요청하는 외교가 삼국시대부터 이어졌지만, 조선만큼 불평등하지는 않았다. 조선은 고려를 멸하고 들어선 국가였음에도 대중 외교 방식은 매우 굴욕적이었다. 중국 사신들이 한반도에서 갖가지 행패를 일삼은 데 반해 중국으로 들어간 조선 사신들은 폭행을 당하는 등 온갖 수모를 겪었다. 왕을 정점으로 하는 엄격한 위계질서를 통해 자국 백성에게 군림한 조선의 위정자들은 중국 앞에만 서면 한없이 작아졌다. 숱한 모멸감을 당해도 싫다는 표정조차 짓지 못했다. 임금이 중국 황제의 신하임을 자처하는 사대주의에 푹 빠진 채 수백 년 동안 부국강병을 소홀히 한 대가였다.

사행은 매년 4회 정도인 정례 사행과 그 밖의 임시 사행으로 이뤄졌다. 정례 사행은 동지를 전후해 파견된 동지사와 정월 초하룻날 새해 인사차 간 정조사, 명 황제나 황후 생일을 축하하려는 성절사, 황태자 생일 축하사절인 천추사 등으로 구분됐다(김경록, "조선시대 사행과 사행기록", 『한국문화』 38: 197-200, 2006).

공식 사행 횟수는 태조 7년간 56회, 태종 18년간 137회, 세종 32년간 198회, 성종 25년간 76회 등이다. 임시 사행은 사은사, 주청사, 진하사, 진위사, 진향사 등으로 불렸다. 중국에 고마움을 표하는 사은사와 달리 주청사는 중국 측 항의에 대한 해명이나 정치적 중대 사건 보고, 고명 요청, 연호 사용 등의 임무를 띠었다. 진하사는 황제 즉위나 황태자·황후 책립, 외적 토평 등을 축하하는 사절이다. 진위사는 황실 장례 조문단이었다. 제문과 제폐를 갖고 방문하는 진향사가 진위사와 동행하기도 했다. 원나라 시절에는 사냥용 매를 바치는 진응사, 역서曆書를 받으러 간 역행도 있었다.

양국 사신의 지위를 보면 조공외교가 얼마나 불평등했는지를 짐작할 수 있다. 조선은 오늘날 장관급 이상을 파견한 데 반해 중국은 중·하급 관료나 환관이 주류였다.

조선 사신단은 최고 책임자인 정사와 그를 보좌하는 부사, 외교 일정 등을 기록하는 서장관, 통역하는 역관 등으로 꾸려진다. 초기에 8~9명이던 숫자가 점차 늘어나 약 40명에 달했다. 명나라 마지막 황제 숭정제(재위 1627~1644) 때는 약 30명으로 축소되기도 했다. 정사는 삼정승이나 육조 판서(정2품)가 맡았고 역관도 정3품급 고위 관료였다. 오늘날 국무총리나 부총리, 장관 등에 해당하는 최고위급 관리가 사절단을 이끌고 황제를 알현했다.

우리 사신이 중국에 들어갈 때도 뇌물 살포는 필수였다. 주요 지역 통관과 외교문서 작성, 접수 등을 거칠 때마다 거액을 강요받았다. 숙종이 주청사로 청나라에 다녀온 이환 일행의 노고를 위로하는 자리에서 그런 관행의 일면이 드러난다. 이환은 "뜻밖에 역경을 만나 뇌물을 많이 허비했으나 다행히 일은 마칠 수 있었습니다"라며 중국 예부 등에 거액을 제공한 경위를 보고했다(『숙종실록』 29년 4월 11일).

사절단이 북경에 도착하면 표·자문 납정, 홍려시연의, 조참, 방

물세폐 납정, 하마연, 영상, 상마연, 사조 등 순으로 조공 의식을 치렀다. 매년 바치는 특산물(세폐)은 인삼, 호피, 수달피, 화문석, 종이, 모시, 명주, 금 등이었다.

사절단은 귀국 때 하사 또는 상사라는 이름의 답례품을 챙겨 왔다. 세폐와 답례품 교환으로 국가 간 공무역이 이뤄진 셈이다. 사신단과 별도로 상인 무역이 활발했던 고려와 달리 조선에서는 조공무역만 허용됐다.

책봉이라는 멍에

태조 이성계는 즉위 한 달 후인 1392년 8월부터 명의 건국 황제인 홍무제에게 사신을 수차례 보내 고명을 요청했으나 번번이 거절당했다. 1393년 홍무제의 생일 축하 사절로 출국한 이염은 초주검이 되도록 몽둥이찜질을 당했다. 절을 할 때 무릎을 똑바로 꿇지 않은 채 머리를 구부렸다는 이유에서 온몸이 만신창이가 됐다(『태조실록』 2년 8월 15일). 이염은 사경을 헤매다가 간신히 귀국길에 올랐지만, 말을 얻지 못한 탓에 걸어서 한양까지 와야만 했다. 홍무제는 조선왕의 특사를 이렇게 천대한 것도 모자라 사신 입궐을 3년에 1회로 제한하고 태조의 조선국왕 책봉을 끝내 거부했다. 태종은 1401년 고명과 함께 금인까지 받았다가 이듬해에 취소당하는 수모를 겪었다.

사행단 일정 등을 꼼꼼히 남긴 서장관의 기록을 보면 사신들이 중국 관리의 횡포에 얼마나 많은 고통을 겪었는지 엿볼 수 있다. 1623년 주청사 일행으로 참가한 서장관 이민성(1570~1629년)이 여행 견문과 북경 활동을 낱낱이 적은 『조천록』, 윤훤의 『항해노정일기』, 홍익한의 『조천항해록』 등에는 굴욕적인 사대외교의 실상이 자세히 담겼다.

반정으로 집권한 인조의 즉위를 승인받으려는 주청사 일행은 종전과 달리 바닷길을 이용했다. 누르하치의 후금이 요동반도를 장악한 탓에 우회로를 택한 것이다. 사신단은 뱃길로 20여 일 걸려서 북경에 도착하자마자 초조하고 힘겨운 나날을 보냈다. 이경전은 조선에서 영의정 다음으로 높은 권력자라는 사실도 잊은 듯 아침부터 비 맞으며 관리들이 드나드는 서장안문 앞에서 원로대신들에게 일일이 무릎을 꿇고 머리를 조아렸다(이호준, "인조를 위한 변호: 자금성", 하영선 엮음, 『사랑방의 젊은 그들 베이징을 품다』, 동아시아연구원, 2014, 6-7쪽). 새로 즉위한 인조를 책봉해 달라고 호소하는 정문呈文을 나눠 주기 위해서 그렇게 한 것이다.

명의 총리격인 섭향고 각로를 만났을 때는 "무슨 이유로 중국에 보고도 하지 않고 멋대로 광해군을 폐위하고 인조를 세웠는가?"라는 질책을 들었다. 이에 이경전은 저간의 사정을 설명했지만 섭향고는 가부를 언급하지 않은 채 궁궐로 그냥 들어가 버렸다. 사신단은 궂은 날씨에도 자금성 밖에서 신시申時(오후 3~5시)까지 기다렸다가 퇴궐하던 섭향고에게 다시 매달렸다. 하지만 섭향고는 "조선은 중국과 한 나라 같으니 신중히 조사한 후 책봉 여부를 결정할 수 있다"며 즉답을 피했다. 임금 폐위를 문제 삼아 인조를 서둘러 단죄해야 한다고 황제에게 건의하는 관리도 있었다. 사신단은 거액 뇌물까지 써가며 청 관리들을 설득하는 데 총력전을 폈지만 끝내 고명 수령에 실패한 채 귀국하게 된다.

이듬해인 1624년 이괄의 난을 진압한 인조는 이덕형을 정사로 하는 사절단을 다시 보낸다. 그때 겪은 사대외교의 처참한 실상을 적나라하게 보여 주는 기록이 이덕형의 『죽천조천록』이다. 이덕형 일행은 추운 날씨에도 길바닥에 엎드리거나 거액 뇌물을 줘가며 고관들에게 인조 즉위를 승인받을 수 있도록 도와달라고 무작정 매달렸다. "황제 은혜를 아느냐"며 조롱하는 관리들에게는 "황제 은택이 팔황구주에 사무친다"라며 충성 발언을 쏟아 냈다.

명은 광해군 당시 강홍립이 요동의 후금 공격을 위해 출병했다가 항복해 버린 악몽을 떠올리며 조선의 후금 견제를 조건으로 인조 책봉을 뒤늦게 승인했다. 우여곡절 끝에 인조 즉위 승인을 약속하고도 명의 횡포와 냉대는 그치지 않았다. 예부에서 인조가 입을 정복으로 가져온 면류관과 곤룡포가 앞과 뒤에 봉황과 호랑이 무늬만 있고 용과 일월 무늬가 없는 가짜였다. 이덕형이 정복에 문제가 있다고 따졌다가 "장난 삼아 모조품을 내놓았다"는 답변을 들었다.

인조반정 2년 만인 1625년 1월 책봉을 받았으나 머잖아 조선은 국가적인 재앙을 겪게 된다. 황제 희종이 칙서를 내리면서 조선에 주둔해 있던 명나라 장수 모문룡과 협력해서 후금을 정벌하라고 지시했기 때문이다(한명기, 『임진왜란과 한중관계』, 역사비평사, 1999, 351쪽). 이후 모문룡은 조선에 식량 등을 요구하는 등 온갖 갑질을 일삼았다. 환관의 부패 등으로 민란이 들불처럼 번져 운명이 다한 종주국 명이지만, 정당성이 없던 인조 정권에는 명의 책봉이 엄청난 시혜였기에 조선 조정은 모문룡을 최고 은인으로 칭송하며 대부분 요구를 수용했다. 모문룡에 대한 과도한 배려는 1627년 정묘호란을 불러오게 된다(제3장 참조). 그로부터 10년 뒤에는 인조가 삼전도에서 최악의 굴욕을 겪으면서 아버지 나라를 명에서 청으로 바꿔 섬기게 됐다.

중국 중원의 주인이 명에서 청나라로 넘어간 이후에도 군신관계는 지속됐다. 다만, 명과 청을 대하는 조선의 온도차는 뚜렷했다. 한족 중심의 정통 왕조인 명에 철저히 순응했다면 여진족 왕조인 청은 마지못해 떠받드는 모양새였다. 명의 멸망으로 조선이 중화 적통을 계승했다는 조선중화 의식이 팽배한 데 따른 현상이었다. 사신단의 명칭도 조천사朝天使에서 연행사燕行使로 바뀌었다. 천자인 명 황제를 알현한다는 뜻이 없이 단순히 연경으로 가는 사신이라는 의미로 격하된 것이다.

병자호란 후 불평등관계 심화

청의 횡포는 1636년 후금에서 대청大淸으로 국호를 바꾼 홍타이지(청 태종)의 황제 즉위식에서 노골화했다. 조선은 명과 단교를 요구한 데 대한 회답사로 이확을 보냈고 나덕헌을 봄마다 조공품을 바치는 춘신사로 파견했다. 사신단이 연경에서 여장을 풀자 조선인 출신 청나라 역관 정명수가 숙소에 나타나 갖가지 트집을 잡으며 협박했다. 나덕헌 일행은 심상찮은 분위기를 간파하고 관복을 찢고 사모를 밟아 뭉개 버렸다. 황제 즉위식에서 삼배구고두례를 하라는 요구를 거부하기 위한 몸부림이었다. 이들은 명의 군주만 황제일 뿐 홍타이지는 인정할 수 없다고 고집하다 무차별 폭행을 당해 코피를 흘렸다. 이들이 하례를 끝내 거부하자 청은 볼모를 요구하는 국서를 주며 귀국하도록 했다. 그러자 나덕헌은 그 내용도 모른 채 받을 수 없다며 버티었다. 그러다가 군인 100여 명에게 이끌려 강제 송환길에 올랐다.

다만, 홍타이지는 선물과 함께 기병까지 붙여 주는 관대한 모습을 보였다. 배후의 조선을 껴안지 않으면 중국 정복이 어렵다는 판단에서 나온 유화책이었다. 청이 명을 공격하러 출병한 사이에 조선이 후방을 침공하면 모든 것이 수포가 될 수 있다는 절박감에서 거짓 미소를 지은 것이다.

사신단은 목숨 걸고 청에 저항했지만, 귀국 후에는 혹독한 시련을 겪었다. 사간원과 사헌부, 홍문관 등 언론 삼사와 유생들이 황제로 행세하는 홍타이지의 국서를 수령한 자체가 모욕이라며 탄핵 상소를 올렸기 때문이다(『인조실록』 14년 4월 26일). 나덕헌 일행은 역적으로 몰려 죽을 고비를 맞았다가 이조판서 김상헌의 구명 덕분에 목숨은 건졌다. 하지만 삭탈관직과 함께 귀양길에 오르게 된다.

1699년 이항이 이끈 사신단의 연행록에도 수치스러운 사대외교의 속살이 담겼다. 강선의 『연행록』을 보면 외교문서인 자문咨文 전달 때부터 굴욕이 시작됐다. 삼행(정사·부사·서장관)이 대청마루에 꿇어앉아 탁자 위에 자문을 올려놓으면 중국 관원이 수령했다. 황제에게 올리는 삼배구고두례는 충분히 익혔음에도 정월 초하루 신년 하례식을 이틀 앞두고 홍려시(외교부)에서 반복 연습을 강요받았다. 예전 사신단이 황제 알현 때 실수하는 바람에 청의 관리가 파직된 적이 있었기에 예행연습을 무리하게 시킨 것이다. 동지부사인 강선은 "동방예의지국이 이제 오랑캐에게 예법 질책을 받다니 참으로 가소롭다"며 치욕감을 드러냈다(강선, 이종묵 옮김, 『국역 연행록』, 국립중앙도서관, 2009, 4쪽). 황제를 알현한 다음에는 "우리가 늦게 태어나 명의 전성기를 못 본 것이 한스럽다. 오랑캐의 뜰에서 절하고 무릎을 꿇으니 그저 분해서 주먹만 꽉 쥘 뿐이었다"라며 약소국의 설움을 토로했다. 청에 굴복한 지 반세기가 지났음에도 조선 지식인들은 명에 대한 향수를 버리지 못했음을 보여 주는 대목이다.

1780년 열하熱河(허베이성 청더承德)에서 피서하던 건륭제의 생일 축하 사절단을 수행한 박지원의 『열하일기』에서도 청의 갑질을 읽을 수 있다. 사신단은 압록강을 건너 약 40일 만에 연경에 도착했다가 며칠 만에 부랴부랴 행선지를 열하로 돌려야만 했다. 건륭제의 생일인 만수절에 맞춰 그곳에 도착해야 한다는 전갈을 받았기 때문이다. 건륭제는 전달 착오로 조선 사신들이 연경에 대기한다는 말을 듣고 노발대발하면서 무슨 일이 있어도 만수절 이전에 열하에 오도록 하라고 호통쳤다. 황제 전갈을 받은 예부 관리는 목이 달아난다는 손짓을 하며 짐을 빨리 꾸리라고 사신단을 재촉했다. 마부와 하인까지 합쳐 약 250명이던 일행 중 74명만 말 55필에 나눠 타고 닷새 동안 밤낮없이 달린 끝에 열하에 간신히 도착했다.

　　1829년 영의정 이상황이 심양(선양) 문안사 정사로 갈 때 서장관으로 수행한 박래겸이 98일간 겪은 일을 기록한 『심사일기』도 조공외교의 비굴함을 잘 보여 준다. 문안사는 심양에 행차한 청 황제의 안부를 여쭙기 위해 파견한 사절단이다. 심양은 병자호란 종료 후 인조의 아들인 소현세자와 봉림대군, 삼학사 등이 끌려간 곳이다. 사절단은 기나긴 여정 끝에 심양까지 찾아와 황제를 예방했다가 잠깐 접견만 하고 외교 일정을 마무리한다. 삼엄한 호위 속에서 등장한 황제는 큰절하는 예부시랑과 박래겸에게 술만 한 잔씩 건넬 뿐 일언반구도 하지 않고 다음 손님을 맞았다(박래겸, 조남권·박동욱 옮김, 『심사일기』, 푸른역사, 2015). 청을 아버지처럼 섬 겼으나 조선 사신들은 머슴과 같은 대우를 받은 것이다.

03 재조지은이라는 유령

임진왜란, 정묘호란

명나라가 조선 초기 왕실 길들이기에 성공하자 조정과 사대부의
숭명崇明 사대 경향은 대세가 됐다. 선조 집권기 후반부터 조선 외
교가 명나라에 포획된 연유다.

 임진왜란 당시 '천병天兵' 명군이 왜군과 싸워 조선을 다시 세우
는 은혜를 베풀었다는 '재조지은'은 속박의 끈을 더욱 죄는 역할
을 했다. 명나라 대군은 왜군의 요동 진입과 북경 침공을 막으려
고 참전한 사실을 숨긴 채 온갖 악행을 일삼았다는 점에서 재조
지은은 진실 왜곡이다.

 명군은 평양전투 승리로 왜군의 요동 진입을 차단하려는 애초
목표를 달성하자 강화협상에 주력했다. 심지어 일본과 한반도 분
할 협상까지 했다. 조선 백성은 이들의 식량과 군 장비 조달 부담

을 떠안았다. 명군과 왜군의 대치 상황이 장기화하면서 약탈과 살인, 폭행 등 범죄까지 기승을 부려 백성의 일상은 지옥과 같았다. 임진왜란 초기 조선군의 잇따른 패배 소식을 접하고 도망가기에 바빴던 선조가 심각한 민심 이반을 목격하고 명을 자신의 방패로 여기면서 이런 상황이 더욱 악화했다. 선조는 명나라 군대를 불러 온 신료들의 공로를 전승을 거둔 의병이나 장군보다 더 높이 평가했다. 왕권을 빼앗길까 두려웠던 선조가 나라를 다시 세워 준 은인으로 명 황제를 떠받드는 작업을 정당화하려는 조치였다.

그 결과 재조지은은 명나라가 조선에 무리한 요구를 압박할 때 휘두르는 무기가 됐다. 사신들의 거액 뇌물 착복에도 재조지은이 활용됐다. 토산물 위주의 예물을 받아 가던 사신들이 임진왜란 이후에는 주로 은을 챙겼다. 1602년 고천준이 은 수만 냥을 요구했을 때 상국의 은혜를 갚아야 한다는 강박관념에 사로잡힌 조선 조정은 거부할 명분을 찾지 못해 순순히 따랐다. 그때부터 중국 사신들은 입국 순간부터 아예 뇌물 목표치를 정해 놓고 털어 갔다. 조선이 재조지은의 오랏줄에 묶여 명이 시키는 대로 행동하는 사이에 백성의 삶은 도탄에 빠졌다. 명나라가 조선에 빨대를 꽂고 골수를 쪽쪽 빨아 댄 탓에 전후복구와 자주국방 노력은 뒷전으로 밀려났다.

광해군 시절 병력 1만 3천 명을 중국으로 보내 후금을 상대로 명의 대리전을 펼친(사르후전투) 것도 재조지은 때문이었다. 당시 조선군은 장거리 이동에 따른 피로가 누적된 데다 식량 보급이 끊긴 채 명군의 선봉에서 후금 군대와 싸우다 8천 명이 몰살당했다(한명기, "후금에 투항한 강홍립, 그는 과연 매국노였나(한명기의 한중일 삼국지)", 중앙일보 2021. 3. 12).

요동 일대에 주둔한 명나라 군대가 후금 군대에 패해 조선 땅으로 유입한 이후에는 전란 못지않은 재앙이 발생했다. 모문룡이 이끄는 명군과 이들을 따라 들어온 난민이 상전 노릇을 하며 식량과 생필품을 빼앗고, 반항하는 백성은 무차별 학살했다. 그렇게 숨진 백성이 1만 명을 넘었다고 한다. 그런데도 조선 조정은 제대로 된 항의조차 하지 못한 채 명나라 패잔병의 수발을 드느라 전전긍긍했다. 재조지은이라는 거대한 바위에 깔려 옴짝달싹도 하지 못했기 때문이다.

임진왜란 당시 출현한 재조지은이라는 유령은 조선왕조의 숨통이 완전히 끊어질 때까지 우리 조상들을 괴롭혔으며 오늘날에도 여전히 한반도 일대를 배회하고 있다.

항왜원조의 진실

참전은 잠깐, 이후 내내 훼방만

중국 중심의 전통 외교는 소국과 대국의 '사대'와 '자소字小'의 교환, 즉 '사대자소事大字小'로 이뤄졌다. 아랫사람의 공경과 윗사람의 내리사랑이 국가 간의 관계로 확장된 개념이다. 대국이 소국으로부터 사대라는 공경을 받으면서 자소라는 반대급부를 회피하면 국제질서는 깨지게 된다.

중국은 임진왜란 당시 조선에 원군을 보내 싸운 것을 '항왜원조抗倭援朝'라 부르며 자소 의무의 실천 사례로 자부한다. 중국은 이런 인식을 6·25전쟁에도 적용해, 북한을 지원해 침략한 것을 '항미원조'라고 칭한다. 6·25전쟁은 마오쩌둥의 지원 약속을 받은 김일성의 침략전쟁이라는 점에서 견강부회다. 명이 자국의 앞마당이자 울타리로 여긴 조선을 침략한 왜군의 중국 본토 진격을 막으려고 뛰어든 항왜원조와 6·25 항미원조는 성격이 크게 다른데도 동일시했다.

명의 조선 지원은 자소 의무 이행보다는 조선이 함락되면 자기네 본토가 위험해진다는 절박한 안보 이유에서 이뤄졌다. 조선이 점령당하면 전쟁터가 중국으로 옮아올 위험성이 매우 높은 점을 고려한 조치였다.

명은 부정부패와 흉년 등으로 심각한 재정난을 겪었음에도 파병에 약 700만 냥이라는 거금을 쏟아부었다. 하지만 명군은 참전 1년도 안 돼 조선에서 철수하려 했다. 1593년 6월 병과급사중 후경원이 신종황제에게 퇴각을 건의했다. 이여송 총사령관의 벽제관전투 패배 직후 강화협상 여부를 놓고 명군에서 갑론을박하던 때였다. 후경원은 조선을 지키는 역할을 충분히 한 만큼 굳이 일본을 원수로 삼을 까닭이 없다며 전쟁 중단을 제안했다(한명기, 『임진왜란과 한중관계』, 45-46쪽).

몸을 극도로 사리는 명군의 소극적인 태도는 평양전투 이후 개성에 진을 쳤을 때 감지됐다. 유성룡이 진격의 고삐를 당겨 달라고 애원했으나 명군은 이 핑계 저 핑계 대며 늑장을 부리다가 마지못해 남하했다. 명군은 우여곡절 끝에 파주까지 내려왔지만 1593년 1월 27일 벽제관 부근에서 왜군의 반격으로 패배하자 아예 전의를 상실했다. 이여송은 개성으로 퇴각한 다음 조선군과 아무런 상의도 없이 왜군과 협상을 벌여 휴전에 들어가 버렸다. 이때부터 명군은 조선을 도와주기는커녕 군사행동을 일일이 통제하고 횡포를 부리며 왜군 격퇴에 심각한 악영향을 미쳤다.

평양전투 이후 한양 수복을 확신했던 조선 조정은 벽제관 패전 소식에 망연자실했다. 아버지 나라인 명의 힘을 빌려 왜군을 내쫓을 것이라는 희망이 사라진 탓이다. 초조해진 도체찰사 유성룡이 이여송의 바짓가랑이를 잡고 매달려 봤지만 허사였다. 명군은 북쪽으로 물러나 아예 평양에 주저앉아 버렸다. 명은 전쟁 장기화로 전비 조달에 어려움을 겪은 데다 아무튼 왜군 북상을 막아 본토 안전은 확보했다는 생각에서 전투를 회피했다. 일찍 귀국하려는 욕심에서 휴전을 서두르다 전쟁은 되레 길어졌다. 명군은 싸움만 피한 게 아니라 조선군의 군사행동까지 통제함으로써 남으로 퇴각하던 왜군을 무찌를 기회마저 놓치게 했다.

조선군의 손발이 묶인 사이에 왜군은 남해안 일대 18개 성곽에 웅거하면서 힘을 비축했다. 1593년 7월에는 진주성에서 대규모 학살극을 벌이게 된다. 진주성 공격에는 한반도에 주둔하던 일본의 거의 모든 육군과 수군을 합친 약 10만 명이 동원됐다. 이 전투는 9개월 전 진주성에서 병력 3만 명으로 조선군 3,800명에게 완패한 데 대한 설욕전의 성격을 띠었다. 완승을 장담하다가 불의의 패배로 충격을 받고 와신상담하던 도요토미 히데요시는 1593년 2월부터 보복 의지를 불태우다 총공격령을 내렸다. 진주성을 점령해서 한 명도 남김없이 죽인 다음 전라도로 진출해서 성을 쌓아 주둔하되, 작전에 실패하면 장수들의 영지를 빼앗고 가문을 몰살시키겠다는 명령이었다. 왜군의 진주성 집착에는 전라도와 경상도를 잇는 군사 요충지 확보뿐만 아니라 대명 강화협상을 유리하게 끌고 가려는 의도도 작용했다. 당시 왜군은 명 정벌을 포기하되 한양 이남 4개도를 차지하는 선에서 전쟁을 끝낼 계획이었다.

도요토미의 공격 명령을 받은 왜군은 치밀한 전투 준비를 하는 한편 명군의 개입을 막으려는 공작도 병행했다. 고니시 유키나가는 명의 협상 상대인 심유경에게 "진주 백성을 피신토록 해라. 텅 비어 있는 성을 확인하면 일본군은 곧바로 철병하여 동쪽으로 귀환할 것"이라고 통보했다(『선조실록』 26년 7월 16일). 그 무렵 왜군은 이미 김해와 창원을 거쳐 진주로 이동했다. 진주성은 조선군의 1차 전투 대승 이후 막대한 군량미 창고로 활용되고 왜군 배후를 공격하는 경상도와 전라도 의병의 근거지 역할을 하던 터라 조선으로서는 절대 포기할 수 없는 곳이었다. 이런 점을 잘 아는 왜군이 "성을 비우면 즉시 철수하겠다"고 제의한 것은 명군과 조선군을 분리하려는 위장술이었는데, 효과를 발휘하게 된다.

진주성이 왜군 10만 명에 포위돼 절체절명의 위기를 맞았을 때 명은 출병 요구를 끝까지 거부했다. 진주와 가까운 대구와 남원, 상주 일대에 주둔해 있던 명군 1만여 명은 벼랑 끝으로 내몰린 조선군을 외면했다. 명군은 지원 회피에 그치지 않고 조선군의 수성을 포기토록 압박까지 했다. 곽재우와 홍계남 등은 군대를 이끌고 진주 부근까지 갔다가 참전을 포기했다. 명군의 수수방관으로 진주성이 압도적인 수적 열세를 보였기 때문이다.

진주성을 지키던 방어사 황진과 의병장들은 성을 비우라는 왜군의 경고를 거부한 채 결사항쟁했으나 중과부적으로 9일 만에 성을 내주고 만다. 이 과정에서 관군과 의병 등 약 1만 명이 전사하고 민간인 5만 명이 몰살당했다. 임진왜란 7년 중 가장 참혹한 패전으로 기억되는 싸움이었다.

명군은 남하하는 왜군을 추격하지 않은 데다 진주성 방어마저 포기했다는 점에서 훗날 정유재란은 자연스러운 귀결인지도 모른다. 중국에 늘 저자세이던 선조마저도 진주성 패전을 보고받고 명군의 비겁함과 졸렬함에 격분했다.

> 화친을 주장한 명의 심유경 때문에 진주성이 무너졌으니 분
> 함을 견딜 수 없다. 중국 조정에 심유경의 잘못을 알려라. (『선조
> 실록』 26년 7월 18일)

1598년 10월 순천 왜교성전투 패전의 귀책사유도 명군에 있었
다. 조선과 명나라 수군이 연합작전을 위해 왜교성 앞바다로 진
격할 때 명나라 수군 제독 유정이 고니시 유키나가에게 매수돼
작전에 불참한 탓에 패배했다(김종대, 『이순신, 신은 이미 준비를 마치었
나이다』, 시루, 2012, 331쪽).

왜란 후 명은 양심의 가책을 느꼈는지 중국 본토를 전장으로
만들지 않겠다는 애초 목표가 달성된 다음 조선에 장기 주둔하
면서 왜군과 열심히 싸우지 않은 채 막대한 민폐를 초래한 사실
을 시인했다. 1625년 사신으로 파견된 강왈광이 "왜란 당시 명군
지휘부가 조선을 구하는 데 힘을 다하지 않았으며 오히려 소요만
크게 일으켜 조선의 믿음을 저버렸는데도 조선은 명을 배반하지
않았다"면서 미안한 마음을 피력했다(한명기, 『임진왜란과 한중관계』,
42-43쪽).

그러고도 명의 갑질은 임진왜란 이후 훨씬 심해졌다. 왜군의 북
진을 한반도에서 끊으려는 목적이 달성되자 중국은 조선의 은인

으로 행세하며 온갖 만행을 저질렀다. 임란 기간 명의 도움 못지 않게 폐해가 컸는데도 사신들은 재조지은을 내세워 수탈을 일삼 았다.

평양성전투, 자른 머리 절반은 조선 백성

1592년 부산에 상륙한 왜군이 도성을 향해 파죽지세로 진격할 당시 특사로 파견된 대사헌 이덕형의 요청으로 명군의 지원이 성 사돼 왜군 격퇴에 도움이 됐지만, 파병 동기를 알면 마냥 고마워 할 일은 아니다. 명 조정은 일본과 조선의 결탁 가능성 등을 의심 하며 파병을 망설이다가 참전을 결정했다. 도요토미가 임란 전에 명을 치려는데 길을 빌려 달라는 '정명가도征明假道'를 조선에 압 박한 점을 고려한 고육지책이었다. 대륙 진출 야욕을 노골화한 왜군이 조선 점령 후에는 중국 영토를 침범할 것이라는 우려에서 원군을 보낸 것이다.

　참전 배경이 무엇이든 백척간두의 위기를 맞은 조선 정부는 파 병에 감읍하며 환대했다. 선발대가 국경을 넘었을 때 선조가 직접 나가 융숭하게 대접했다. 1592년 12월에는 병력 5만 1천여 명을 이끌고 입국한 이여송 총사령관을 이덕형이 수행하며 온갖 시중 을 들었다. 이여송 부대의 파병을 계기로 전세가 역전돼 명군은 조선의 기대에 부응하는 듯했다. 이여송은 요녕성 요양(랴오양)까 지 달려온 조선 사신에게 "조선을 침범한 왜노를 쓸어 버리고 필요하면 일본까지 진격하겠다"고 호언장담했다. 유성룡을 만났을 때는 "왜병이 믿는 것은 조총뿐이고 우리는 5~6리를 날아가는 대포를 쓰니 어찌 우리를 당해 내겠는가"라며 승전을 장담했다 (유성룡, 이재호 옮김, 『국역정본 징비록』, 위즈덤하우스, 2019, 213쪽).

명나라 지원군에는 요동, 광녕, 선부, 대동 등 북부 출신 병력 외에 남부 군인까지 대거 합류했다. 이들의 전투력은 1593년 1월 6일부터 사흘간 벌어진 평양성 전투에서 입증됐다. 그 무렵 최신 화포로 평가받던 불랑기포, 멸로포, 호준포 등으로 평양성을 타격 해 성문을 연 데 이어 성내 왜군들을 토굴 등으로 밀어붙였다(한명 기, "명나라 파병의 빛과 그림자(한명기의 임진왜란)", 한겨레 2012. 6. 8).

하지만 이때 명군의 전쟁 의지를 의심케 하는 돌발사태가 발 생했다. 공격의 고삐를 조였더라면 조총으로 버티던 왜군 약 1만 8천 명을 몰살시킬 수도 있었는데 갑자기 왜장 고니시 유키나가 의 요청을 받아들여 퇴로를 열어 준 것이다. 쥐떼를 어렵사리 독 안으로 몰아넣고서는 독을 깨뜨려 모조리 도망가게 해 준 꼴이었 다. 명군은 왜군 1,200여 명의 수급(머리)을 베고 전마 2,900여 필 을 노획하는 데 만족했다. 평양전투가 기대에 다소 미흡했지만, 전세를 뒤집어 왜군의 북진을 차단하는 성과를 거뒀기 때문이다.

한·중·일의 국제전쟁 양상을 띤 평양전투 승리에는 조선군 8천 명과 함께 '특수부대'로 참전한 승병 2,200여 명의 공로도 컸다. 승군은 평양성 공격 루트 가운데 가장 험난한 모란봉 방면을 맡아서 혁혁한 전과를 올렸다. 숭유억불 정책으로 탄압받던 스님들이 구국전쟁에 뛰어든 데는 73세 고령인 서산대사 휴정의 호소가 큰 영향을 미쳤다. 휴정은 임란이 발발하자 8도 16종 도총섭을 맡아서 총궐기 격문을 전국 사찰에 돌려 승군을 조직했다(황인규, "서산대사의 승군활동과 조선후기 추념사업", 『불교사상과 문화』 1: 233-234, 2009). 휴정은 손수 승병 1,500여 명을 이끌고 평양전투에서 맹활약했고, 그의 제자들도 전국 곳곳에서 거병했다. 산악 지형과 지리에 밝은 승군들은 평양전투 이후 왜적 정찰이나 군량미 수송, 성 축조 등의 임무를 맡다가 청주성, 노원평, 수락산 일대 전투에서 큰 전공을 세웠다.

평양 수복에는 사명대사 유정의 기여도 컸다. 유정은 승병을 모아 휴정의 휘하에 들어가 명군과 함께 평양성전투에서 맹활약한 데 이어 의령전투에서도 대승을 거뒀다. 금강산 표충사에서 모든 중이 달아날 때 혼자 남았을 때 쳐들어온 왜군들조차 합장하며 경의를 표한 일화는 유명하다(유성룡, 이재호 옮김, 『국역정본 징비록』, 위즈덤하우스, 2019, 199-200쪽).

평양전투 이후 고니시군이 퇴각하자 함경도에 머물던 가토 기요마사 부대도 한양으로 철수했다. 이로써 개전 이후 승승장구하던 육지 전투의 형세가 단번에 뒤바뀌었다. 조선 대신들은 너무나 감격한 나머지 명의 황궁을 향해 다섯 번 큰절을 올리고 명군 지휘관들에게도 큰절했다. 이여송을 극찬하는 목소리도 쏟아졌다. 평양대첩 덕분에 나라가 다시 만들어지고 억만년 이어갈 기반이 마련된 만큼 이여송은 조선의 영원한 은인이라는 칭찬이었다.

봇물 터지듯 쏟아진 이여송에 대한 칭송은 평양전투의 불편한 진실을 완전히 가려 버렸다. 명군은 전공을 부풀리려고 왜군의 수급뿐만 아니라 무고한 조선 백성의 목까지 앞다퉈 베어 갔다. 이런 만행은 조선 조정이 아닌 명군 내부에서 불거졌다. 이여송이 보고한 일본군 수급 중 절반은 조선인이고 불에 타거나 물에 빠져 죽은 1만여 명의 절반도 일반 백성이라는 상소가 명 황실에 올라갔다(『선조실록』 26년 1월 11일). 조선 백성의 멀쩡한 목을 자른 다음 머리털을 깎아 왜군의 수급으로 위장한 실체가 고발된 것이다. 명 조정은 진상조사단을 꾸려 조선에 급파해 망건을 쓴 흔적 등을 근거로 수급의 국적을 가리려 했다. 하지만 조선 조정이 만류하는 바람에 백성의 억울함은 영원히 묻혀 버리고 만다. 명의 원조에 의지해 전쟁을 치르고 이여송을 재조지은의 주인공으로 추앙하는 마당에 진실 규명은 불필요하다는 게 조사 반대 논리였다.

왜군 퇴로 열어 주고 강화에만 주력

평양대첩 이후 전쟁의 주도권이 명으로 완전히 넘어가 왜군 격퇴에 악영향을 미치게 된다.

조선군이 평양전투 승리를 염두에 두고 일본군의 여러 예상 도주로에 복병을 배치했다가 갑자기 거둬들인 것은 작전지휘권을 상실했기 때문이었다. 명군이 왜장 고니시의 퇴로 요청을 수용해 조선군의 매복 철회를 지시함으로써 한양으로 가는 길을 열어 줬다. 이순신도 왜적을 섬멸하려다가 명나라 장수에게 번번이 제동이 걸렸다(『선조실록』 31년 9월 10일). 그 덕분에 북상하던 왜군은 한양으로 퇴각해서 전열을 재정비할 수 있었다.

이여송은 벽제관전투에서 완패한 이후부터 몸을 극도로 사렸다. 1593년 1월 26일 휘하 부대가 파주에서 일본군 60여 명을 죽였다는 보고를 받고 왜군 전력을 얕잡아 본 이여송은 주력군을 남겨둔 채 친위병과 기병을 이끌고 빠르게 진격하다가 왜군 복병에 걸려들었다. 매복한 왜군은 화포와 화기수火器手도 없이 추격하던 이여송 부대를 기습해서 1,500여 명을 살해했다. 왜군 전사자는 120여 명에 그쳤다. 이여송은 호위군의 도움으로 간신히 탈출했다.

이후 이여송의 태도는 완전히 달라졌다. 개성으로 퇴각한 다음 좀처럼 군대를 움직이지 않았다. 도체찰사 유성룡 등이 이여송을 찾아가 "전투에서 질 수도 있으니 다시 싸워 달라"고 애원했으나 아무 소용이 없었다. 한양 주둔 일본군이 20만 명에 달해 중과부적이라며 이여송은 몸을 사렸다. 하지만 왜군 병력 규모가 명군보다 압도적으로 많았다는 주장은 거짓이었다. 유성룡이 "적병이 매우 적은데 어떻게 20만 명이나 있겠습니까?"라며 반문하자 이여송은 "내가 어찌 알 수 있겠는가? 이는 너희 나라 사람이 하는 말이다"라고 답했다(유성룡, 이재호 옮김, 『국역정본 징비록』, 230-231쪽).

선민의식에 젖었던 명군은 미개한 섬나라 오랑캐에 완패한 후화풀이는 조선 신료와 장수에게 해댔다. 이여송은 군량과 마초 공급 지연을 트집 잡아서 유성룡과 호조판서 이성중, 경기좌감사 이정형 등을 무릎 꿇려 놓고 군법으로 다스리겠다고 위협했다. 유성룡은 아무 항변도 못 한 채 눈물만 흘렸다. 약소국 재상으로서 최악의 치욕과 서러움을 겪는 순간이었다(한명기, "벽제전투와 강화협상(한명기의 임진왜란)", 한겨레 2012. 6. 22).

이여송은 조선의 간절한 요구를 끝내 무시한 채 군대를 평양으로 철수한 다음 왜군과 협상하는 데 진력했다. 벽제관 전투 이후 사기 저하와 병영 내 기아와 질병 확산, 본국 재정난에 따른 군비 조달의 어려움 등을 고려한 조치였다. 왜군도 평양 패전으로 사기가 크게 꺾이고 군량과 탄약 부족으로 전의를 상실한 상태였다.

왜군의 보급난은 남·서해 장악 실패와 영천·경주성 패전 때문이었다. 이런 상황에서 심유경이 휴전 협상을 제의하자 고니시 유키나가는 선뜻 응했다. 양측의 이해관계가 맞아떨어졌기 때문이었다(신병주, "명군의 참전과 그들만의 강화 회담(조선을 움직인 인물과 사건)", 한국역사연구회 웹진, 2008. 4. 15).

조선은 왜군이 간사해서 언제 돌변할지 모르니 서둘러 전쟁을 끝내지 않으면 농사를 지을 수 없어 모든 백성이 굶어 죽는다며 결전을 호소했으나 허사였다. 선조도 이여송에게 "일본은 영원히 함께할 수 없는 원수이므로 죽을 각오로 싸울 뿐 강화는 수용할 수 없다"고 말했지만 마이동풍이었다.

유성룡은 왜적과 화친하려고 이동중인 명나라 장수 주홍모에게도 봉변을 당했다. 기패旗牌(군중軍中에 황제의 명령을 전달하는 기)에 참배하라는 그의 요구에 "왜적 진영으로 들어가는 기패인 데다 적병을 죽이지 말라는 송 시랑(송응창)의 패문이 적혀 있으니 참배할 수 없다"고 답한 게 화근이었다. 이런 사실을 보고받은 이여송은 군법으로 다스린 다음 군대를 철수하겠다고 협박했다. 이에 유성룡은 급히 개성으로 달려가 이여송에게 사과하면서 가까스로 사태를 마무리할 수 있었다. "조선인은 적군을 죽이지 말라는 기패 곁 패문을 보고 원통하게 여겨 감히 참배하지 않은 것이니 죄를 면할 수 없습니다"라고 백배사죄한 끝에 무사할 수 있었다.

명군은 조선군의 군사행동을 금지한 것도 모자라 퇴각하는 왜군을 호위했다. 1593년 4월 시작한 한반도 분할 협상을 고려한 배려였다. 왜군을 공격하는 조선군은 장군이든 졸병이든 가리지 않고 고문했다. 명군의 총사령관 송응창은 행주대첩을 이끈 권율처럼 왜적을 함부로 죽이지 말라는 공문을 조선 조정에 보내 일선 부대에 전파토록 지시했다. 이에 선조는 불공대천의 원수인 왜군을 죽이지 말라고 하더라도 부모 형제를 잃은 백성의 복수심이 워낙 커서 임금의 명령도 통하지 않을 것이라고 답했다(『선조실록』 26년 3월 28일).

조선 장수와 백성에게는 행패

왜란 초반 파천길에 올라 평양에 머물던 조선 조정은 명에 구원병을 파견해 달라고 요청하려다가 망설였다. 요동 군대가 포악해서 입국하면 극심한 민폐를 끼칠 것으로 걱정했기 때문이다. 하지만 원병을 요청하려고 요동에 급파된 이덕형이 "명 장수들의 호령이 엄중하고 군기가 분명해서 풀 한 포기, 쌀 한 톨이라도 건드리지 않는다"고 보고해서 안심했다(한명기, 『임진왜란과 한중관계』, 128쪽).

명군은 참전 초기만 해도 엄격한 군율을 의식한 듯 민폐를 끼치지 않으려고 매사에 조심했다. 하지만 전쟁이 교착상태에 빠진 상황에서 기상이변으로 대기근이 생기자 명군은 악마로 돌변했다. 명이 나중에 67만여 석의 군량을 보내왔으나 군 기강이 이미 나락으로 떨어진 탓에 미쳐 날뛰는 군인들을 누구도 제어하지 못했다. 왜란 초기에 염려한 사태가 현실화한 것이다.

왜군 앞에서 비겁했던 명군은 조선 백성에게 행패를 부리는 데는 용감했다. 경남 함양을 비롯한 영남 주민들을 원수처럼 대했다. 의병장 정인홍의 제자로 역시 의병장인 정경운이 임란 기간에 기록한 『고대일록孤臺日錄』에 명군의 약탈과 만행 실태가 자세히 적혔다. 순변사 이빈의 선봉장이던 변양준은 명군의 쇠사슬에 목이 묶인 채 땅바닥을 기어 다니다가 피를 토했고 이빈 자신도 강변에 묶이는 치욕을 당했다(김동철, "얼레빗과 참빗(김동철 칼럼)", 베이비타임즈 2017. 11. 21). 노원평전투에서 대승을 거둬 한양 탈환에 혁혁한 공을 세운 방어사 고언백은 명나라 장수에게 불려가 심한 꾸중을 듣고 구속됐다. 유성룡의 정6품 부하 군관은 왜병을 사살했다는 이유로 명의 장수에게 얻어맞아 크게 다쳤다.

경주 탈환의 주인공이던 병조참판(국방차관) 박진은 중국 장수 누승선에게 맞아 목숨을 잃었다(『선조실록』 30년 5월 29일). 밀양부사 시절 임란을 맞은 박진은 1592년 8월 의병들의 영천성 탈환 작전을 지원해 대성공을 거둔 인물이다. 영천성 전투에서 말 200여 필과 총통·창검 900여 개를 왜군으로부터 노획했으며 조선인 포로 1,090여 명을 구출했다. 조선군이 해상을 장악한 데 이어 영천과 경주를 차지하자 왜군은 낙동강 수로를 통한 군수품 보급마저 차단돼 북진에 큰 어려움을 겪었다. 박진은 양대 전투 승리의 공로로 종2품인 가선대부로 가자加資되었다.

박진은 왜란의 선봉장이던 가토 기요마사 부대의 장수이던 사야가(김충선)의 귀순을 받아들여 명장으로 키운 일화도 유명하다. 사야가는 가토 부대의 좌선봉장으로서 왜군 3천 명을 이끌고 참전했다가 명분 없는 전쟁이라는 이유로 박진 부대에 투항했다. 이후 사야가는 의병장 곽재우 등과 합세해 울산성 등지에 78차례 출전해 혁혁한 전공을 올려 종2품 가선대부에 봉해지고 선조로부터 김충선이라는 이름까지 하사받았다. 김충선은 일본 조총을 개량한 신식 총기를 만들어 조선군에 보급하기도 했다.

단숨에 조선을 점령한 왜군조차 건드리지 못했던 박진이지만 구원병을 자처한 명군에게 어이없이 목숨을 잃고 만다. 누승선이 사소한 문제를 트집 잡아 병조참판이던 박진을 마구 때려 치사致死케 한 것이다. 사망 후 확인해 보니 갈비뼈를 포함한 온몸이 골절된 상태였다. 그런데도 누승선의 처벌 기록은 없다.

명군은 지방관의 목을 매어 끌고 다니다 몽둥이와 돌로 난타해서 살해하기도 했다. 그 무렵 명군은 위기에 빠진 조선을 도우러 온 구원군이 아니라 악랄한 침략군이자 야수의 모습을 띠었다.

바다에서 연전연승하며 왜군의 보급로를 끊어 조명연합군의 전세 역전에 결정적인 역할을 한 이순신도 1597년 정유재란 때 명나라 총병관으로서 전남 완도 고금도에 주둔한 진린에게 온갖 수모를 당했다. 진린은 순천 왜성에 웅거하던 고니시 유키나가를 사로잡으려고 조선 군대와 함께 고금도에 파견된 인물이다. 그 무렵 진린 군대는 고을 수령에게 욕설을 퍼붓고 구타했으며 찰방 이상규의 목을 끈으로 매어 끌고 다니는 만행을 저질렀다. 고금도에 내려온 지 사흘 만에 벌인 절이도해전에서는 진린이 겁에 질린 듯 멀리서 싸움을 바라보다가 전세가 유리해지자 공을 가로채는 데 급급했다. 조선군이 바다에 떠다니던 적의 수급을 70여 급 챙겼을 때는 수군통제사 이순신에게 손을 떼라고 호통 쳤다. 이순신이 수급 40여 급을 나눠주자 그제서야 잠잠해졌다(『선조실록』 31년 8월 13일).

조선인 학대에는 명군의 장수뿐만 아니라 말단 병사도 가담했다. 병사들은 관청은 물론, 민가를 돌며 닥치는 대로 약탈하고 부녀자를 겁탈했다. 그런데도 조선 조정은 아무런 항의를 하지 못했다. 조선 조정은 명군의 횡포 앞에서 전전긍긍했다. 1595년 12월 "명군이 군사훈련을 빙자해서 온갖 민폐를 일으킨다"는 보고를 받았을 때는 "괴롭지만 참아야 한다. 명만 믿을 뿐이다. 명의 분노를 촉발할까 염려된다"고 답했다. 국토의 운명을 외국군에 맡겨야 했던 약소국 군주의 비참한 일면이었다.

"명군은 참빗, 왜군은 얼레빗"

명군이 왜군과 싸우지 않은 채 장기 주둔하면서 막대한 식량을 소비한 탓에 조선에서는 아사자가 속출했다. 조선 조정이 명나라 군대에 식량을 최우선으로 제공하느라 백성의 식량난이 가중됐다. 그 결과 노인과 어린이가 무수히 쓰러졌고, 건장한 사람은 도적이 됐으며 역병까지 겹쳐 사망자가 속출했다. 심지어 부자父子와 부부夫婦가 서로 잡아먹고 난 다음 해골만 남은 사례도 있었다 (유성룡, 이재호 옮김, 『국역정본 징비록』, 272쪽).

명군의 횡포로 백성의 원성이 하늘을 찌르면서 "명군은 참빗, 왜군은 얼레빗"이라는 말까지 유행했다. 얼레빗은 빗살이 굵고 성긴 반원형의 큰 빗이고, 빗살이 촘촘하고 아주 가는 양면빗이 참빗이다. 옛 여인들은 긴 머리채를 얼레빗으로 대강 빗은 다음 참빗으로 정갈하게 다듬었다. 머리털의 때나 비듬 등 불순물을 제거하는데도 참빗이 쓰였다. 참빗질을 할 때마다 머리카락 속의 이는 물론 미세한 서캐까지 떨어져 나온다. 명군의 악행을 참빗에 비유한 것은 이들의 수탈이 그만큼 심각했다는 뜻이다. 왜군이 지나간 지역에는 먹을 것이 조금이라도 남았지만, 도와준답시고 찾아온 명군이 거쳐간 고을에는 쌀 한 톨조차 남지 않았다. 왜군은 한양에서 퇴각한 이후 남해안 일대에 18개 성곽을 쌓고 장기간 웅거하면서 조선인과 함께 농사짓거나 물고기를 잡아먹었기 때문에 민폐는 상대적으로 적었으나, 명군은 잇따른 대기근으로 입에 풀칠조차 하기 힘든 조선 백성을 수탈했다. 벼룩의 간을 빼먹는 모양새였다. 양떼를 덮친 늑대의 모습이기도 했다.

임란 첫해인 1592년 11월에는 명군의 횡포가 그다지 심하지 않았는데도 명나라 사신 사헌이 유성룡에게 "왜적은 얼레빗 같고 명군은 참빗 같다는 소문이 사실이냐"고 물었다. 일본군보다 명군의 착취가 더 심하다는 백성의 원성을 들은 사헌이 진상을 파악하려고 질문한 것이다. 유성룡은 명의 불편한 심기를 의식한 듯 "과장된 소문일 겁니다. 군사 주둔지에는 가시덤불이 난다고 했습니다. 사소한 피해는 불가피하지 않겠습니까"라며 에둘러 답했다(장철균, "유성룡: 조선의 분할을 저지한 외교 재상(인물로 본 한국 외교사)", 월간조선 2014. 4).

실상은 정반대였다. 야사 모음집인 『연려실기술』은 "명군이 거치는 마을에는 소나 돼지, 개와 닭 같은 가축이 전부 사라진다. 명군은 닭을 즐겨 먹어 피 한 방울도 버리지 않았다"고 기록했다.

백성들은 명군을 피해 가재도구와 곡물을 땅에 묻고 낮에 숲속에 들어갔다가 밤에 귀가하는 일이 잦았다. 명군이 온다는 풍문이 돌면 백성은 숨기에 바빠 사방 30~40리의 민가가 텅 빌 정도였다. 명군은 식량 약탈은 물론이고 무고한 인명 살상, 부녀자 겁탈도 서슴지 않았다. 약탈품은 금은 비녀와 식량, 이불, 옷가지, 세숫대야, 사발, 숟가락, 젓가락 등을 가리지 않았다.

정경운의 『고대일록』에 명군의 횡포가 잘 나타난다. 명군은 1593년 7월 경남 함양에 들이닥쳐 닭과 술, 채소, 과일, 말 등을 강요하거나 관아를 약탈했다. 민가에 인적이 없으면 곡식은 물론 병풍과 패랭이, 의복, 필묵, 수건, 책자, 대나무 지팡이, 솥 등을 털어 갔다. 저항하는 사람은 신분을 가리지 않고 떼 지어 구타했다. 거창 수령과 함양 성주는 접대 소홀 등을 이유로 곤장을 맞기도 했다(김경수, "임진왜란 관련 민간일기 정경운의 『고대일록』 연구", 『국사관논총』 92: 305-308, 2000).

전쟁 와중에도 명나라 상인들은 군에서 발급받은 통행증을 활용해 조선에서 장사하거나 은을 채굴하는 등 돈벌이에 혈안이 됐다. 평양성전투 승리 이후 명군에서 쿠데타가 일어난 것도 돈 때문이었다. 중국 남부에서 차출된 병력이 최선봉에서 싸워 이겼는데도 은 5천 냥의 포상금을 받지 못했다며 반란을 일으켰다(신병주, "명군의 참전과 그들만의 강화 회담").

임란 이후 조선에 오는 명 사신들은 재조지은을 내세워 조선에서 인삼과 은 사냥에 나섰다(이덕일, "조선 왕을 말한다(이덕일의 事思史)", 중앙선데이 2009. 1. 26). 사신들은 임란 이후에는 종전의 주된 예물이던 모시나 부채, 화문석과 같은 토산품은 거들떠보지도 않고 은만 요구했다. 1602년 명의 황태자 책봉을 알리려고 입국한 사신 고천준은 들리는 곳마다 은을 강요했다. 그 때문에 의주에서 한양에 이르는 수천 리에 은과 인삼이 한 줌도 남지 않았다고 한다(김동철, 『다시 쓰는 징비록: 환생 이순신』, 한국학술정보, 2016). 고천준의 수탈 실태는 그의 부하가 쓴 풍자시에 잘 나타난다.

> 올 때는 사냥개처럼, 갈 때는 바라처럼 / 모조리 실어 가니 조
> 선 전체가 텅 비었네 / 오직 청산만 옮길 수 없으니 / 다음에는
> 그림을 그려 가져가리. (송기호, "칙사 대접", 80쪽)

광해군 즉위 후에는 국왕 자격 심사를 이유로 명의 사신 2명이 약 10만 냥을 챙겨갔다. 1609년 국왕 승인 예식인 책봉제를 주관하려고 입국한 태감 유용과 광해군 장남의 세자 책봉식을 주관하던 염등이 광기를 부린 장본인들이다. 이들은 국경을 넘어서 한양에 도착할 동안 조선 조정에서 책정한 접대비를 전부 은으로 환산해서 받았다. "은만 준다면 식사나 차는 필요 없다"는 말까

지 해 가며 은을 긁어모았다(규장각한국학연구원 엮음, 『세상 사람의 조선 여행』, 38쪽). 유용이 6만 냥을 챙긴 사실을 알게 된 염등은 질투한 듯 은의 액수가 적다며 개성에 눌러앉아 버렸다. 조선 조정은 수천 냥을 주고 간신히 달래 보냈다.

한양으로 오는 길에 홍수로 임진강 다리가 유실돼 행차가 늦어졌을 때는 1천 냥을 요구하기도 했다. 한양에 도착해서는 천교라는 이름의 은 사다리를 만들어 달라고 생떼를 썼다. 환영 잔치나 뱃놀이에는 관심이 없고 오직 은만 탐했다. 광해군에게 은 300냥어치의 예물을 바친 다음에는 답례로 은 9천 냥을 요구하는 얌체 짓을 하기도 했다(송기호, "칙사 대접", 80쪽). 호조 신료들은 1년 동안 모은 은을 염등 때문에 열흘 만에 탕진했다고 불만을 터트렸지만 속수무책이었다. 광해군이 "명의 사신이 무례할지라도 황제의 명을 받아 왔으니 마땅히 성의를 다해서 대해야 한다"라고 지시했기 때문이었다. 이항복은 "성의와 정성은 빈말일 뿐이고 은의 많고 적음에 달려 있다. 접대 대책이란 은을 더 주는 것뿐이다"라고 개탄했다.

1621년 태창제 즉위를 알리려 입국한 유홍훈과 양도인은 은약 8만 냥을 거둬갔다. 이 때문에 이들이 지나는 양서兩西(평안도와 황해도) 지역과 송도松都(개성), 서울에서 상인들의 울부짖는 소리가 하늘을 진동했고 나라의 재물은 바닥이 났다(『광해군일기』 13년 5월 1일). 1622년 후금 공격에 필요한 원병을 보내 달라고 입국한

감군어사 양지원 역시 수만 냥을 수탈했다.

사신의 요구를 다 들어주다 보면 그 부담은 고스란히 백성에게 넘어갔다. 조정은 은을 마련하려고 곡물이나 면포를 풀어 상인들과 교환했다. 왜관에 거주하는 일본인에게 빌리기도 했다. 그래도 모자라면 농민들에게 세금 형태로 징수했다. 국가 재정의 30퍼센트 이상을 명나라 사신 시중에 쓰는 바람에 한반도 전역은 백성의 원성과 신음으로 뒤덮였다.

한반도 분할 기도의 원조

왜란 반년도 안 돼 1차 분할 협상

한반도의 남북 분단은 하마터면 350년이나 앞당겨질 수 있었다. 왜란 원년인 1592년 9월부터 명나라가 일본과 약 4년간 휴전과 협상을 이어가며 조선 분할 문제를 논의했기 때문이다. 다행히 양국 장수들이 협상 결과를 거짓으로 각색해 본국 조정에 알리면서 시간을 질질 끌어 준 덕에 조선 영토는 온전할 수 있었다.

임란 초기만 해도 일본의 침략 목표는 조선 영토 점령이 아니라 대륙 진출이었다. 임란 2년 전인 1590년 최고 실권자 도요토미 히데요시 관백關伯이 "명을 치려고 하니 길을 빌려달라"고 조선에 제안한 '정명가도'는 그런 의도에서 표출됐다. 조선은 명과 군신

또는 부자 관계이므로 일본의 어리석은 군사행동에 동참할 수 없다는 방침을 천명함으로써 정명가도를 거부한다. 조선은 이 사실을 숨기려다가, 명의 오해를 살 수 있다는 우려에서 뒤늦게 명에 알린다.

그 무렵 류큐도 도요토미가 조선을 경유해서 중국 본토를 칠 것이라는 정보를 명에 전달했다. 이 정보는 한반도를 침략한 일본이 파죽지세로 북상할 당시 명군의 파병 결정에 도움이 된다. 도요토미가 정명가도를 제안했다는 점에서 한반도 점령에 그치지 않고 국경을 넘을 것이라는 판단에서 명이 원군을 보낸 것이다.

1592년 7월 요동부총병 조승훈이 명군 선발대 3천 명을 이끌고 평양성에 주둔한 왜군을 공격할 때만 해도 조선은 단지 일본의 대륙 진출을 위한 디딤돌에 불과했다. 조승훈 부대는 평양성 공격에서 왜군의 조총 공격에 맥없이 무너져 절반 이상의 병력을 잃고 본국으로 퇴각했다. 명은 왜군의 전력이 예상보다 훨씬 우세한 것으로 확인되자 유화책으로 급선회했다. 명나라 병부상서 (국방장관) 석성과 경략 송응창이 강화협상을 준비토록 했다. 송응창은 1593년 말까지 명과 조선을 연결해 병력을 동원하고 무기와 식량, 군수품 등을 조달하고 왜군과 벌인 강화협상을 배후에서 조율하기도 했다. 석성과 송응창은 평양 주둔 왜군의 선봉장인 고니시 유키나가에게 심유경을 보내 협상을 제의했다가 뜻밖의 좋은 결과를 얻는다("평양성 탈환: 명군이 죽인 자의 절반은 조선인",

한겨레 2012. 6. 8). 고니시가 선뜻 협상에 응해 1592년 9월 1일부터 50일간 전쟁을 중단하기로 합의한 것이다.

부산 상륙 이후 연전연승하고 동아시아 최강국 명의 군대마저 격파한 왜군이 화평을 선택한 이유는 머잖아 드러났다. 심유경을 만난 고니시는 대동강 동쪽 땅을 일본에 할양하고 평양 서쪽만 조선이 차지함으로써 전쟁을 멈추자고 제안한 것이다. 중국 본토 침공 계획을 철회하는 조건으로 한반도를 할양해 달라는 요구였다.

도요토미는 이때부터 대아시아제국 건설의 꿈을 접고 한반도 영토를 강탈하는 쪽으로 급선회했다. 왜군의 심각한 식량난을 고려한 궁여지책이었다. 이순신이 남해와 서해 제해권을 장악하고 조선 육군이 영천과 경주를 탈환한 뒤 해로와 육로를 통한 왜군의 군수물자 수송은 모두 막혀 버렸다. 당시 황해도와 평안도 일대에는 흉년이 들어 굶주린 백성이 떼죽음을 당해 길거리와 벌판에 시체가 즐비할 정도여서 식량 약탈도 쉽지 않았다(『선조실록』 27년 3월 10일). 이 때문에 평양성 주둔 왜군의 다이묘(장군)조차 굶주림 탓에 마르고 얼굴빛이 검어졌다.

왜군은 이런 사실을 숨긴 채 승전국으로서 기득권을 챙기려는 듯 조선 영토 할양을 명에 요구했다. 고니시의 제안을 받은 심유경은 황제의 답변을 받으려면 시간이 필요하니 대동강을 사이에 두고 50일간 휴전하자고 역제안해서 1592년 9월 1일 합의에 이른다. 명군은 왜군이 평양 서북쪽 10리 밖으로 벗어나지 못하고 조선 군사도 10리 안으로 진입하지 못하도록 나무로 금표禁標를 세워 놓았다(『선조수정실록』 25년 9월 1일).

조선 땅 할양 문제에 명군은 그다지 심각하게 반응하지 않았다. 원군 선발대장 조승훈이 압록강을 건넜을 때 정탁에게 한 발언을 고려하면 그 이유를 유추할 수 있다. 조승훈은 "중국 본토에서 왜군을 막으려면 수십만 군사가 필요하지만, 조선에서는 수만이면 가능하다"고 말했다. 왜군이 중국으로 진입하면 호미로 막을 것을 가래로도 막지 못한다는 판단에서 참전한 것이다. 따라서 왜군을 차단해서 대륙을 보호할 수 있다면 조선 분할은 문제가 될 게 없었다.

조선 분할 제의를 보고받은 명 조정은 양분됐다. 수용하자는 온건파와 군사력을 동원해서 왜군을 밀어내자는 강경파가 대립했다. 격론 끝에 강경파가 득세하면서 1592년 12월 25일 이여송이 이끄는 병력 5만 명이 원군으로 파병된다. 대동강을 경계로 하는 조선 분할 방안은 이여송과 직속상관인 송응창 총사령관은 물론, 명 조정마저 반대함으로써 일단 무산된다.

명 압력에 조선도 강화 찬성

임란 당시 함경도로 진출했다가 조선 왕자인 임해군과 순화군을 붙잡아 장기간 억류한 가토 기요마사는 고니시와 별도로 휴전안을 제시했다(신명호, "포로가 된 선조의 두 왕자 임해군과 순화군(신명호의 조선왕조 스캔들)", 월간중앙 2016. 3). '대동강 휴전' 기간인 1592년 10월 왕세자인 광해군 측에 서신을 보내 땅을 때 주면 두 왕자를 석방하고 군대를 철수하겠다고 제안했다. 조선이 대답하지 않자 일본은 강화협상 대상을 명나라로 일원화했다. 조선의 상국인 명이 한반도 운명을 결정한다는 판단에 따른 것이었다.

하지만 강경파 주도의 명 조정은 영토 할양 제의를 일축한 채 11월 26일 합의한 휴전 연장 약속마저 깨 버리고 초강경 대응을 하게 된다. 이여송 부대가 1593년 1월 6일 평양성을 총공격해서 왜군을 성 밖으로 완전히 내쫓았다. 이는 명군이 임진왜란 기간 조선에서 거둔 최대 승리다. 명군이 조선을 확실히 지키겠다는 의지를 보인 것은 사실상 이때뿐이었다. 그 이후에는 승전에 별 신경을 쓰지 않았다. 참전 목적이 왜군의 북상 저지였기 때문이었다.

왜군도 1월 27일 벽제관에서 이여송 부대를 격퇴하고 전열을 가다듬는 듯했지만, 2월 12일 행주산성에서 권율 부대에 대패한 다음 전의를 거의 상실했다. 한양 재집결 때는 병력이 개전 때보다 30~40퍼센트 줄어들었다. 전투 외에도 기아, 질병 등으로 목숨을 잃거나 부대를 이탈한 군인이 많았기 때문이다. 설상가상으로 식량 지원마저 끊겨 전쟁을 이어갈 수 없는 처지였다. 결국 왜군 지휘부는 도요토미의 허락을 얻어 한양 철수를 결정하고 3월 7일 명과 협상해 철군 때 신변 안전을 보장받으려고 했다.

이때도 영토 할양 문제가 논의되자 왜군은 분할선을 대동강보다 아래인 한강으로 바꿔 제의했다. 한강 이북 땅을 조선에 돌려주되 경기도 안성 죽산과 충청도 충주를 연결하는 지역의 남쪽은 일본이 차지하겠다는 것이었다. 전쟁 당사국인 조선은 이를 눈치 채지 못했다. 선조가 명에 외교권과 군통수권을 모두 넘겨주고 강화협상에서 배제된 탓이다.

심유경과 고니시는 주요 쟁점에 대한 의견 접근을 이루지 못했음에도 1593년 4월 19일 휴전에 합의했다. 그 결과 왜군이 경상남도 해안 지대로 퇴각했고 명은 병력 1만 6천 명만 남기고 3만 명을 본토로 빼돌렸다. 조선군에게는 "적을 살육하면 참형에 처한다"고 경고했다. 왜군을 자극하지 않으려는 차원이었다. 그 덕에 왜군은 마치 개선장군처럼 풍악을 울리고 노래와 춤으로 흥을 돋우며 남해안에 도착해 장기 주둔하게 된다.

명군의 강화 노력에도 명 조정 내부에서는 협상 반대 여론이 만만찮았는데 1594년부터는 협상파 일색으로 바뀌게 된다. 여기에는 조선 조정도 한몫했다. 송응창의 후임 경략인 고양겸이 1594년 5월 조선이 강화를 희망한다는 주문奏文을 명 황제인 신종에게 올리라고 강요했다. 이를 거부하면 명군을 전부 철수하겠다는 협박도 했다. 선조는 한때 직을 걸고 반대하기도 했으나 머잖아 명군의 압박에 굴복하게 된다. 신종은 조선이 강화를 원한다는 사실을 확인하자 도요토미를 일본국왕으로 책봉하는 방식으로 전쟁을 끝내려 했다(한명기, 『임진왜란과 한중관계』, 53~54쪽).

하지만 신종과 도요토미의 요구 조건이 워낙 큰 차이를 보여 타협이 애초부터 불가능했다. 그런데도 명군과 왜군 협상파들은 속임수를 써 가며 협상을 이어갔다. 명 황녀를 도요토미의 후궁으로 삼고 조선 4도를 떼 주는 등의 조건을 명이 수용한 것처럼 도요토미를 속이고, 신종에게는 국왕 책봉을 조건으로 왜군이 항복하기로 했다는 거짓 보고를 올렸다. 양측은 승리를 장담할 수 없는 전쟁보다는 휴전 상황을 선호했기 때문에 협상을 택했다. 그 결과 명나라 사신단이 가짜 국서를 들고 일본을 오갈 동안 전쟁은 장기간 소강상태를 보였다.

　명군의 심유경은 일본의 변심을 두려워한 나머지 물을 긷거나 나무하러 가는 왜군에게 표첩票帖을 내주는 등 왜군 보호를 위해 안간힘을 썼다. 일종의 통행허가증인 표첩을 소지한 왜군을 공격하면 엄벌한다는 엄포도 놓았다. 그러자 어처구니없는 일들이 벌어졌다. 해안 지대에 머물던 왜군이 표첩을 소지한 채 여염집에 들어가 온종일 머물러도 조선 관민이 아무런 조처도 취하지 못했다. 명군이 조선을 돕기 위해 참전했다고 믿었던 백성들은 도무지 이해할 수 없는 상황이 빚어진 것이다(위의 책, 50쪽).

　조선 조정은 "만세불공의 원수와 강화를 맺을 수 없다"며 왜군을 섬멸해 달라고 애원했으나 명은 오불관언이었다. 가짜 사신단이 일본과 중국을 오가면서 강화 협상을 하는 사이에 조선 백성은 명군의 군량을 대느라 무더기로 굶어 죽었다.

도요토미는 장기 협상에도 기대한 성과를 거두지 못하자 1596년 10월 돌변했다. 한반도 남부 지역을 떼 주지 않으면 실력으로 차지하겠다는 내용의 문서를 명나라 사신에게 건넸다. 조건부 최후통첩이었다. 아시아제국 건설을 목표로 전쟁을 일으켰는데 한 줌 땅도 확보하지 못하면 관백으로서 체면과 정권 유지가 어렵다는 판단에서 내린 결단이었다. 한반도 남단의 작은 땅이라도 얻으면 향후 조선은 물론, 대륙 진출의 교두보로 활용할 수 있다는 계산도 영토 할양에 집착한 이유였다.

　　이후 도요토미는 경상도 밀양 이남이라도 건지려다 그마저도 여의치 않자 결국 전쟁을 감행했다. 약 4년간의 휴전이 끝나고 1597년 7월 발생한 정유재란이다. 왜군은 속전속결로 북상했던 1952년 전쟁과 달리 정유재란에서는 전력을 한강 이남 지역에 집중했다. 최후통첩대로 조선을 강제로 나누겠다는 의지를 반영한 작전이었다. 왜군은 경상도와 전라도, 충청도를 점령한 다음 경기도로 북진하다가 경기도 직산에서 조명연합군과 대치했다. 원균이 지휘하는 조선 수군이 칠천량전투에서 대패한 탓에 제해권도 왜군에 넘어간 상태였다.

　　직산전투에서 일진일퇴를 거듭하던 왜군은 갑자기 후퇴했다. 군수품 보급과 병력 수송 임무를 띤 수군이 명량해전에서 완패해 병참 지원이 끊길 것이라는 우려에서 내린 결정이었다. 이후 도요토미가 1598년 8월 18일 사망함으로써 7년 이상 지속한 임진왜란이 끝나게 된다.

당시 명군은 일본군 주요 부대와 잇따라 비밀 교섭을 벌여 철군 일정을 확정한 다음 이를 조선 조정에 숨긴 채 자신들의 전공으로 포장하기에 급급했다. 정유재란 당시 왜군 정벌에 가장 적극적이었던 양호 사령관이 정응태의 무고로 본국에 소환된 이후 명군이 협상에 주력한 탓에 이런 현상이 생겨났다(김준태, "선조와 유성룡(김준태의 보스와 참모의 관계학)", 월간중앙 2017. 9).

선조, 의주 몽진 합리화하려 명 역할 부각

조선은 왜군 퇴각 이후 명군의 조직적인 전승보고서 날조 사실을 중국 황제에게 알리려다 무산됐다. 명나라 병부상서인 형개가 협박했기 때문이다. 명군은 계속 주둔할 테니 식량 지원을 확대하라는 등의 압박을 가했다. 정유재란 이후 선조는 소수 정예 병력의 한양 주둔을 희망했으나 명군은 무려 2년 동안 대규모 병력을 주요 지역에 배치한 채 각종 민폐를 일삼다가 본국으로 철수했다. 그런데도 선조는 명군의 만행을 따지지 않은 채 파병 은혜를 부각하는 데 진력했다. 전쟁 초기에 백성을 버리고 의주로 도망간 데 따른 비난 여론을 무마하고 왕권을 강화하려는 꼼수였다.

임진왜란을 끝낸 원동력을 명군의 참전과 원조로 규정해야만 선조는 의주 몽진을 합리화할 수 있었다. 당시 선조는 목숨을 연명하려고 국경까지 달아난 게 아니라 전시임시정부 운영과 파병

협상 등을 고려해 의주로 옮겼고, 그 전략이 성공했다고 선전했다. 이는 자신이 전란 극복의 실질적인 최고 공로자라는 인상을 심어 주려는 술수였다.

선조의 이런 판단은 전쟁 공훈자 선정에 고스란히 반영됐다. 전체 공신 110명 가운데 의주 몽진에 참여한 인물들에게 내리는 '호송공신'이 86명으로 전체 78퍼센트를 차지했다. 왜군과 싸워 대승을 거둔 이순신과 권율 등 '선무공신'은 고작 16명에 그쳤다. 선조가 도망갈 때 동행한 마부나 내시 등 중인 이하 신분인 34명도 호송공신으로 책봉했다. 이들도 임진왜란 명군을 불러오는 데 어떤 식으로든 도움이 됐으므로 장군 못지않은 예우를 받아야 한다는 게 선조의 신념이었다(한명기, "재조지은과 조선후기 정치사", 『대동문화연구』 59, 2017). 이로써 명나라 황제 신종이 임란 이듬해인 1593년 11월 조선에 보낸 공문에서 처음 언급한 '재조지은'이 본격적인 힘을 얻게 된다.

정묘호란 빌미 된 명군 조선 주둔

광해군은 균형외교, 인조는 친명으로 선회

만주 일대 여진족(만주족)을 통일한 후금이 한반도를 침략한 정묘호란(1627)은 조선이 자초한 측면도 있다. 여진족의 적성국인 명을 과도하게 받들고 명의 군대와 난민을 조선에 주둔시켜 지원한 것이 침략의 빌미가 됐다.

임진왜란 이후 중국에서 급성장한 여진족은 1616년 후금을 건국한 데 이어 1936년에는 국호를 청으로 바꾼다. 당시 명은 덩치만 컸을 뿐 체력이 몹시 허약해진 데 반해 여진족의 국력은 나날이 커 가고 있었다.

광해군은 급변하는 동북아시아 안보 환경을 고려해 명과 후금 사이에서 중립외교를 폈다. 기존 패권국이 신흥 강대국을 견제하면서 전쟁이 발생한다는 '투키디데스 함정'에 휘말려 들어가지 않으려는 외교 전략이었다.

1619년 3월 요동의 사르후(싸얼후)에서 벌어진 명과 후금의 전투에서 강홍립이 이끄는 조선군이 명을 돕다가 후금에 항복한 것도 균형외교의 일환이었다. 강홍립은 조선군 8천 명이 전사하자 후금에 투항해 "명의 압박에 마지못해 출병했다"며 참전의 불가피성을 설명했다. 후금은 이 전투에서 조명연합군 10만 명 가운데 4만 5천 명을 궤멸시키는 전대미문의 대승을 거둔다. 여진족이 임진왜란 7년 동안 무역으로 부를 늘리고 군대를 키울 때 명은 부패와 내분에 휩싸인 게 패인이었다.

명이 대륙의 종이 호랑이로 전락하는 사이에 후금의 누르하치 군대는 조선에 위협 세력으로 급부상했다. 사르후에서 대승을 거둔 후금은 여세를 몰아 요동을 장악한 데 이어 1620년에는 요양으로 천도해 동경성을 건설했다. 그 결과 명의 방어선이 요하 서쪽으로 밀려나 조선과 명의 육로 교통이 완전히 끊어졌다.

이때 모문룡이 이끄는 명나라 요동군 패잔병들이 1621년 3월 압록강 주변 진강을 점령하게 된다(『광해군일기(중초본)』 14년 11월 11일). 이들은 철산, 용천, 의주 등을 돌며 세력을 키워 1622년에는 1만여 명에 달했다. 광해군은 패잔병 무리에 불과한 모문룡 군대와 일정 거리를 유지했다. 자칫하면 훗날 재앙을 불러올 수 있다는 우려 때문이었다.

실제로 후금은 1621년 12월 기병 수천 명을 동원해 모문룡 부대를 급습했다. 모문룡은 안주성까지 도주해 가까스로 위험에서 벗어났다(『인조실록』 5년 4월 1일). 그때 광해군은 모문룡에게 군사와 요동 주민들을 이끌고 명으로 돌아가라고 권고했다. 모문룡 군대를 송환하라는 후금의 요청과 잘 대우해 주라는 명의 입장을 고려한 절충안이었다.

하지만 모문룡이 체류를 고집하면서 조선 조정은 진퇴양난에 봉착했다. 지엄한 명의 요구를 거부할 수도, 안보 현실을 무시할 수도 없는 처지가 됐다. 당시 요동과 심양 사이에는 후금 병력 28만 명이 주둔했다. 조선은 1622년 11월 고심 끝에 묘안을 도출했다. 후금 기병이 쉽게 접근할 수 없는 평안도 철산 앞바다의 가도로 모문룡 군대를 옮기도록 한 것이다.

이로써 후금의 침공 우려를 불식하고 동북아시아의 힘의 균형을 이룰 것으로 기대됐다. 가도 주둔군이 해전에 약한 후금을 후방에서 견제하면서 조선과 후금의 결탁을 차단하는 효과를 낼 수 있었기 때문이다. 당시 명은 요동 상실 직후 산동~요동으로 이어지는 해상을 통제하고 산해관에서 요동반도 남단은 물론, 조선 서북해안까지 연결되는 항로를 확보했다. 서진하는 후금을 바다에서 차단하고 요동 난민을 흡수하려는 차원이었다. 후금이 조선 수군과 합세해 해상 공격을 해 오면 모문룡 군대를 동원해서 저지한다는 계획도 세웠다.

모문룡은 가도에 최전방 해상 기지를 설치해 명의 기대에 부응하는 것처럼 행동했다. 후금 배후를 교란한다는 명분으로 명에서 막대한 군수 지원도 받았다. 하지만 병력이 수만 명에 달하고 난민 숫자가 30만 명에 육박하자 극심한 식량난을 겪으면서 모든 기대가 무산됐다. 후금 교란은커녕 좁은 섬에서 과밀 인구를 먹여 살리기도 벅찼다. 명은 장거리 식량 수송의 어려움을 고려해 은으로 조선 식량을 조달토록 했지만, 실효를 거두지 못했다.

그 무렵 반정에 성공한 인조 정권의 출범은 모문룡 군대에 가뭄의 단비였다. 반정 세력은 중립외교를 편 광해군 정권과 달리 모문룡 군대에 매우 우호적이었다. 인조 책봉을 받는 데 그의 도움이 필요했기 때문이었다. 인조는 대규모 식량을 지원했고, 그 양을 매년 늘렸다. 즉위 5년인 1627년에는 지원 양곡이 1년 정부 재정의 3분의 1을 넘었다(한명기, 『임진왜란과 한중관계』, 380쪽).

모문룡은 책봉에 안달하는 인조의 조바심을 노려 양곡과 은을 수탈했다. 명 난민 10만여 명의 횡포도 심각했다. 민가 약탈과 살인을 자행하고 봄갈이한 보리 싹까지 죄다 훑어 먹은 탓에 청천강 이북 지역은 쑥대밭이 됐다. 조선은 고려 말 홍건적 침략을 떠올리며 전율했다(한명기, "조선 백성 수탈한 모문룡, 그의 송덕비 세운 인조(한명기의 한중일 삼국지)", 중앙일보 2021. 5. 21).

조선의 힘을 빌려서 후금을 무찌른다는 모문룡의 가도 주둔 명분은 새빨간 거짓으로 드러나게 된다. 그는 본국에서도 매년 은 20만 냥을 받아 챙겼다. 후금 견제와 난민 보호 구실로 받은 돈이다. 모문룡은 전투력은 보잘것없어도 허위·과장 능력은 탁월했다. 후금 기병 40명과 싸워 완패하고도 "1만 명을 무찔렀다"며 한반도 방어 대가를 내놓으라고 조선 조정에 생떼를 부리기도 했다. 명 조정도 속였다. 후금과 싸워 모두 이겼다는 보고를 황제에게 올리고, 황실 실세 환관 위충현을 뇌물로 매수해 총병에 이어 좌도독으로 승진했다.

반정으로 즉위한 인조의 맹목적인 사대주의를 노려 군량을 챙기는 데도 혈안이 됐다. 조선에서 징발한 군량은 눈덩이처럼 늘어나 연간 10만 석에 달했다. 모문룡은 난민 보호 명목으로 막대한 식량과 은을 받았지만 정작 가도에서는 아사자가 속출했다. 지원 물품을 착복해서 후금에 팔아넘긴 탓이다. 흉년으로 식량 지원이 여의치 않으면 황해도와 평안도로 들어가 민가를 털었다

(『인조실록』 2년 6월 8일). 이순신의 조카인 의주부윤 이완은 이들을 붙잡아 곤장을 쳤다가 되레 봉변을 당했다(『인조실록』 3년 2월 27일). 모문룡이 "감히 상국의 병사를 때릴 수 있느냐"고 조선 조정에 항의했기 때문이다. 이완의 벼슬을 강등하되 가도 군인들의 범행은 묵인하면서 사태가 일단락됐다.

1624년 1월 22일 이괄의 난이 평정됐을 때는 모문룡이 '춘의春意'라는 요상한 선물을 보내 조선 조정을 희롱했다(『인조실록』 2년 3월 15일). 상아로 조각한 나체 여인상이었다. 이때 조선 조정은 아무런 대응을 하지 못했다. 모문룡이 무슨 흉계를 꾸밀지 몰랐기 때문이다. 실제로 그는 조선이 후금과 내통한다는 거짓 정보를 명 조정에 흘려서 인조 정부를 긴장케 한 적이 있었다.

명 주둔군, 정묘호란 수수방관

모문룡의 군대가 오합지졸이라는 사실은 1627년 정묘호란에서 확인됐다. 후금 군대가 침략했는데도 출병하지 않은 채 전란을 수수방관했다.

정묘호란은 1627년 1월 후금의 기병 3만 6천 명이 조선을 침략한 전쟁이다. 후금은 요동 진출 이후 대명 무역 단절과 조선 노예 도망으로 심각한 경제난을 겪다가 모문룡 부대의 조선 주둔 등을 문제 삼아 국경을 침범했다. 여진족의 말발굽에 국토가 초토화했음에도 전쟁 유발자인 모문룡은 아무런 도움이 되지 못했다.

명나라도 요동 육로를 상실한 탓에 임진왜란 때와 달리 원군을 파병할 형편이 못 돼 조선은 고립무원의 처지에 놓였다. 인조가 피신한 강화도는 비축 식량을 한 달가량 버틸 분량인 6천~7천 석만 남긴 상태에서 방어선 유지에 급급했다. 한강과 임진강을 지키는 군대는 군량이 고갈돼 기진맥진했다.

백척간두의 위기에서 후금이 먼저 화친을 제의해 왔다. 후금 또한 전쟁을 끌고 갈 형편이 아니었다. 전쟁이 길어지면 명군이 본국 배후를 언제든지 공격할 수도 있는 처지였다. 정봉수와 이립의 의병 봉기 등으로 보급품 조달에 난항을 겪은 것도 후금이 화친을 제안한 배경이었다.

결국 양측은 종전을 목표로 협상하게 된다. 후금은 조선이 명을 도와 사르후전투에 가담했고, 후금의 후방을 위협하는 모문룡을 지원했으며, 홍타이지의 즉위 때 수교 사신을 보내지 않아 침략했다고 주장했다. 이에 조선은 후금이 까닭 없이 국경을 침범한 만큼 군대를 즉각 물리면 화의에 응하겠다고 답했다.

주요 쟁점은 조선과 명의 관계, 명 연호 사용 문제, 조선과 후금 간 맹약 의식 절차 등이었다. 후금이 대명 사대관계를 끊고 자국과 형제 맹약을 하자고 요구하자 조선은 난색을 보였다. 대명 사대관계를 절대 포기할 수 없다는 게 주된 이유였다. 명의 연호 대신 후금의 연호를 쓰라는 요구도 조선이 거부했다. 인조의 맹약 의식 참여도 난제였다. 우여곡절 끝에 후금과 형제관계를 맺되 대명 사대관계는 유지하고, 강화 문서에서 명과 후금의 연호를 모두 빼는 데 합의했다. 인조는 상중임을 고려해 맹약 의식에 불참하는 데 후금이 동의했다. 조선은 사신 교환과 국경 개시開市 (공개무역) 허용, 세폐 제공, 조선 왕자 인질, 후금 출신 도망자 송환 등도 약속했다

맹약 의식으로 정묘호란이 마무리됐으나 후유증이 만만찮았다. 후금 군대가 거쳐간 평안도와 황해도의 인명과 재산 피해는 심각했다. 왕의 동생 원창군 이구와 대신 이홍망이 인질로 잡혀가고 목면과 면주, 백저포, 호피, 녹비 등 예물을 후금에 바쳐야만 했다(『인조실록』 5년 2월 15일). 여진족을 깔보고 대명 의리를 목숨처럼 중시한 조선이 이런 요구를 수용하는 것은 견디기 힘든 치욕이었다.

그런데도 명은 후금과 형제관계를 맺은 조선 조정을 되레 의심했다. 조선은 고위 관료를 가도에 수시로 보내 화친의 불가피성을 설명하면서 확고한 대명 의리를 맹세했지만 신뢰를 얻지 못했다. 졸지에 조선은 후금과 명나라 모두로부터 압박받는 샌드위치 신세가 됐다.

특히 후금은 가도 주둔군을 극도로 경계했다. 정묘호란 이듬해인 1628년 8월 모문룡 부대가 후금의 사신 행렬을 습격할 계획을 꾸민 사실을 포착한 것이 그 원인이었다. 이에 후금은 공동 대응하자는 국서를 조선에 보내왔다. 모문룡 군대의 상륙 금지와

상륙시 후금에 통보, 방어용 군함과 군량 지원, 모문룡 군대 원조 전면 중단 등이 주요 내용이었다.

명군, 조선 백성 1만여 명 학살

조선 정부는 이런 요구를 무시한 채 모문룡 군대를 비호했다. 그런데도 모문룡 군대는 배은망덕했다. 조선 땅 곳곳에서 천인공노할 만행을 자행했다. 평안도 정주에서는 민가를 불태우고 백성을 닥치는 대로 학살했다. 당시 참사는 실록에도 기록됐다.

> 안주목사 이염의 첩보로는 모문룡의 병선 5척이 일시에 안융창에 정박하여 민가를 불태우고 인민을 살해하여 시체가 들판에 즐비하여 차마 눈뜨고 볼 수 없었다. 정주에 피란한 남녀 1만여 명도 노략을 당하여 물로 뛰어들어 살아난 자가 겨우 300명뿐이라고 한다. (『인조실록』 5년 4월 19일)

조선 백성의 목을 베어 후금군의 수급이라고 속여 명나라 황실에 보고하기도 했다. 조선 서해안을 중심으로 무역하다가 민가를 약탈했다. 조운선이나 지방 관아를 공격해 관곡마저 털었다. 평안도 주민은 모문룡 군대를 '모강도'라 부르며 후금 군인들보다 더 무서워했다. 모문룡 군대는 명이나 후금에 보낼 뇌물 명목으로 인삼을 강요하거나 사절단이 명에 조공하려고 준비한 은과 인삼을 강탈했다. 모문룡의 하인들은 평양 주변 군현을 털고 고을 수령을 붙잡아 욕보이는 일도 있었다.

가도에서 밀수 왕초이자 천자로 군림한 모문룡은 식사 때마다 50~60가지 성찬이 식탁에 오르고 미녀 9명이 시중을 들었다고 한다(한명기, "조선 백성 수탈한 모문룡, 그의 송덕비 세운 인조"). 이런 모문룡에게 후금 방어를 기대한 것은 연목구어였다. 평안도와 함경도로 모병을 들여보내 후금 토벌을 외치는 쇼를 벌인 것이 그가 할 수 있는 전부였다. 그 과정에서 조선 관민만 죽어났다.

모문룡은 나중에 명나라 황제마저 우습게 여길 정도로 기고만장해졌다. 인조는 "후금이 나를 유예(괴뢰국 황제)로 삼으려 한다"는 모문룡의 발언을 듣고 "그자는 짐승과 다름없다. 황제 같은 지존도 꺼리지 않으니 예로써 책망할 수 없다"고 탄식했다(『인조실록』 6년 10월 17일).

모문룡은 명나라 천계제의 사망 소식을 듣고 풍악을 울리고 주연을 벌였다. 친명사대에 빠진 조선이 그런 인물을 지극정성으로 모시는 코미디를 연출했다. 1624년에는 모문룡을 기리는 송덕비까지 세웠다. 비문은 "모문룡은 호걸이고 조선과 백성을 지켜 주고 있다. 모문룡이 점령하여 백성들이 태평가를 부르고 있다"는 낯 뜨거운 내용이었다.

하늘 높은 줄 모르던 모문룡의 위세도 머잖아 종지부를 찍게 된다. 정묘호란을 계기로 동강진 군대의 무능과 배신이 드러나면서 조선의 여론이 싸늘해졌다. 명 조정도 모문룡과 후금의 관계를 의심했다. 1627년 11월에는 자신을 봐주던 환관 위충현의 사망으로 모문룡의 입지가 크게 위축돼 2년 뒤 살해된다. 명나라 명장 원숭환이 군사 문제를 논의하자고 꾀어 산동반도의 쌍도로 모문룡을 불러내 즉결처형한 것이다. 장수가 전공을 날조해서 황제를 속이고 사익을 노려 오랑캐와 내통했으며 상선을 노략질했다는 게 처형 이유였다. 원숭환은 "조선 백성을 마구 죽였을 뿐 아니라, 10년 동안 곡식 수만 석을 챙기고도 땅 한 뼘도 되찾지 못했으니 그 죄가 매우 크다. 아무 짝에도 쓸모없는 놈을 살려 둘 수 없다"고 일갈한 다음 그의 목을 벴다(『인조실록』 7년 6월 30일). 모문룡이 조선 영토에 들어온 지 약 10년 만이다. 이후 가도 주둔군은 알력을 빚다가 후금에 줄줄이 투항하면서 해체됐다. 원숭환은 조선 임금의 도움으로 호사를 누리고도 만행을 저지른 죄를 물어서 모문룡을 제거했다는 내용의 편지를 인조에게도 보냈다(『인조실록』 7년 7월 28일).

조선 조정은 명의 하급 장수에게 10년간 농락당하고 무고한 백성이 모진 고통을 겪었음에도 사대주의 질환을 치료하지 못했다. 후금이 국호를 청으로 바꾸고 형제 대신 군신관계로 바꿀 것을 요구하면서 정묘화의를 깼을 때도 친명반청을 외치다가 1636년 병자호란을 맞게 된다.

04 조선 쇠망의 도화선

병자호란~국권 상실

16세기 말에서 17세기 초까지 약 40년 동안 한반도는 네 번의 전란에 휩싸였다. 왜군과 여진족 군대가 두 차례씩 침략한 임진왜란과 정유재란, 정묘호란과 병자호란이다.

광해군은 임진왜란 이후 재조지은을 내세우는 명나라와 신흥 국가인 후금 사이에서 절묘한 줄타기 외교를 펴며 전란을 피하는 듯했으나, 인조 집권으로 광해군의 노력은 무위로 끝나게 된다. 대명의리론을 반정의 명분으로 삼아 광해군을 몰아낸 인조가 국운이 다한 명나라 사대에 집착하다 두 차례 호란을 불러왔다.

인조는 신흥 패권국으로 급부상하던 후금과 명의 우열을 저울질하며 중립외교 방안을 나름대로 고민하기도 했다. 정묘호란 이후 일부 친명 정책을 없애고 예물과 일부 생필품을 후금에 상납함으로써 평화를 유지하려 한 것이다. 그러나 후금은 정묘호란 때 맺은 형제 맹약의 개정을 요구하면서 황금·백금 1만 냥, 전마 3천 필, 정병 3만 명을 강요했다. 1636년 2월에는 용골대와 마부대가 후금 태종의 존호 통보와 인조비 한씨의 문상차 사신으로 왔다가 청의 신하가 되라고 조선을 압박했다. 인조는 사신들에게 온갖 정성을 쏟으면서도 군신관계 제안은 거부했다. 청을 명과 같은 반열에 올릴 수 없다는 친명 사대의식 때문이었다.

후금은 그해 4월 국호를 청으로 고치고 7개월 뒤에는 왕자와 대신, 척화론자의 북경 압송을 조선에 요구했다가 거절당하자 태종이 직접 대군을 이끌고 조선을 침입했다. 두 달간 이어진 병자호란이다. 인조가 남한산성에서 48일간 버티다 잠실 부근 삼전도에서 세 번 절하고 아홉 번 머리를 조아리는 삼배구고두례의 굴욕을 겪으면서 전쟁은 끝났지만, 그 대가는 혹독했다. 청을 군주로 받들며 명의 연호를 폐지하고 명에서 받은 고명과 책인을 헌납하는 수모는 약과였다. 소현세자와 봉림대군 부부가 인질로 잡혀가고 강경 척화론자인 홍익한, 윤집, 오달제는 참형을 당했다. 일반 백성 60만 명은 노예시장에서 거래되는 생지옥을 겪었다. 포로는 청의 감시망을 뚫고 천신만고 끝에 국경을 넘더라도 온전치 못했다. 조선 관리들에게 붙잡혀 강제 송환돼 혹독한 처벌을 받았다. 마수에서 벗어나는 유일한 방법은 막대한 몸값 지급이었다. 이 때문에 고관대작의 자녀를 비롯한 일부만 풀려나고, 거액을 마련할 수 없었던 일반 백성은 노예로 팔려 짐승처럼 살아가야 했다. 해마다 바치는 세폐는 네 번의 전란으로 만신창이가 된 조선 경제 회복을 가로막았다. 그 결과 조선 국운이 쇠퇴해 암흑기로 접어들게 된다.

청은 19세기에 서양 열강의 침략으로 국토가 찢겨 나가는 와중에도 한반도 지배욕을 고수한 탓에 조선은 근대화 개혁 기회를 놓쳐 결국 망하게 된다.

짧은 전쟁, 긴 후유증

문묘 종사 다투느라 명·청 교체기 대처 실패

조선은 중화사상을 맹신한 탓에 일본 통일과 명·청 교체라는 국제정세 변화에 제대로 대처하지 못해 임진왜란과 병자호란이라는 국난을 겪었다. 양반들이 하늘처럼 모시던 중국이 외적을 막아 줄 것이라는 믿음에서 자주국방을 외면한 채 당쟁을 일삼은 대가였다.

병자호란 1년 전에 후금의 한반도 침공 위협이 고조됐는데도 조선 정치권은 공맹의 도리 논쟁에 몰입했다. 1635년 성균관 유생들이 율곡 이이와 우계 성혼을 문묘에 올려 제사를 지내자는 집단상소문을 올리면서 조선은 대대적인 정쟁에 빠져들고 만다.

반정으로 집권한 서인들이 자파의 영수인 율곡과 우계를 문묘에 종사하려고 유생들을 앞세웠다(『현종실록』 7년 11월 26일). 이른바 '우율 문묘종사 상소 논쟁'이다.

문선왕文宣王이라 불리는 공자의 사당에 이름을 올리는 문묘종사는 국가 통치이념인 성리학의 법통 승계를 의미하는 것이어서 집권 정당성 확보에 필요했다. 이 때문에 서인과 벌인 권력투쟁에서 패한 남인들은 우계·율곡의 문묘 종사를 결사적으로 저지했다. 관학 유생 송시형 등 270여 명이 성혼과 이이의 문묘 종사를 건의하자 채진후 등이 이를 반대하는 상소를 올렸다. 남인 유생 57명은 대궐 앞까지 가두시위를 벌이거나 농성에 들어갔다. 위계질서가 엄격한 왕조사회에서 좀처럼 보기 드문 장면이었다. 이이는 젊어서 중이 된 흠이 있고 성혼은 임진왜란 때 임금을 모시지 않았다는 점이 문묘 종사의 결격 사유였다. 이이는 어머니 신씨(사임당)를 여의고 한동안 삶의 문제를 고민하다 금강산 절로 들어간 적이 있었다. 성혼은 왜란 때 의주로 피난 가던 선조를 호송하려 했으나 왜군에 막혀 제때 알현하지 못했다. 남인은 이런 약점을 부각해서 이들을 대성현으로 모실 수 없다는 방침을 고수했다.

인조가 남인에 동조해 우율 문묘 종사를 거부하자 이번에는 반정공신들이 들고일어났다. 영의정 윤방, 우의정 김상용이 중신회의에서 우율 문묘 종사의 정당성을 주장했다. 황해도와 경기도, 평안도, 전라도, 충청도에서는 서인 유생들의 지지 상소가 빗발쳤다. 인조는 문묘 종사를 끝내 거부했다. 서인의 의도가 불순하다고 판단했기 때문이다. 이들이 권력 장악에 만족하지 않고 학문과 이데올로기의 정통성까지 독점해 장기집권 기반을 마련하려는 것으로 의심했다.

문묘 종사 논쟁에 빠져든 정치권은 급변하는 북방 정세에는 별 관심이 없는 듯 정적들과 사생결단의 싸움을 벌였다. 병자호란 직전인 1636년 2월 후금이 용골대가 이끄는 사신단을 보냈을 때 조선이 잘 대처했더라면 전쟁을 막을 수도 있었지만, 화이사상이라는 미몽에서 깨어나지 못한 탓에 되레 화를 키우고 말았다. 전쟁이 나면 백성을 내팽개치고 강화도로 도망가 버티다 보면 천자국인 명이 도와줄 것이라는 확신이 없었다면 도저히 상상할 수 없는 모습이었다.

몽골족 추장이 포함된 후금 사신단의 외형적 입국 목적은 인열왕후 한씨의 조문과 후금 태종의 존호 통보였다(박영규, 『한권으로 읽는 조선왕조실록』, 441쪽). 그런데도 조선의 분위기는 심상찮았다. 일전불사 기류마저 형성됐다. 사신단이 기존 형제관계를 군신관계로 바꿔 후금에 신하의 예를 갖추라고 강요했기 때문이다. 조선 대신들은 "오랑캐가 감히 황제가 될 수 있느냐. 몽골족은 명을 배신하고 후금에 붙은 배신자다"라며 이들을 문전박대했다. 삼사三司 신료들은 "개돼지 같은 오랑캐에 능욕당해 조정에 수치를 안겼다"고 성토했고, 성균관 유생들은 사신의 목을 베고 서찰을 소각하라고 상소했다(한명기, "후금 관계 파탄의 시초 2(병자호란 다시 읽기)", 서울신문 2008. 4. 30). 용골대는 국서 접수마저 거부되자 궁궐을 나왔고 마부대는 인열왕후 장례식에서 빈소가 좁다는 이유로 조문을 거절당했다. 공포 분위기 속에서 모진 수모를 겪은 이들은 일정을 중단한 채 귀국길에 올라 버렸다.

이에 인조는 전쟁에 대비하도록 전국에 지시했는데, 하필이면 그 사실이 곧바로 후금에 알려져 전쟁을 재촉하는 꼴이 됐다. 인조의 전령이 "오랑캐가 분수에 넘치는 칭호를 의논하려고 해서 물리쳤다. 충의로운 선비는 책략을 다하고 용감한 자는 종군하여 국가의 은혜에 보답하라"는 유문諭文을 평안감사에게 전달하러 가다가 용골대 일행에게 빼앗겨 버렸다.

후금은 그해 4월 국호를 청으로 바꾸고 연호를 숭덕崇德으로 했으며 태종의 존호는 관온인성황제寬溫仁聖皇帝로 정했다.

청은 용골대 일행이 두 달 전 한양에서 당한 치욕을 몇 배로 불려서 갚아 줬다. 황제 즉위식에 참석한 조선 사신 나덕헌과 이확을 짐승처럼 학대했다. 두 사신은 조선이 청의 형제국이지 속국은 아니라며 황제에게 허리를 굽히지 않았다가 집단폭행을 당했다. 홍타이지의 만류로 간신히 목숨을 건졌으나 귀국 후에는 더 큰 시련을 겪었다. 청 황제의 국서를 받는 즉시 던져 버리지 않았다는 이유로 탄핵을 당했다. 두 사람의 목을 베어 홍타이지에게 보내자는 의견도 있었으나 춥고 험준한 평안도로 귀양보내는 것으로 처벌이 일단락됐다.

일련의 외교 분쟁을 통해 조선의 의도를 간파한 청은 1636년 11월 왕자와 척화파 대신들을 북경으로 압송하라는 최후통첩을 내려 전쟁 명분을 쌓은 뒤 12월 병력 약 12만 명을 동원해 한반도를 침공했다. 병자호란이다.

농성 48일 만에 삼전도 굴욕

1636년 4월 청 태종 홍타이지가 인조에게 입조를 요구할 때부터 위기가 감지됐으나 조선은 사실상 무대응으로 일관했다. 청군의 침략에 대처하는 방안을 놓고 강온 세력이 논쟁만 벌이다가 전쟁을 맞았다.

인조는 전쟁이 임박해지자 평화 사절단을 청에 보내기로 했지만, 막상 실행에는 무려 7개월이 소요됐다. 청이 화친 제안을 쉽게 받아 줄 리 없고 자칫하면 사신의 목숨이 위험해질 수 있다는 판단에서 고관들이 사절단 합류를 꺼렸기 때문이다. 우여곡절 끝에 처음 화친을 주장한 외교 베테랑 박로를 그해 11월 청으로 보냈다(『인조실록』 14년 12월 4일). 하지만 박로가 압록강을 건너기 전에 청군이 이미 얼어붙은 강을 건너 버렸다.

조선은 그동안 오랑캐에 맞서 싸우자고 줄기차게 외쳤지만, 전쟁 준비를 소홀히 한 탓에 수도 한양은 8일 만에 함락되고 만다.

조선군이 국경 지대인 의주에서 한성으로 이어지는 큰길 바깥의 산성에 집결한 것도 패착이었다. 청군은 인조 피란을 막으려고 접전을 피하면서 성곽을 우회해서 곧장 서울로 진격하는 기동전을 펼쳤다. 임진강 이북 방어를 책임진 도원수 김자점이 청군의 침략을 조정에 보고하지 않은 데다 싸움을 피해 도주한 것도 한양을 쉽게 내준 요인이다(박종인, "반정공신 김자점의 기똥찬 처세술(박종인의 땅의 역사)", 조선일보 2020. 6. 2).

인조 정부는 저항은커녕 도망가기에 급급한 나머지 청군이 지나간 곳은 예외 없이 가옥이 불타고 시체가 즐비했다. 인조가 고려 때부터 왕실 피란처로 활용된 강화도 대신 남한산성에 들어간 것은 상황이 워낙 화급했기 때문이다. 장사꾼 행렬로 위장한 청군의 최선봉 기병 300기가 질풍처럼 내달려 한양에서 강화도로 이어지는 도로를 미리 차단한 탓에 인조는 육지에 갇혀 버렸다. 설상가상으로 남한산성으로 허겁지겁 들어가느라 성 밖 창고에 비축한 식량을 충분히 나르지 못해 장기전에 큰 어려움을 겪었다. 성안 식량은 쌀 1만 4천여 섬과 간장 100여 독이 전부였다. 군사 1만 2천여 명을 약 50일간 먹일 수 있는 분량이었다. 이 때문에 남한산성은 청군에 포위된 지 45일 만에 식량이 떨어지고 매서운 한파가 이어지면서 동사자가 속출했다.

이런 와중에 세자빈과 봉림대군 등이 피신한 강화도가 함락됐다는 소식이 들리자 남한산성에서는 항전 기운이 극도로 위축됐다. 최후의 1인까지 싸우다 죽자는 주전파도 더는 버티기 어렵게 됐다. 남한산성에서 왕과 신하가 모두 죽더라도 강화도로 피신한 왕실 가족들이 종묘를 지키고 후사를 이을 것이라는 주장이 근거를 상실했기 때문이다. 예조판서 김상헌을 비롯한 주전파 신료들은 불과 며칠 전까지만 해도 청과 화친하고 전쟁을 끝내자는 국서를 찢어 버릴 정도로 강경했으나(『인조실록』 15년 1월 18일), 그런 결기도 강화도 함락 소식 앞에서는 한순간에 증발했다.

강화도는 금성탕지金城湯池(쇠로 만든 성곽과 끓는물 해자)로 불리는 요새이고 자급자족이 가능한 데다 청군이 해전에 약해 쉽게 방어할 것이라는 조선 지도부의 판단은 완전히 빗나갔다. 압록강 하구 섬인 가도에 주둔하던 모문룡 군대의 정예 수군들이 정묘호란 이후 청군에 귀순해서 강화도 공략에 나설 것이라는 예상을 간과한 게 패착이었다. 강화해협은 물살이 세고 조수 차이가 커서 접근이 어려웠는데도 청군은 소형 함선을 동원해 강화도를 점령할 수 있었다. 압록강을 건넌 지 40여 일 만이다.

인조는 강화도 함락 이후 투항을 결심하고 최명길과 김신국 등을 청군 진영으로 보내 협상토록 하면서 조선의 국체와 백성의 안전 보장을 강하게 요구했다. 성 밖으로 나가 항복할 테니 종묘사직과 백성의 안전을 보장한다는 청 태종 명의의 약속은 문서화해 주기를 바랐다. 여진족이 앞서 세운 금나라가 1126년 송나라 황제 흠종과 아버지 휘종을 비롯한 왕족과 신료 등 수천 명을 만주로 끌고 간 참상을 떠올리고 그런 제의를 했을지도 모른다. 휘종과 흠종 부자는 온갖 모욕을 겪으며 비참한 포로 생활을 하다가 만주에서 여생을 마쳤다. 인조는 죽은 목숨이나 다름없는 자신을 살려 주었으니 은혜를 잊지 않고 대대로 신의를 지키라는 청태종의 훈계 서신을 받고 항복을 결심했다.

청 태종 홍타이지가 조선 정부를 무너뜨리지 않고 전쟁을 중단한 것은 신하국가인 조선에 대한 배려 차원이 아니라 천연두(마마) 때문이라는 주장이 있다. 서울대 구범진 교수는 2019년 출간한 『병자호란, 홍타이지의 전쟁』을 통해 병자호란 당시 청군 내부에 치명적인 천연두가 창궐하자 홍타이지가 당초 일정을 바꿔 서둘러 군대를 철수했다고 설명했다.

좌의정 홍서봉은 굴욕을 최대한 줄이고자 인조가 곤룡포를 입고 남한산성에서 태종을 향해 삼배구고두를 올리는 방식으로 항복 의식을 치르자고 제안했으나 단박에 거절당했다(『인조실록』 15년 1월 28일). 청군의 선봉장인 용골대는 인조는 죄인이어서 곤룡포를 입을 수 없고, 정문인 남문도 이용할 수 없으며, 오랑캐 복장인 남색 옷을 입고 서문을 통해 나오라고 못 박았다. 다만, 일반 죄인처럼 온몸을 묶거나 관을 끌고 나오게 하지는 않았다.

결국 인조는 남한산성 농성 48일 만에 투항했다. 죽음(황천)을 의미하는 황토를 길에 뿌리고 시체를 상징하듯 새끼줄로 몸을 일곱 번 묶고 상여에 올라 산성 밖으로 나왔다. 항복을 상징하는 백마를 타고 한강 나루인 삼전도로 이동해 청 태종을 향해 삼배구고두를 올렸다. 큰절마다 소리가 날 정도로 머리를 땅바닥에 세차례씩 세게 부딪치는 과정을 반복했다. 한국 역사에서 왕이 겪은 최악의 치욕으로 기록된 삼전도 굴욕이다. 그 이후 조선은 개국 이래 명과 이어오던 군신관계를 끊고 청을 상국으로 섬기게 된다.

변방 오랑캐로 얕봤던 여진족에게 무릎 꿇은 조선은 막대한 인명 손실, 경제적 피해와 별도로 심한 정신적 충격도 받았다. 후금을 건국한 누르하치의 6대조인 몽케티무르(1370~1433)가 태조 이성계의 부하였고 세종은 4군 6진 개척으로 노략질을 일삼던 여진족을 국경 밖으로 내쫓은 기억 때문이다("태종과 영락제가 여진족 추장 쟁탈전을 벌인 까닭은?", 중앙일보 2018. 3. 10). 여진족 계열의 오돌리족 추장이던 몽케티무르는 젊은 시절에 가족 생계를 해결해 준 고려의 무장 이성계를 추종하며 전쟁터를 누빈 인물이다. 그의 직계 후손들이 조선국왕을 신하로 삼은 것도 모자라 청 태종의 공덕과 승전을 기리는 비를 건립하도록 했으니 조선의 굴욕감은 견디기 힘들었다.

조선과 청의 군신관계는 1895년(고종 32) 청일전쟁에서 일본이 승리할 때까지 이어졌다. 다만, 조선 양반들은 명이 멸망한 1662년 이후에도 친명배청 사상을 버리지 않았다. 세계의 중심인 중화의 적통을 조선이 계승했다는 조선중화주의 때문이었다.

'찰거머리' 청이 한반도에서 피를 흡입할 때 활용한 빨판은 11개 조항으로 구성된 '정축약조'였다("정축약조로 국방 무장해제(병자호란 그후)", 아틀라스뉴스 2019. 7. 11). 그 내용은 명 황제가 수여한 고명과 책인 반납, 명과 단교 후 청과 군신관계 수립, 명 연호를 청 연호로 교체, 세자·왕자와 대신 자제의 심양 인질, 명과 가도 공격 때 원병 파견 등이었다. 사신 파견 정례화, 도망간 조선 포로 무조건 송환, 양국 신하 자제 통혼 장려, 성곽 보수와 신축 금지, 매년 세폐 조공, 대일본 관계 유지하되 올량합(몽골)인 절교 등도 약조에 포함했다.

전쟁배상금 성격의 세폐는 명나라 때보다 몇 배로 늘어나고 종류도 다양해졌다. 기본 세폐는 황금 100냥, 백은 1천 냥, 수우각궁면 200부, 표피 100장, 수달피 400장, 청서피 300장, 호초 10두, 호요도 26파, 소목 200근, 호대지 1천 권, 순도 10파, 호소지 1,500권, 오조룡석 4령, 각종 화석 40령, 백저포 200필, 각색 면주 2천 필, 각색 세마포 400필, 각색 세포 1만 필, 쌀 1만 포 등이다(『인조실록』 15년 1월 28일).

조선은 왕실과 대신 자녀의 혼인을 제외하고 정축약조 조항을 대부분 이행했으나 성곽 신·개축 금지와 귀국 포로 송환을 놓고는 오랫동안 진통을 겪었다. 성을 짓거나 고치지 말라는 것은 공성전 중심의 그 시대에 국가방위를 포기하라는 것이나 마찬가지였다. 중국이 미사일 방어무기인 사드의 한반도 배치를 강력하게 반대한 것과 닮은 생떼였다. 축성 문제는 1710년 요동 지방에 해적이 출몰하면서 자연스레 해소된다(『숙종실록』 36년 9월 28일). 해적에 대비하라는 청 황제의 국서가 전달되자 조선 조정은 축성 허용으로 해석하고 북한산성을 쌓아 버렸다.

66만 명 전쟁노예로 끌려가

병자호란이 조선인에게 남긴 상처와 고통은 참혹했다.

병자호란 이후 조선의 종주국이 명에서 청으로 바뀌자 중국발 살인 한파는 한반도를 더욱 매섭게 엄습했다. 조선의 임금 인조가 한겨울에 청 태종에게 큰절을 올리며 항복하는 치욕을 당하면서 만행이 노골화했다. 청군은 조선에서 대대적인 인간사냥에 나서 무수한 사람을 중국으로 끌고 가 온갖 학대를 일삼다가 노예로 팔거나 거액의 몸값을 받고 풀어 줬다. 포로들은 짐승 같은 삶을 견디지 못해 달아나다 잡히면 즉결처형을 당하거나 도끼에 찍혀 발꿈치를 잘렸고, 간신히 귀국하더라도 강제 송환돼 목숨을 잃는 사례가 허다했다. 상당수 여성은 청나라 남자의 첩이나 기생, 노비 등으로 전락했고, 몸값을 치르고 가족 품에 안기더라도 갖은 학대와 멸시를 받았다.

병자호란 이후 조선 정부가 부닥친 최악의 난제는 청으로 끌려간 자국민의 송환 문제였다. 정확한 포로 숫자를 알 수 없으나 최대 66만 명으로 추정된다. "적이 큰길로 행군할 때 우리 백성 수백 명을 앞세우고 두 오랑캐가 좇아갔다. 훗날 심양 시장에서 팔린 사람만 해도 66만 명이다. 몽고에 떨구어진 자는 제외했으니 그 수가 더 많을 것이다"라는 『산성일기』가 그 근거다(김광순 옮김, 『산성일기』, 서해문집, 2004, 97-100쪽). 주화파로 유명한 최명길이 쓴 『지천집』에는 인조가 1637년 2월 15일 한강을 건널 때 포로로 잡힌 인구가 50만여 명이라는 대목이 있다. 당시 조선 인구를 약 1,200만 명으로 계산하면 인구의 5퍼센트가량이 인간사냥을 당한 셈이다. 당시 청은 극심한 식량난으로 곳곳에서 반란이 일어났다는 점에서 포로 50만~60만 명은 과장됐다는 반론도 만만찮다. 다만, 청으로 끌려간 포로가 짐승처럼 학대받으며 살았다는 데는 이론이 없다.

청은 후금 건국 이전부터 전투나 납치 등의 방법으로 한인과 몽골인, 조선인을 잡아갔다. 1629년 이후 명나라를 공략할 때는 수만에서 수십만 중국 한인을 납치했다. 그렇게 해서 농장 등지에서 부족한 일꾼이나 궁궐 시녀를 조달했다. 신체가 건장한 남자는 군대로 끌고 갔다. 철장이나 야장冶匠 등 특별한 기능을 가진 포로는 우대했다.

병자호란 무렵에는 노동력이 충분한 상태여서 포로사냥의 목적이 달라진다. 그때는 조선인 포로가 매매 대상 상품으로 전락했다. 청군은 저항능력이 없는 부녀자 확보에 혈안이 됐다. 가난한 백성보다 거액의 몸값을 치를 수 있는 양반 사대부 집안 여성이 주된 표적이었다. 포로사냥은 강화도가 함락된 1637년 1월 22일 이후 본격화했다. 상당수 여성은 치욕을 피하려고 자결하거나 바다로 뛰어들었다. 이들을 삼킨 바다 위에는 형형색색의 머릿수건이 낙엽처럼 떠다녔다고 한다.

포로들은 한겨울에 한양에서 심양까지 약 800킬로미터를 끌려가면서 말채찍으로 얻어맞기 일쑤였다. 언 살에 맞으니 살갗이 찢어지고 피가 줄줄 흘러내렸다. 추위와 굶주림, 구타를 견디지 못하고 죽어 간 포로가 부지기수였다. 밧줄에 묶여 끌려가는 포로 행렬은 아메리카 대륙에 노예로 팔려 간 아프리카인들의 판박이였다.

포로들이 심양에 도착하면 상당수는 노예시장으로 팔려 나갔다. 청나라 사람들은 남녀 가리지 않고 포로의 옷을 벗겨 건강 상태를 확인한 다음 값을 치르고 데려갔다. 심양 시장에서 인신매매가 시작된 것은 1637년 5월 17일이다. 매매 현장을 지켜본 소현세자는 "조선인을 날마다 성 밖에 모아 놓고 몸값을 치르고 데려가게 했는데 속환(몸값 받고 석방) 가격이 너무 비싸서 가족들이 공속公贖을 호소했다"라고 적었다(『심양장계』 1637. 5. 24).

정부가 몸값을 치러 주는 공속 대상자는 인조 호송 또는 남한산성 방어 병력과 가족을 포함한 극소수 인원으로 제한됐다. 비싼 속환가를 마련하기 힘든 대부분 포로는 속환을 포기했다("포로들의 고통과 슬픔 3(병자호란 다시 읽기)", 서울신문 2008. 12. 17).

실종된 혈육을 찾으려는 애끊는 심정을 노려 뇌물을 챙기는 관원도 생겼다. 당시 조선 정부는 심양에 억류된 포로 명단을 확보해서『피로인성책被擄人成冊』을 제작했다. 포로 생사를 몰라 발을 굴렀던 사람들이 이 책을 열람할 때 관리들이 뇌물을 챙겼다. 이런 문제점이 속출하자 예조 좌랑 허박이 1637년 인조에게 글자 수 1만 자에 달하는「만언소」를 올렸다. 속환을 전담하는 속환도감 설치와 몸값 충당용 은광 개발과 모금, 왕실 비용 절감, 속환 비리 척결 등을 요구하는 상소였다. 이런 방안은 이행되지 못한 채 흐지부지됐다.

조선인 포로 중 건장한 남성은 조선영朝鮮營이란 외인부대에 편입돼 청군을 보조했다. 나머지는 황무지에서 농사짓거나 각종 토목공사 노역에 시달렸다. 노예로 사들인 청나라 주인의 명령을 어기거나 도망치다 붙잡히면 잔혹하게 살해돼 인파가 붐비는 곳에 시체가 전시됐다. 조선인 포로들에게 경각심을 일깨우려는 야만 행위였다. 조선인 포로를 추적하는 사냥꾼과, 속환 비용을 대신 치르고서 조선으로 데려와 가족에게 웃돈을 붙여 되팔거나 강제노동을 시키는 장사꾼도 등장했다.

포로로 끌려간 여성 일부는 왕족이나 귀족, 장군의 첩으로 팔려 호강을 누렸지만, 본처의 질투심에 심한 학대를 받아 목숨을 잃거나 불구가 되는 일도 비일비재했다. 본처들이 펄펄 끓는 물을 조선 여성의 얼굴에 퍼붓거나 혹독한 고문을 가한 탓에 포로를 첩으로 둔 가정에는 비명이 끊이지 않았다. 첩으로도 선택받지 못한 여성은 매음굴로 팔려 성노리개로 전락했다.

조선 사신이 심양이나 북경에 올 때면 포로들이 몰려들어 눈물을 흘리며 구해 달라고 아우성치는 일이 잦았다. 조선 조정이 이런 현실을 알고 포로 송환을 위해 노력해 청과 속환에 합의하기도 했다. 보호자가 심양까지 와서 일정액의 몸값을 내면 귀국을 보장하되, 억류 10년이 넘도록 속환하지 못하면 청나라 국민으로 귀속한다는 협약이었다.

속환은 고위 관료나 일부 부유층 포로에게 도움이 됐을 뿐 일반인에게는 그림의 떡이었다. 몸값이 워낙 비싸져 도저히 감당할 수 없었다. 조선 정부는 속환 가격을 낮추려고 청과 교섭했으나 시간이 갈수록 몸값이 천정부지로 치솟자 나중에는 아예 손을 떼 버렸다. 그 결과 속환은 개인 차원에서 이뤄지게 된다.

병자호란 직후 포로 몸값은 은 10냥 정도였다. 하지만 일부 부유층의 농간으로 속환 가격이 폭등했다. 자신의 가족을 하루라도 더 일찍 데려가려는 조바심에서 거액 급행료를 지급한 탓에 생긴 후유증이었다. 고위 관료의 아들은 1인당 600냥으로 올랐다가 머잖아 1,500냥까지 치솟기도 했다. 일반 가정은 속환 비용을 대지 못해 혈육을 방치하거나 전답을 팔아 몸값을 대느라 파산하기도 했다. 속환에 실패한 조선인 포로들은 청나라 국민으로 편입되면 최하층 일꾼으로 남아 짐승처럼 살아가야 했다.

병자호란 당시 조선군 총사령관이던 김류는 서녀庶女를 되찾으려고 용골대에게 속환금 1천 냥을 제시했다(박종인, "매국노 하나가 나라를 뒤흔든 시대가 있었다(박종인의 땅의 역사)", 조선일보 2021. 4. 7). 그래도 답을 듣지 못하자 조선 출신의 청나라 역관인 정명수를 끌어안고 간청하며 "판사(정명수)와 더불어 일을 하게 돼 한집안이니 판사 청은 내가 꼭 따르겠다"고 다짐했다(나만갑, 서동인 옮김, 『병자년 남한산성 항전일기: 왕은 숨고 백성은 피 흘리다』, 주류성, 2017, 138쪽). 요즘으로 치면 4성 장군인 한국의 합동참모본부장이 미군의 일개 통역병을 국방부장관 수준으로 격상시켜 호칭한 셈이다.

고관대작들의 몸값 올리기 경쟁 탓에 일반 백성의 속환이 사실상 원천봉쇄되자 자살하는 사람이 속출했다. 조선 정부는 속환 가격을 터무니없이 높게 올린 일부 관리를 파직하거나 도성 밖으로 추방하고 1인당 상한선을 100냥을 넘지 못하도록 했다(『인조실록』 15년 4월 21일).

속환 비용이 없었던 빈민 출신의 포로들은 지옥 같은 삶에 지쳐 죽을 고비를 넘겨 가며 탈출하더라도 거의 예외 없이 청으로 다시 끌려가는 비운을 맞았다. 그렇게 송환되면 발뒤꿈치를 도끼로 잘리는 혹형酷刑을 받았다. 코나 귀가 베이거나 모진 고문을 당해 불구가 되기도 했다. 삼전도 굴욕 당시 맺은 정축약조가 올가미 역할을 했다. "귀국 포로는 청으로 보낸다"라는 규정이 적혔기 때문이다(『인조실록』 15년 1월 28일).

조선인 포로의 대우만 놓고 보면 일본보다 청이 훨씬 잔인했다. 조선은 1607년 회답겸쇄환사回答兼刷還使라는 사절단을 일본에 보내 임진왜란 때 끌려간 포로를 데려오도록 했다(『선조실록』 40년 1월 5일). 쇄환사는 조선인 포로를 빗자루로 쓸듯이刷 모두 본국으로 데려온다는 의미를 지녔다. 에도 막부는 조선의 요청을 받아들여 포로 본인이 희망하면 귀국을 허용하라고 전국 각지에 지시했다. 이 지시가 지방 곳곳으로 충분히 전파되지 않은 데다 일본에 20년 이상 체류하면서 새로운 가족을 일군 포로가 귀국을 거부하는 경우도 있어 실제 사절단과 함께 돌아온 인원은 1,418명 정도였다. 조선 정부는 그 이후에도 통신사를 여러 번 파견해 적잖은 포로를 데려왔다. 이런 사실을 기억한 조선 조정에서는 "똑같은 오랑캐인데 포로 송환에 성의를 보인 일본인과 달리 만주족 오랑캐는 어찌 이렇게도 잔인하단 말인가"라고 한탄했다.

환향녀에게 가혹했던 무능한 조선 남성들

천신만고 끝에 귀국하더라도 새로운 지옥이 펼쳐졌다. 남성은 노예의 사슬에서 벗어나 자유의 몸이 되지만 여성은 더욱 참혹한 고통을 겪었다. 청에서 강제 임신을 한 기혼 여성은 목숨 부지도 쉽지 않았다. 시집에서 온갖 구박을 당하다 쫓겨나거나 자살하는 사례가 부지기수였다. 정조를 지켰더라도 의심을 피하지 못했다. 당대 성리학적 세계관에서는 청군에 잡혀간 것 자체가 허물이었기 때문이다.

정절을 잃은 부녀자 가문은 과거 응시나 관직 등용이 대대로 막히므로 청에서 돌아온 부인을 받아들이는 남편은 거의 없었다. 사대부 남편들은 사지에서 귀국한 부인을 상대로 거의 예외 없이 이혼 상소를 올려 정부를 힘들게 했다. 정조를 강조하는 유교적 명분과 인도적 구제가 충돌했기 때문이다. 조정에서는 이혼 찬성과 반대를 놓고 갈등했는데 찬성이 주류였다. 최명길은 속환 여성을 무조건 절개를 잃은 여자로 매도할 수 없다며 강제 이혼에 반대했으나 힘을 얻지 못했다. 청에서 돌아온 부인을 버리고 새 장가를 드는 이들은 "충신은 두 임금을 섬기지 않고, 열녀는 두 남편을 섬기지 않는다"며 충신과 열녀를 동등한 차원에서 평가했다(『인조실록』 16년 3월 11일).

속환 여성은 시집에서 버림받는 데 그치지 않고 '환향녀還鄉女(귀향 여성)'라는 낙인까지 찍혔다. 행실이나 몸가짐이 바르지 못한 여성이라는 뜻의 '화냥년'이 생겨난 유래다. 환향녀가 낳은 자녀는 버릇없이 막된 오랑캐의 자식이라는 의미의 '호로胡虜자식'으로 칭했다. 속환 여성의 강제 이혼과 자살이 사회문제로 떠오르자 인조가 나서서 피해 여성을 내치지 말라고 지시하지만, 사대부 집안에는 마이동풍이었다.

남편에게 버림받은 상당수 여성은 사찰 비구니가 되거나 친정으로 돌아갔다. 일부는 기방에서 성매매를 하며 비참한 삶을 살았다. 조선 정부는 속환 여성을 구제하려고 냇물에 몸을 씻도록 했다. 정절을 회복하는 의식이었다. 하필 그 근처에 홍제원弘濟院이 있었기에 그 냇물은 불쌍한 여성을 널리 구제한다는 뜻으로 홍제천弘濟川이라고 불렸다.

조선 지도자들은 여진족을 금수로 경멸하다가 병자호란 이후 되레 짐승 대우를 받는 역설적인 상황을 맞았다. 청 태종은 황태극皇太極(홍타이지) 대신 '홍태시紅泰豕(붉고 큰 돼지)'라고 불렸다(한명기, "10만 포로의 눈물(병자호란 다시 읽기)", 서울신문 2007. 1. 11). 인조는 이런 돼지에게 무릎을 꿇었다. 정신세계를 온통 친중 사대주의로 염색한 조선왕조가 임진왜란 이후 재편된 동북아시아의 역학관계를 외면하다가 전란을 맞았다는 점에서 병자호란의 치욕과 참상은 자업자득인 측면이 강하다.

돌에 새긴 청 황제의 '영원한 은혜'

서울 송파구 석촌호수 근처에는 '대청황제공덕비大淸皇帝功德碑'라고 적힌 조형물이 있다. 이수(지붕돌)와 귀부(거북 모양 받침돌)를 갖춘 높이 395센티미터, 너비 140센티미터의 대형 비석이다. 비문은 1636년 조선 땅을 멋대로 짓밟으며 무수한 생명을 죽이거나 납치해 간 청 태종 홍타이지의 '공덕'을 기리는 내용으로 구성됐다. 동일 내용을 앞면 왼쪽과 오른쪽에 각각 만주어와 몽골어로 표기하고 뒷면에는 한문으로 적었다. 청나라가 조선에 베푼 은혜를 만국에 알리려는 취지로 3개국어를 사용했다.

공덕비는 원래 1637년 1월 30일 조선 왕 인조가 남한산성 농성을 풀고 한강 나루터인 삼전도로 나가 항복한 자리에 세워졌다. 항복 의식은 청색 오랑캐 옷을 입은 인조가 9층으로 쌓은 수항단 앞 진흙땅에서 무릎 꿇는 것으로 시작됐다. 무장 군인들의 호위 속에 수항단 용상에 앉아 있던 홍타이지는 "과거사를 말하려 하면 길다. 이제 용단을 내려 왔으니 매우 다행스럽고 기쁘다"라고 말하자 인조는 "천은이 망극합니다"라고 외쳤다(『인조실록』 15년 1월 30일).

곧이어 청과 조선이 형제에서 군신관계로 바뀌었음을 공식화하는 삼배구고두 의식이 펼쳐졌다. 세자와 대신들도 따라서 했다. 인조는 소국이 감히 대국에 항거한 죄를 용서해 달라고 빌었고 홍타이지는 관용을 베푼다는 칙서를 내리고 인조에게 술과 안주를 건네면서 돼지가죽 방한복 두 벌을 선물했다.

청군의 마부대는 용서 칙서와 방한복 선물 등을 근거로 청의 은혜를 기리는 비석을 세우라고 했다. 강화도 등지에서 군인은 물론 민간인까지 도륙하고 무수한 백성을 납치해 간 적군 수괴의 만행을 미화해서 영원히 칭송하라는 요구였다. 인조는 청의 야만 행위를 날조한 역사를 비석에 새겨 후손 만대에 남긴다는 사실이 내키지 않았지만, 약소국의 패장으로서 결국 수용하게 된다.

비석을 만들라는 인조의 특명이 내려가자 그해 음력 6월 26일부터 수항단을 개조하는 공사가 시작됐다. 장마철 침수에 대비해 삼전도 항복 당시보다 더 높고 크게 기초를 닦고 정문과 담장을 완성했다. 청은 사절단을 수시로 파견해 비석 건립이 순조로운지를 점검했다. 사절단이 올 때마다 공사는 늦어졌다. 마음에 들지 않는다고 트집 잡으면 해당 부분을 바꾸거나 고쳐야 했기 때문이었다. 거의 완성된 귀부도 용골대 일행의 지적을 받아 폐기되고 새로 만들어졌다.

비석 글자를 새기는 과정에서도 적잖은 진통을 겪었다. 인조는 당대 명필인 오준과 신익성을 적임자로 선정했다(『인조실록』 17년 6월 25일). 하지만 전서篆書에 일가견이 있던 신익성은 "신을 삼전도 비문 서사관으로 삼으셨으나, 임금이 욕을 당하시던 날 죽지 못하여 항상 깊은 한을 품었으므로 결단코 병든 몸으로 이 일을 담당할 수 없습니다"라며 집필을 거부했다. 병자호란 직후 척화파 핵심 인물로 찍혀서 심양에 끌려간 이력을 들이대며 저항한 것이다. 우여곡절 끝에 천하 명필 한석봉의 제자인 오준이 비문의 글자를 쓰게 됐다.

이후 비문을 짓는 일도 간단치 않았다. 청 태종이 비문을 지어서 보낼 테니 조선에서 그대로 쓰라고 했다가 나중에 이를 철회하는 바람에 일이 꼬였다. 인조는 황제의 공덕을 1천 년간 전할 만한 인재가 조선에 없다며 원래대로 청에서 짓도록 요청했으나 허사였다. 청 사절단은 비문 작성을 조선에 맡기라는 황제 교령이 있었다며 귀국 전까지 완성하라고 쐐기를 박았다.

인조는 더는 이의를 달지 못한 채 문예에 뛰어난 실력자를 뽑아서 비문을 짓도록 했다. 적임자 선정은 쉽지 않았다. 오랑캐로 멸시했던 청 황제를 찬양하는 굴욕적인 글을 쓰려는 문장가가 없었다. 인조는 대신들의 추천을 받아 전·현직 고관인 이경석, 장유, 이희일, 이경전 등 4명에게 비문을 짓도록 했다. 모두 악역을 맡을 수 없다며 손사래를 쳤으나 왕명으로 비문 3개가 가까스로 완성됐다. 영의정 이산해의 아들인 이경전은 병을 핑계로 인조의 명령을 거부했다. 지병을 내세웠지만, 천자국인 명의 은혜를 저버리는 글은 피하겠다는 게 본심이었다. 조희일은 자신의 작품이 채택되지 않도록 일부러 글을 조악하게 썼다. 결국 이경석과 장유의 글만 심양으로 보내져 심사를 받았다(『인조실록』 16년 2월 8일). 청은 둘 중 이경석의 작품을 채택하되 일부 문장을 보완토록 함으로써 수정본을 완성하게 된다.

삼전도 비문이 어렵사리 완성됐지만, 문장을 돌에 일일이 새기는 작업도 만만찮았다. 비석 앞면을 삼등분해서 만주어, 몽골어, 한문으로 나눠 쓰려 했으나 좁은 공간에 작은 글씨를 새기는 작업이 너무 어려워 공정이 지지부진했다. 천신만고 끝에 작업이 일단락돼 탁본을 만들어 청에 보냈다가 새로운 어려움에 봉착하게 된다. 앞면에는 만주어와 몽골어만 새기고, 한문은 뒷면에 배치하라는 요구 때문이었다. 밤낮없이 땀 흘려 일한 결과가 헛수고가 됐다.

이렇게 해서 삼전도 치욕으로부터 3년 2개월 만에 삼전도비가 어렵사리 완성된다. 비문 내용은 허무맹랑하기 짝이 없었다. 깡패로부터 무차별 구타를 당하다 죽기 직전에 간신히 살아난 사람이 가해자에게 평생 은혜를 잊지 않겠다고 맹세하는 꼴이었다. "대청국 숭덕 원년 겨울 12월"로 시작하는 비문은 "커다란 강 머리에 솟은 빗돌 우뚝하니 1만 년 동안 삼한은 황제의 은혜를 입는다"로 끝난다.

비석 완성 이후에도 조선 조정은 노심초사했다. 행여 비석이 훼손되면 청의 응징이 불 보듯 뻔했기 때문이다. 삼전도 비각 관리는 경기감영이 맡아서 죄수 3~4명을 상시 배치해서 지키도록 했다(『승정원일기』 1639. 12. 20). 그런데도 청은 비석이 온존한지 의심하면서 조선 조정을 감시했다. 용골대는 청에 볼모로 잡힌 소현세자에게 "삼전도 비석을 부수었다는 소문이 있던데, 조선이 군사원조를 일부러 늦추는 게 아니냐"는 식으로 윽박질렀다.

당시 청은 기병 위주로 구성된 팔기군의 약점을 메워 줄 조선 조총병 파병을 제안한 상태였다. 임진왜란 때 살상력이 입증된 조총으로 무장한 이들을 전쟁터에 보내 명군과 대리전을 펴도록 하기 위한 요구였다. 조선은 수도 방어와 왕실 경호를 책임진 어영청과 훈련도감 소속 정예 병력으로 파병 부대를 꾸렸다.

1637~1644년까지 총 7차례 파병된 조총병 부대는 백동산과 금주위 등에서 최선봉을 맡아서 명군을 상대로 적잖은 전공을 세운 것으로 추정된다.

조선군은 청군의 강요로 전쟁터에 나갔음에도 탄약과 화약 등은 전부 스스로 조달하느라 극심한 고충을 겪어야 했다. 이런 와중에 청 사신을 보내 삼전도비가 무사한지 확인하는 일이 잦았다. 현장 점검이 끝나면 가까운 남한산성에 들러 성곽 증축이나 신축 여부도 조사했다. 사신들은 삼전도비를 직접 보지 못하면 탁본이라도 챙겨 갔다. 그때마다 이들을 안내하는 조정의 마음고생은 이만저만이 아니었다. 조그만 시빗거리라도 없애야 했기 때문이다.

영조 시절인 1728년에는 대홍수로 비각이 침수돼 비상이 걸렸다. 조정은 장비와 인력을 총동원해 홍수로 유실된 삼전도비 주변을 정비했다. 이듬해 5월 청 사신이 현장에 도착했을 때 복구를 완료한 덕에 무사할 수 있었다(『승정원일기』 1728. 8. 2). 100명이 넘는 청 사절단이 삼전도비를 찾을 때마다 전쟁으로 피폐해진 백성의 허리는 휘청거렸다. 다행히 청이 서양 열강에 의해 종이 호랑이로 전락한 19세기에는 삼전도비 집착이 거의 사라졌다.

1895년 청일전쟁에서 청이 패배한 이후에는 삼전도비가 기구한 운명을 맞는다. 조선이 사대관계를 청산한 결과다. 그 무렵 고종은 뿌리 깊은 사대를 상징하는 영은문과 삼전도 비각을 무너뜨리고 비석은 귀부에서 뽑아서 엎어 버렸다(『매천야록』 고종 32년).

삼전도비는 그렇게 20년 넘게 방치되다가 일제강점기 조선총독부에 의해 복구돼 국보급 문화재로 관리된다(『조선총독부관보』 1913. 1. 25). 그 덕에 1925년 을축대홍수로 송파 전역이 침수됐을 때도 삼전도비는 무사했다. 하지만 이승만 정부는 1955년 국치의 기록이라며 삼전도비의 국보 지정을 해제하고 나중에는 비석을 떼어서 땅속에 묻어 버렸다. 그러나 송파강의 급속한 침식으로 삼전도비는 5년도 안 돼 지표면에 노출됐다. 이에 장면 정부는 삼전도비 비석과 귀부를 건져내 본래 위치에서 약 700미터 남쪽 석촌동으로 옮겨 세웠다. 장마철 침수 피해를 막으려는 조치였다. 1962년 12월에는 원래 이름인 '삼전도 청태종공덕비'를 되찾고 사적으로 지정됐다가 2010년 3월 송파구 잠실동 석촌호수공원 언덕으로 이전됐다. 비명은 2011년 '서울 삼전도비'로 변경됐다.

청의 간도 점령

일방적 봉금… 산삼 캐러 들어갔다가 사형도

백두산은 한민족뿐만 아니라 만주족에게도 민족의 발상지라는 신화 때문에 두 민족 모두 숭배 대상이었다. 단군왕검의 부친인 환웅이 하늘에서 3천 명을 이끌고 내려와 백두산 신단수 지역에 최초로 정착한 것으로 한민족은 믿는다. 이런 신화를 기록한 『삼국유사』 등을 근거로 한인들은 백두산을 민족의 영산으로 숭배했다.

만주족 또한 백두산(장백산)을 성산으로 떠받들었다. 중국 북동부를 통틀어 가장 높고, 기묘한 화산 경관과 장엄한 천지天池를 가진 데다 청 황실의 시조가 이곳에서 태어났다는 믿음 때문이었다. 신화에 따르면 백두산 연못에서 선녀 3자매가 목욕할 때 까치 한 마리가 빨간 열매를 물고 오자 막내 선녀가 이를 먹고 아이신기오르 부쿠리용숀愛新覺羅 布庫哩雍順을 낳았는데 그가 만주 황실의 시조다.

두만강에서 중국 토문土們(투먼)강에 이르는 간도는 부여 이후 줄곧 한민족이 지배했으나 926년 발해의 멸망으로 배타적 지배권을 잃게 된다. 이후 여러 민족의 점유를 거쳐 1712년 만주족에 넘어간다. 후에 청은 만주족의 발상지로 여긴 백두산에 정계비를 세우고 주변 간도에 이민족의 출입을 금지한다.

국명을 후금에서 대청으로 바꾼 홍타이지는 조선의 지위를 형제에서 신하로 낮춘 다음 백두산에 높은 관심을 보였다. 장백산 숭배는 4대 황제인 강희제(재위 1661~1722) 집권기에 본격화했다. 그는 장백산에 이르는 도로를 닦고 제단을 만들어 매년 봄가을 두 차례 제사를 지내도록 했다. 다만, 정묘호란 직후에 맺은 강도회맹江都會盟 제3조를 근거로 간도를 관리했으므로 조선과 영유권 분쟁을 빚지는 않았다. 회맹 체결 당시 조선과 후금은 충돌 방지를 위해 두 국경 사이에 완충지대(간도)를 뒀다. 간도는 6·25전쟁 후 휴전선에서 남북 양쪽으로 2킬로미터씩 설정한 비무장지대(DMZ)와 유사했다.

다만, 간도에는 DMZ와 달리 군대 주둔이나 출입자 감시가 없었던 탓에 양국 주민들이 몰래 들어가는 일이 빈발했다. 그렇게 되자 청은 1677년 일반인 출입을 차단하는 봉금령을 내려 이민족 거주와 개간, 삼림 벌채, 인삼 채취 등을 차단했다. 조선 역시 분쟁 방지를 위해 월강죄를 마련해 주민의 압록강과 두만강 도강을 엄금했다. 그런데도 몰래 들어가는 일반인의 숫자는 갈수록 늘어났다. 백두산 일대가 산삼 집산지였기 때문이다. 당시 산삼은 금과 동일 무게로 맞교환될 정도로 고가여서 단속에도 아랑곳하지 않고 일확천금을 노린 청인과 조선인의 산삼 채취가 기승을 부렸다.

이에 청조는 1680년부터 칙사를 한양으로 보내 산삼 채취 관련자 처벌을 주도했다. 함경도 온성 출신의 나무꾼이 두만강을 건너 길림(지린)성으로 들어갔다가 붙잡혔을 때는 당사자는 물론 지방 관리들까지 처벌했다. 나무꾼은 목이 잘렸고 변방 관리들은 파직이나 강등을 당했다("청나라 관리 다쳐 사형당한 조선 백성(간도오딧세이)", 위클리경향 2009. 5. 5).

이듬해에는 길림성 삼도구에서 산삼을 캐려다가 청나라 관리와 충돌한 한득완을 비롯한 25명이 집단 처형을 당했다. 한득완 일행은 총격을 가하는 청 관리에게 조총으로 응사한 다음 압록강을 넘어 조선으로 도주했다. 강희제는 이 사실을 보고받고 함경감사 이수언에게 범인 색출과 처벌을 지시했다. 이수언은 이들을 체포해서 한양 의금부로 압송했다. 청나라 칙사 2명은 한득완 일행의 검거 소식을 접하고 한양으로 들어가 의금부 취조에 직접 참여했다. 조선의 삼정승과 동석한 이들 칙사는 삼도구 일대에서 몰래 캔 산삼 분량과 매수인이 누구인지를 집중하여 추궁했다. 함경감사를 비롯한 조선 관리들이 이들의 월경과 산삼 거래를 봐주거나 묵인했는지도 따져 물었다. 청나라 칙사들의 모진 신문 끝에 한득완 일행은 사형에 처해졌다. 산삼 채취 외에는 마땅한 생계 수단이 없던 변방 백성이 단순히 출입금지령을 어겼을 뿐인데 목숨을 잃은 것이다. 청은 여기서 멈추지 않고 월경을 단속하지 못한 책임을 물어 함경도 지방관을 구금하고 숙종에게는 벌금 2만 냥을 부과했다. 청의 관리가 먼저 총질했다가 부상한 사건을 두고 조선 백성 25명의 목숨을 앗아간 것도 모자라 국왕까지 문책한 것은 국가 주권과 자존심을 짓밟은 횡포였다. 이에 조선 관리들이 과잉 처벌을 재고해 달라는 탄원서를 청 조정에 보냈다가 황제의 심기를 불편하게 했다는 이유로 아무런 실익도 없이 외교관계만 되레 악화했다.

간도에는 조선인뿐만 아니라 청인의 출입도 금지됐지만 그들의 월경은 그다지 문제 되지 않았다. 조선인은 단순 월경으로도 효수형을 당했으나 공직자를 납치한 청인들은 무사했다. 신하국인 조선에만 징벌 규정을 엄하게 적용한 탓이다.

소수 만주족에게만 담비 가죽과 산삼 채취를 허용한 조치는 머잖아 유명무실해졌다. 간도에 잠입한 청인이 장기간 체류하면서 조선 땅을 침범하는 사례가 잦았다. 심지어 수십 명 단위로 몰려다니며 두만강 경비병이나 관원을 납치한 다음 석방 조건으로 생필품을 강요하기도 했다.

이런 상황에서 1710년 11월 조선인들이 청인을 살해하는 이른바 '이만지 사건'이 터지자 청은 간도 지배력을 강화했다. 이만지 사건은 압록강 인근 평안도 위원에 살던 두 집안의 형제 7명이 밤에 압록강을 넘어가 청인 5명을 죽이고 삼과 돈을 빼앗아 달아난 사건이다(『숙종실록』 36년 11월 9일). 이때 도주한 청인 1명이 동료 20여 명을 데리고 위원군수를 찾아가 대국의 사람 5명을 죽인 범인을 넘기라고 요구하며 순라장(야간 치안 담당 군인)을 인질로 잡았다. 나중에는 청 조정이 나서서 두 집안 부모를 봉양할 아들 1명씩만 남기고 나머지 형제 5명은 전원 죽이도록 명령했다. 1711년에는 오라총관 목극등을 조선에 보내 참핵사(임시사절) 송정명과 함께 이만지 일행의 월경 현장을 직접 조사토록 했다. 목극등은 사건 조사와 별개로 압록강 중상류와 백두산 일대를 답사하겠다며 선박과 안내인을 요구했다. 이듬해에 이뤄지는 백두산정계비 건립을 위한 준비 과정이었다.

분쟁 씨앗 된 백두산정계비

청이 국경 획정을 염두에 두고 수십 년 전부터 백두산 일대를 측량하는 등 치밀한 준비를 한 데 반해 조선의 대응은 너무나 허술했다. 청은 사신 파견이나 월경 사건 조사 등의 기회를 활용해 백두산 일대 지형을 파악했다. 국경 지대 정밀 측정을 위해 지도와 나침반을 갖춘 유럽 예수회 소속 선교사도 활용했다. 청은 1691년 평안도 의주와 압록강 주변, 백두산 일대를 탐사할 사신 5명을 파견하면서 이곳 지리에 익숙한 조선인을 뽑아 안내하라는 공문도 보냈다.

조선은 국경 지형 정보에 집착하는 청의 의도를 의심해서 제대로 협조하지 않았다. 1698년에는 회령과 경원 일대 지형을 조사하는 청의 관리에게 협조한 지방관을 처형하기도 했다. 지도가 편찬되면 국방상 중요 도로 정보가 고스란히 넘어간다는 우려 속에 행한 일벌백계였음에도 청의 지도 작성을 막지는 못했다.

강희제는 1711년 "장백산 서쪽과 동쪽의 국경은 압록강과 토문강인데 두 강 사이의 영유권이 불확실하다"며 국경 조사를 지시했다. 토문강은 두만강과 달리 동해로 빠지지 않고 중국 송화(쑹화)강으로 이어지는 강이다.

1712년에는 강희제가 백두산을 자국에 편입하려는 욕심에서

오라총관 목극등 일행을 다시 파견해 백두산 일대를 측량토록
했다. 이때 조선은 접반사 박권, 함경감사 이선부 등에게 공동 측
량을 하도록 했다가 어처구니없는 일을 빚게 된다. 목극등과 함
께 백두산 천지로 향하던 박권과 이선부가 국경 획정이 얼마나
중요한지 망각한 듯 고령을 핑계로 탐사를 포기한 채 하산해 버
렸다(이덕일, "淸, 국경 획정에 조선 대표 배제해 역관이 참석…… 백두산에 정계
비(이덕일의 새롭게 보는 역사)", 서울신문 2018. 3. 27). 그 결과 목극등 일
행이 백두산 천지 남동쪽 4킬로미터 아래 2,150미터 고지에 정계
비를 세울 때는 조선 측의 의견이 제대로 반영되지 못했다(『숙종실
록』 38년 5월 23일). 정계비에는 "황제의 뜻을 받들어 변경을 조사하
고 살펴보니 이곳 서쪽은 압록강이고 동쪽은 토문강이므로 이를
돌에 기록한다"는 글을 적었다.

목극등은 두 물줄기가 동서로 갈라지는 곳에 정계비를 세우면
서 동쪽으로 흐르는 강을 두만강으로 판단했다. 그러면서 강 이
름은 토문강이라고 적었다. 두만강의 발원지는 정계비에서 동쪽
으로 약 60킬로미터 떨어진 곳이고 정계비 주변 물줄기는 중국으
로 흐르는 토문강의 수원인 사실을 몰라서 그렇게 명시했다(『숙종
실록』 38년 12월 7일). 두만강 발원지를 오판한 탓에 정계비는 국경
과 무관한 엉뚱한 곳에 세워져 훗날 토문강의 해석을 둘러싼 청
과 조선의 갈등 원인이 된다.

정계비 건립 소식이 전해지자 조선의 지식인 사회에서는 비판

론이 비등했다. 사헌부 장령(정4품) 구만리는 경계를 정하는 막중한 일을 소홀히 했다며 박권과 이선부의 파직을 요구하는 상소를 올렸다(『숙종실록』 38년 6월 9일). 조선과 명이 공식화한 국경선보다 훨씬 후퇴했다는 비판도 쏟아졌다. 윤관이 '고려지경高麗之境'이라는 비석을 세운 두만강 북쪽 700리 지점에 정계비를 세웠어야 한다는 지적이었다. 성호 이익은 "목극등이 정계비를 세울 때(고려 때) 서희가 (거란의) 소손녕에게 윤관의 비를 토대로 따진 것처럼 대응하지 않았는지 모르겠다"고 질타했다(이덕일, 앞의 글).

조선 조정도 정계비를 근거로 간도 영유권을 주장하는 청에 동의하지 않았다. 압록강에서 요녕성 봉황(평황)에 이르는 지역은 특정 국가에 속하지 않는 공유지라는 판단에서다. 해당 지역은 압록강 너머 180리(72km)에 달할 정도로 광활했다. 박지원도『열하일기』에서 봉황 부근 책문이 조청 국경이었다고 적었다.

그런 상황에서 1715년 청나라 장군이 두만강 인근에 군 막사를 설치하려다 무산된 데 이어 16년 뒤에도 검문소 설치와 책문 이전 시도가 좌절됐다. 조선의 끈질긴 항의 때문이었다. 신하국 조선이 이례적으로 상국인 청의 조치에 강하게 제동을 건 덕분에 간도를 지켜 낸 것이다.

백두산정계비 설치를 계기로 선비들은 백두산을 조선 정체성의 일부로 인식하면서 다양한 기행문을 쏟아 냈다. 박권의『북정일기』, 홍세태의『백두산기』, 이의철의『백두산기』, 박종의『백두산유록』, 서명응의 『유백두산기』, 권필칭의 『백두록』 등이 모두 18세기에 출간된 백두산 기행문이다. 문인들은 한민족의 탄생 전설에 높은 관심을 보이면서 국가 차원의 제사를 논의하다 영조 대에 결실을 보게 된다. 1767년 백두산 제사를 지내라는 왕명이 하달된 것이다(『영조실록』 43년 윤7월 10일). 이로써 백두산은 국가 상징이자 한민족 최고 명산의 지위를 굳히게 된다.

청·일 협약으로 간도 영영 빼앗겨

청나라는 정계비 건립을 계기로 두만강 이북을 자국 영토라고 선언했을 뿐 실효적인 지배를 하지 않은 데다 19세기 중반부터 조선 정부가 주민의 국경 이동을 묵인함으로써 간도는 대부분 조선인이 차지하게 된다. 조선은 이주 농민을 토지대장에 등록한 다음 지권을 발급하고 세금을 부과했다. 그 결과 1881년 길림성 혼춘(훈춘) 토지의 약 80퍼센트를 조선인이 소유했다. 청은 이 사실을 알고 간도 조선인 송환을 조선에 요구했다가 거절되자 강제 귀화로 대응했다. 청인으로서 변발과 복장을 하도록 강요하고 따르지 않으면 두만강 남쪽으로 쫓아 버렸다.

이에 조선은 두만강 일대 국경 협상을 여러 차례 청과 벌여 조선인의 귀화를 막으려 했으나 현격한 견해 차이를 좁히지 못하다가 1909년 청나라에 간도를 완전히 빼앗기게 된다. 외교권을 박탈한 일제가 청에서 남만주철도(다롄~선양) 부설권과 석탄 채굴권을 받는 대가로 청의 백두산정계비 해석을 인정해 '간도협약'을 맺었기 때문이다. 간도협약의 제1조는 "청·일 정부는 두만강을 조청 경계로 하고, 정계비로부터 석을수(두만강 지류)를 잇는 지역을 국경선으로 한다"라고 규정했다(『순종실록』 2년 9월 4일). 백두산 정계비에 기록된 토문강은 송화강 상류 하천이어서 간도는 조선 땅이라는 주장은 철저히 무시돼 만주는 한반도에서 완전히 이탈했다.

만주滿洲라는 명칭이 백두산을 중심으로 한 한민족 고유의 산악 숭배 신앙의 산물이라는 해석이 있다. 조법종 우석대 교수는 2009년 『한국사연구』에 발표한 "한국 고중세 백두산신앙과 만주명칭의 기원" 논문에서 고구려와 고려의 백두산 숭배와 불교의 문수보살(만주슈리) 신앙을 결합한 전통을 청이 이어받아 민족 정체성을 상징하는 용어로 만주를 택했다고 설명했다. 고려시대 평양 팔성당에 모신 8명의 신 가운데 '호국 백두악 태백선인 문수사리보살'을 으뜸 신으로 삼은 것은 백두산과 문수보살 숭배 신앙의 결합 사례라는 지적도 했다. 조 교수는 이런 전통이 청에 이어져 1635년 청 태종이 민족명을 여진에서 만주로 변경했다고 부연했다. 중국 한족과 차별화하고 왕실 권위를 키우려고 자신들이 숭배해 온 '문수(만주)'를 종족 이름으로 채택했다는 것이다.

청나라 건륭제가 1778년에 명하여 만든 『만주원류고』에는 여진족의 최초 국가인 금나라 황실 시조 함보가 신라인으로 기록돼 있다. 만주족은 여진족의 후신이다. 이런 주장들이 맞는다면 백두산에서 기원한 만주족의 모태는 고려와 통일신라, 발해, 고구려로 소급돼, 청의 간도 점령은 새끼가 어미를 잡아먹는 살모사와 닮은 패륜행위가 된다.

청 내정 간섭으로 근대화 골든타임 놓쳐

구한말 열강의 각축전으로 만신창이가 된 한반도가 근대화에 실패한 채 일본에 국권을 빼앗긴 데는 다양한 요인이 작용했다. 새로운 패권국으로 부상한 영국을 중심으로 세계질서가 재편됐는데도 중화사상이라는 미몽에서 깨어나지 못한 고종의 무능도 패망의 중요 원인이었다.

당시 조선은 지배층의 당파싸움과 부정부패로 온 백성이 신음했고 서양 세력을 오랑캐로 여겨 선진 문물 수용을 통한 개화에 미온적이었다. 반면, 일본은 신흥 강국인 영국, 미국 등 서구 열강과 손잡고 한반도를 대륙 진출을 위한 교두보로 삼으려는 야욕을 키웠음에도 조선은 이를 눈치채지 못했다.

세계의 중심이라는 청은 시베리아 방면으로 남하한 러시아와 바다로 들어온 영국 등 해양 세력으로부터 협공을 받는 처지여서 조선을 지켜 줄 의지도 능력도 없었다. 동북아시아 안보 환경이 급변하는데도 청은 조선에서 갖가지 이권을 챙기기에 여념이 없었다. 조선 실권자인 흥선대원군을 중국으로 납치하고 고종에게 퇴위를 협박하면서 10년 이상 국정을 뒤흔든 탓에 조선의 국가 역량은 퇴보하고 균형외교와 근대화 노력은 좌초됐다. 중국이나 일본보다 20년 이상 늦게 개항한 조선은 개방 초기부터 정치·군사·경제적으로 청에 속박돼 개혁 기회를 상실한 탓에 나락으로 떨어지게 된다.

원세개의 조선 국정 농단

19세기 후반 청나라의 조선 국권 침탈과 경제 수탈의 원흉은 하급 군인 출신의 원세개(위안스카이, 1859~1916)였다. 음흉하고 교활한 데다 약삭빠르기까지 한 원세개는 중국에서 난세의 간웅이라는 평가를 받는 인물이다("난세의 간웅 원세개", 경향신문 2003. 3. 17).

하남(허난)성 출신의 원세개는 과거시험에 두 차례 낙방할 정도로 학문에는 소질이 없었다("조선 모욕하던 20대, 중국서 '배신의 아이콘' 되다", 중앙일보 2017. 7. 3). 청소년 시절 건달들과 어울려 말 타고 명승지를 돌아다니며 기생집 출입을 즐긴 그는 기마술을 비롯한 무예에는 남다른 재주를 보였다. 매관매직을 시도하다 돈만 날리고 실패하자 22세에 군에 입대한 그는 이듬해인 1882년 임오군란 진압을 위해 조선에 파병된 것을 계기로 벼락출세길에 오르게 된다.

임오군란은 신식 군대 창설로 실직하거나 차별대우를 받은 군인과 학정에 시달리던 민간인이 합세해 일으킨 폭동이다. 분노한 군·민은 궁궐로 몰려가 민비(추존 명성황후)의 친인척들을 살해하고 일본 공사관을 방화했다. 민비는 상궁으로 위장해 간신히 궁을 벗어나 여주를 거쳐 장호원으로 피신했다. 이렇게 되자 흥선대원군이 국정 전권을 위임받아 사태 수습에 나섰다. 민비가 죽은 것으로 여겨 국상을 공포한 데 이어 특혜 시비로 지탄받아 온 신식 군대 별기군을 폐지하고 옛 군영 체제를 복원했다.

청은 임오군란 진압을 위해 병력 약 6천 명을 파병했다. 신하국 군주인 고종이 정변을 당했는데 천자가 모르는 체할 수 없다는 것이 출병 명분이었다. 하지만 속내는 군대를 주둔시켜 조선을 지배하려는 것이었다. 청은 흥선대원군을 본국으로 납치하고 폭동 진압 이후에도 군대를 남겼다. 조선을 전통적인 조공관계가 아닌 근대 국제법상 속방屬邦으로 바꿔 각종 이권을 챙기려는 조치였다.

원세개는 임오군란 진압 당시 조선 땅을 처음 밟았다. 그는 조선군의 훈련장이던 옛 동대문운동장 서쪽에 주둔한 청군 본대에 배치돼 군수품 관리를 할 때만 해도 별다른 존재감이 없었다(신동준, "위안스카이(동양의 근대를 만든 사람들)", 월간조선 2008. 11).

그런 그가 벼락출세한 계기는 민비의 정적이던 흥선대원군 납치였다. 흥선대원군을 연행하는 세부 계획을 만들어 성공한 다음 승승장구한 것이다. 파병 3년째인 1885년에는 사실상 조선 총독 지위에 올라 약 10년간 폭정을 일삼으며 한반도에 심각한 악영향을 미치게 된다.

중국 근대사 전문가인 이양자 동의대 사학과 명예교수가 쓴 『감국대신 위안스카이』(2020)에는 그의 악행이 자세히 실려 있다. 두꺼운 얼굴에 시커먼 마음을 가진 원세개는 조선 파병 초기만 해도 모범 군인이었다. 청군이 민가 약탈을 일삼는 것을 보고 진압군 사령관 오장경에게 보고해 병영 질서를 바로잡았다. 민간인 재산을 빼앗거나 여성을 겁탈한 병졸을 일벌백계 차원에서 참수하고, 항명하는 간부는 강제 귀국시키는 강단도 보였다.

하지만 구식 군인들이 모여 살던 왕십리와 이태원, 동대문 일대를 토벌하면서 그는 야수로 돌변했다. 원세개 부대는 왕십리 일대에서 무고한 남성을 무차별 폭행하거나 살해했다. 임오군란 가담 여부는 따지지도 않았다. 그때 150여 명을 체포하고 11명을 살해했다.

임오군란 직후 집권한 흥선대원군을 청으로 압송하고 꼭두각시 정부를 세우는 공작을 주도한 장본인도 원세개였다. 오장경 사령관에게 인사하러 병영을 찾아온 흥선대원군을 수레 안으로 떠밀어 넣어 납치했다. 중국에 3년간 억류된 흥선대원군은 흉악한 조선 폭군이라는 뜻의 흉선군兇宣君으로 불리며 온갖 멸시와 조롱을 받았다.

원세개는 흥선대원군 납치와 반군 소탕 공로로 정5품 동지同知 벼슬을 받았다. 베트남 주둔 프랑스군과 청군이 충돌한 1884년 참전 병력을 한반도에서 대거 차출할 때도 그는 잔류했다. 당시 오자유가 3개 대대 총괄 지휘관으로 임명되고 원세개는 오장경 사령관의 직할 부대인 경군을 이끌게 됐다. 졸지에 청군의 제2인 자가 된 원세개는 본국 실권자인 이홍장(리홍장)에게 직보하며 오만방자해졌다(신동준, "위안스카이").

원세개는 조선 국정에도 깊숙이 개입했다. 임오군란이 발발한 1882년 조선과 맺은 '조청상민수륙무역장정'을 내정 간섭의 근거로 활용했다. 청 상인들은 내지內地 통상권과 종주권을 보장한 이 장정을 토대로 각종 특혜를 누리며 어느 곳에서든 자유롭게 장사할 수 있게 됐다. 그 결과 허약한 조선 상권은 맥없이 무너졌다.

김옥균을 비롯한 급진 개화파는 1884년 이런 난국을 타개하려고 일본의 힘을 빌려 갑신정변을 일으켰으나 삼일천하로 끝나게 된다. 정변 정보를 미리 입수한 원세개가 조기에 진압했기 때문이다. 원세개가 본국 실권자인 이홍장에게 보낸 밀서를 보면 당시 정세 판단 능력을 가늠할 수 있다. 베트남에서 벌어진 청·프랑스 전쟁의 틈을 타 조선이 일본의 꾐에 빠져 딴 뜻을 품고 있다는 게 밀서의 요지였다. 이 예측은 한 달 뒤 그대로 적중됐다. 우정국 개국 축하연장에서 개화파들이 중신들을 살해하고 신정부 수립을 선포한 것이다.

그때 원세개는 모험을 감행해 대성공을 거두게 된다. 오자유 총사령관을 부추겨 이홍장에게 원병을 요청케 해 놓고 단독 작전을 감행했다. 천진(톈진)과 인천을 오가는 북양함대 군함편으로 서신을 보내 증원군을 불러오려면 장시간이 걸린다고 판단한 그는 자신의 군대를 이끌고 개화파를 일망타진했다. 갑신정변 발생 사흘 만이다. 그 결과 상관인 오자유를 따돌리고 전공을 독식할 수 있게 됐다. 진압작전 직전에는 우의정 심순택을 꾀어 청군 출병을 공식 요청토록 하는 치밀함도 보였다. 외교적 시비를 없애려는 사전 조치였다. 소총으로 무장한 본국 원정군 400여 명이 조선에 도착했을 때는 진압이 끝난 뒤였다. 원세개는 민비와 세자가 궁궐로 안전하게 돌아갈 수 있도록 근접 경호도 제공했다.

갑신정변 진압과 민비의 환궁 호위는 공짜가 아니었다. 민비 세력이 집권하자마자 청군은 채무 변제 폭탄을 터트렸다. 원세개가 이홍장에게 올린 보고서를 보면 마각이 드러난다. 류큐나 베트남과 달리 조선 민심은 중국에 감복하므로 주둔군을 배경으로 내치와 외교를 장악하겠다는 내용을 적은 것이다.

원세개의 권력 원천은 1885년에 받은 '주차조선총리교섭통상사의'라는 직책이었다("조선의 마지막 자주 개혁 기회를 앗아간 사나이", 연합뉴스 2019. 10. 24). 이렇게 긴 이름의 외교관 직책을 악용해서 조선 내정에 깊숙이 개입하고 무자비한 경제 침탈을 자행했다. 1882년 체결된 조청 수교조약상 원세개의 공식 지위는 상무위원에 불과했지만, 실질적인 영향력은 식민지 총독 수준이었다. 서양 외교관들은 무소불위의 권력을 휘두르던 그를 감국대신監國大臣이라고 불렀다. 중국 황제의 권한을 일시적으로 대행하는 직책이다. 청은 중화 질서 속에서 조선을 속국으로 여겼지만, 감국대신을 파견해 내정에 직접 개입한 것은 원세개가 처음이었다. 명나라 시절에도 그런 사례가 없었다.

청의 감국대신 파견은 조선 근대화에 걸림돌로 작용했다. 원세개가 10년간 한반도에 상주하며 조선과 서양 열강의 교류를 방해했기 때문이다. 감국 정책은 1905년 을사늑약 이전에 이뤄진 최악의 외세 침략이었다. 원세개는 정부 인사에도 관여해 관료 20명을 자신의 심복으로 갈아치웠다. 주한 미국 대리공사 포크는 이를 '무혈 정변'이라고 비판했다. 원세개가 10년간 조선을 마음껏 주무르며 고혈을 빨아먹는데도 이 땅의 지도자들은 수구파와 개화파로 분열돼 암투를 벌였다.

원세개는 내정 간섭에 그치지 않고 해관(세관)을 중국 해관에 통합·종속시키고 차관 도입을 마음대로 통제했다. 조선은 재정적 예속에서 벗어나려고 독일, 미국, 프랑스 등과 차관 교섭을 벌였지만 원세개의 방해로 모두 무산됐다. 그 결과 나라 곳간은 청나라 차관으로만 운영돼 늘 부족했다. 신규 차관액은 기존 채무 상환에도 모자랐다. 원세개는 차관을 지렛대 삼아 다양한 이권을 챙겼다. 전신·통신시설을 선점하거나 독점하고 연해와 주요 하천

독점 운항권을 청나라 선박에 부여했다. 상권이 발달한 서울 용산과 인천, 부산, 원산 등에 경찰을 배치해 청상을 지원하기도 했다("위안스카이, 임오군란 뒤 14년간 용산 근거로 조선총독 노릇", 중앙선데이 2010. 5. 16). 자신 명의로 '공명호조'란 신분증을 발행해 청상이 조선 팔도를 맘대로 누비며 장사하는 특권도 제공했다. 그 덕에 청상은 전국 상권을 조기에 장악하게 된다.

서울 남대문과 종로 일대에는 중국인 거리가 생겨나면서 종로 시전을 비롯한 전통 상가들이 몰락했다. 원세개의 막강한 권력을 등에 업은 청상들의 광폭질주를 견디지 못한 조선 상인들이 집단으로 맞서기도 했지만, 달걀로 바위 치는 꼴이었다. 1890년 1월 한양 총리아문 앞에서 도심 상인 수백 명이 멍석을 깔고 연좌시위를 벌이며 청 상인의 횡포를 규탄했다. 도심 점포가 생존 위협에 맞서 일제히 문을 닫고 집단행동에 나선 것은 전례 없는 일이었다.

청상의 만행은 상권 파괴에 국한되지 않았다. 1884년 청상회관 건설 부지의 매도를 거부한 땅 주인을 폭행하고 외상값을 달라는 광통교약국 주인의 아들을 죽여 버렸다. 『한성순보』가 이 사건을 보도했을 때는 신문사를 점거했다. 수출이 금지된 조선 홍삼을 청상이 밀수출하려다 적발된 1886년에는 검사를 거부한 채 총칼을 들고 해관에 난입해 관련 서류를 모조리 찢어 버리거나 불태웠다. 경찰은 강 건너 불구경하듯이 수수방관했다. 배후 인물이 원세개라는 사실을 알았기 때문이었다. 원세개의 폭주로 조선 경제에서 차지하는 청의 비중은 순식간에 일본을 능가했다.

대미 수교에 "조선은 청 속방" 이면 합의

청은 1882년 임오군란 이후 조선 외교에도 개입해 독자 개방과 통상교섭을 방해했다.

임오군란을 진압한 청은 마건충과 독일인 묄렌도르프 등 외국인 30여 명을 조선의 정치·외교 고문으로 내세워 활용했다. 마건충은 조선을 대리해서 미국과 수교 협상을 벌여 조약안을 마련한 인물이다. 청은 러시아 남하에 긴장하던 상황에서 1879년 류큐가 일본에 편입되자 대조선 영향력 유지를 위해 대미 수교를 지원했다. 이홍장은 영의정 출신의 이유원에게 편지를 보내 "야심을 키우는 일본과 러시아를 막으려면 미국과 영국, 독일 등과 수교해야 한다"고 설득했다. 오랑캐는 오랑캐로 제압한다는 '이이제이以夷制夷' 외교술이었다(『고종실록』16년 7월 9일).

조미 수교는 미국도 바라던 일이었다. 1871년 신미양요 때 통상에 무관심하던 조선이 5년 뒤 일본과 강화도조약을 맺는 것을 보고 해군 제독 로버트 슈펠트를 수교 협상 대표로 파견했다. 이홍장은 슈펠트를 톈진으로 불러 지원을 약속했다. 김홍집을 단장으로 하는 수신사를 일본으로 불러 조미 수교를 설득하는 공작도 벌였다. 이때 주일 청나라 공사관의 참찬관 황준헌(황쭌셴)이 김홍집 일행에게 그 유명한『조선책략』을 전달했다(『고종실록』

17년 9월 8일). 유럽 공략에 실패한 러시아가 동쪽으로 선회해 한반도를 탐내는 상황에서 조선이 주변 열강과 연대해서 국권을 수호하는 방법을 제시한 책이다. 10년 동안 사할린과 흑룡(헤이룽)강 동부를 확보한 러시아가 아시아 요충지인 조선을 침공할 태세라고 청은 진단했다. 따라서 급선무는 러시아의 남하 차단이라면서 '친중국親中國, 결일본結日本, 연미국聯美國' 전략을 제안했다.

이들 세 나라와 손잡아야 하는 이유도 『조선책략』을 통해 밝혔다. 중국은 러시아와 국경을 맞대고 있어 조선의 주적主敵을 가장 잘 제어할 수 있다고 했다. 1천 년 우방인 조선이 편히 지내도록 은혜를 베풀었을 뿐만 아니라 땅과 백성을 한 번도 탐하지 않았다며 중국을 섬기는 일에 더욱 힘쓰라는 조언도 했다. 중국 중원을 차지한 수와 당, 요, 원 등이 줄줄이 침략했고 청은 약 250년 전에 두 차례 조선 국토를 짓밟았다는 점에서 이 주장은 새빨간 거짓말이었다.

일본과 연대해야 하는 까닭은 순망치한脣亡齒寒 관계 때문이라고 지적했다. 중국을 제외하고 거리가 가장 가까운 일본이 영토를 잃는다면 조선 팔도는 스스로 보존할 수가 없으므로 양국 간 협력이 필요하다는 것이었다. 미국은 영국의 혹독한 학정을 피해 건국된 만큼 유럽보다 아시아에 우호적이므로 사절을 보내 수교해야 한다고 권고했다.

1880년 고종은 『조선책략』을 전달받고 국제정세 판단과 개방 정책 수립에 활용했다. 『조선책략』대로 1880년 10월 서양 열강 가운데 최초로 미국과 수교하기로 했다. 하지만 수교 과정은 온통 가시밭길이었다. 청의 집요한 통제와 몽니 때문이었다. 1882년 1월 영선사 김윤식이 톈진에서 이홍장을 만나 조선국왕에게 대미 수교 칙명을 내려 달라고 간청할 때부터 난관이 생겼다. 이홍장은 청의 개입은 모양새가 좋지 않다며 황제 칙명을 단박에 거절했다. 그 대신 자신이 미국 외교 특사인 슈펠트와 협상해서 조약안을 만들겠다며 1881년 12월 영선사 김윤식과 만나 대미 조약 협상권을 위임받은 데 이어, 조선이 청의 속방임을 조약 제1조에 명시하기로 합의했다(장철균, "박정양: 자주외교 고집한 초대 주미전권공사(인물로 본 한국 외교사)", 월간조선 2016. 4).

두 사람이 속방 문제에 선뜻 동의한 것은 동상이몽 때문이었다. 이홍장은 내정과 외교 간섭의 근거로 삼으려고 했다. 김윤식은 러시아 침략 견제를 위해 전통적인 '사대조공' 우산에 대미 수교를 추가하기를 희망했다. 중국 중심의 조공 체제가 서구 열강의 침략으로 붕괴하는데도 김윤식은 이를 인지하지 못한 것이었다.

1882년 2월 톈진에서 이홍장이 슈펠트와 조약 문안을 협의할 때 속방 조항은 수교 교섭에 걸림돌이 됐다. 조선이 내치와 외교 자주권이 있다면 미국은 조선을 중국과 대등하게 취급할 권리가 있다며 슈펠트가 속방 조항을 강하게 거부하면서 협상이 한동안 난항을 거듭했다. 이후 조선은 청의 속국이지만 대조선국 군주가 독자적인 내정과 외교 권한을 행사했다는 내용의 서한을 조선국왕 명의로 미국 대통령에게 발송하기로 합의하면서 협상은 타결됐다. 공개 합의가 어렵고 정치적 양해가 필요한 사안에 주로 사용되는 이면 합의로 난제를 해결한 것이다.

이로써 조미수호통상조약 문안이 1882년 4월 마무리돼 다음 달 인천에서 조약 조인식이 열렸다. 조선과 미국의 국교가 수립되는 순간이었다. 행사장에는 조선 국기가 성조기와 함께 게양됐다. 이 국기는 김홍집의 명을 받은 통역관 이응준이 제작한 것으로 미국 국회도서관 소장 '슈펠트 문서 박스'에 보관된 사실이 2018년 확인됐다("미국서 찾아낸 최초 태극기 도안", 조선일보 2018. 8. 14). 청·홍 태극 무늬와 사괘卦를 갖춘 것으로, 4개월 뒤 박영효가 그린 태극기와 괘의 좌우만 다를 뿐 나머지는 그대로라는 점에서 태극기의 원조인 셈이다.

이응준은 후에 1889년 3월 청 예부에 뇌물 2만금을 주고 사신 파견을 중단하게 하라는 고종의 지시로 청에 들어가 금을 가로챈 혐의로 의금부 조사를 받게 된다(『고종실록』 26년 3월 30일). 이 조사는 조선을 쥐락펴락하던 원세개의 고발로 이뤄졌다는 점에서, 조미 수교 현장에 청나라 황룡기 대신 독자 국기를 내건 이응준에 대한 보복이라는 지적이 많다.

수교 당시 조선이 청나라 속방이라는 이면 합의는 머잖아 조선에 비수가 됐다. 청이 내정과 외교에 간여해 온갖 이권을 수탈하는 근거로 악용됐다. 그런데도 고종은 이 조약에 크게 만족했다. 제3국이 한쪽 정부에 부당한 행동을 하면 다른 한쪽 정부가 원만한 해결을 주선한다는 제1조가 국권 수호 역할을 할 것으로 기대했기 때문이다. 국제외교의 냉엄한 현실에 극도로 무지한 고종의 이런 희망은 23년 뒤 좌초되고 만다. 미국은 1905년 러일전쟁 직후 자국의 필리핀 지배권을 보장받는 대가로 일본의 한반도 점령을 인정하는 가쓰라·태프트 협약을 맺는다. 철석같이 믿었던 미국이 조선의 뒤통수를 친 것이다.

청 간섭으로 수교국에 공관 설치 난항

조미조약 체결 닷새 만에 영국의 조지 윌리스 제독도 인천에 도착한다. 조선과 수교 협상을 하기 위한 입국이었다. 그때도 마건충은 조선이 청의 속방이라는 조항을 조약에 넣으려다 영국의 반대로 무산됐다. 이어 프랑스, 독일, 이탈리아 등과 비슷한 절차를 밟아 수교조약을 맺었다. 이로써 은둔의 나라 조선이 서양 제국에 문호를 활짝 개방하게 된다.

고종은 서양 열강과 연쇄 수교한 것을 계기로 상대국에 공관을 설치하려 했으나 그때마다 청의 심한 간섭으로 좌절을 겪었다. 청의 속국인 조선이 스스로 외교관을 파견할 수 없다는 게 간섭 논리였다. 고종이 박정양과 심상학을 각각 미국과 유럽 주재 공사로 임명한 1887년에는 원세개가 급제동을 걸었다. 조선은 자주

능력이 없고 가난해서 전권공사를 파견하더라도 중도에 철수할 것이라며 파견을 반대했다. 원세개가 조선 외무아문에 보낸 항의 서신을 보면 고압적이고 오만방자한 태도를 알 수 있다.

> 조선이 수백 년간 청의 속국이라는 것은 천하가 다 아는데 상국의 허락도 없이 구미에 사절을 파견하려고 했으니 어찌 용납할 수 있겠는가? (신동준, "위안스카이" 재인용)

고종은 서양 열강과 수교 후 국제정세에 어느 정도 눈을 뜬 덕에 청의 협박에 굴하지 않고 주미 공사 파견을 강행했다. 박정양을 불러 "워싱턴에 도착하는 대로 국서를 전달하고 통상교섭을 잘해서 우의를 돈독히 하라"는 유지도 내렸다. 원세개는 이 소식을 듣고 격분하면서 즉각적인 공사 소환과 사죄를 요구했다. 고종은 이들의 출국을 일단 보류한 채 청과 미국 사이를 오가며 3개월간 줄다리기 끝에 간신히 공사 일행을 파견했다. 예상 밖의 반발로 파문이 확산하자 이홍장이 한 발짝 물러선 결과다. 약자일지라도 강하게 나오면 움찔하는 중국의 '조폭 유전자'가 작동한 모양새였다.

청은 조선 공사의 호칭에 '전권全權'이라는 글자를 사용하는 것을 허용하는 대신에 여러 굴욕적인 조건을 부가했다. 세 가지 별도 약속을 뜻하는 이른바 영약삼단另約三端이다. 조선 공사가 청국 공사와 함께 미국 국무부와 백악관을 방문하고, 공식 행사나 연회 때 청국 공사 뒤에 입장하고 아랫자리에 앉아야 하며, 중요 외교 업무는 청의 지시를 따라야 한다는 게 주요 내용이다. 조선의 독자 외교권을 제한함으로써 청의 우월권을 국제사회에서 인정받으려는 속셈에서 만든 족쇄였다.

박정양 일행은 우여곡절 끝에 1887년 11월 12일 미국 군함인 오마하호를 타고 출국해 이듬해 1월 9일 워싱턴에 도착했다. 박정양은 한문 국서(신임장)를 영어로 번역한 다음 국무부 방문 일정을 잡는 과정에서 한바탕 홍역을 치렀다. 청국 공사 장음환이 영약삼단 위반이라며 불같이 화를 냈다. 박정양은 출국 때 일정이 너무 촉박해서 영약삼단 공문을 받지 못해 빚어진 실수라고 해명했으나 수용되지 않았다. 청이 이 문제를 계속 거론하며 집요하게 괴롭혔다.

박정양은 낯선 미국 땅에서 청의 협박에도 1888년 1월 17일 백악관을 방문해 클리블랜드 대통령에게 신임장을 제정했다. 고종의 정치고문으로 활동한 호러스 앨런(알렌)의 지원 덕분이었다. 박정양은 문화 차이가 심한 미국에서 다양한 돌발상황에 부닥치면서도 자주외교를 위해 동분서주했다. 공사관 청사 옥상에 태극기를 게양하고 청나라 연호 대신에 조선의 개국 연호를 국서에 사용함으로써 독립국임을 과시했다. 미국의 중요 행사는 물론 외교관들의 사교클럽에도 적극적으로 참석해 조선의 후진 이미지를 해소하는 데도 노력했다.

하지만 박정양은 부임 11개월 만에 귀국하고 만다. 청이 영약 삼단을 어긴 사실을 문제 삼아 고종에게 그의 소환을 종용했기 때문이다. 고종은 여러 변명을 해 가며 열심히 방어했으나 나중에는 청의 압력에 굴복해 병환이 염려된다는 구실을 내세워 소환했다. 1894~95년 청일전쟁에서 패배한 청이 한반도에서 물러날 때까지 이런 행패는 일상이 됐다.

1880년대 중반 한반도는 영국과 미국, 러시아, 청, 일본 등 동서양 열강이 각축전을 벌인 국제분쟁 지역이었다. 당시 고종은 한반도에서 청일전쟁이 일어나면 러시아가 보호해 줄 수 있을 것으로 믿고 친러 정책을 폈다. 이런 외교 노력은 청뿐만 아니라 한반도에 군침을 흘리던 모든 열강을 긴장시켰다.

조선은 종이 호랑이로 전락한 청의 속박을 끊기도 벅찬 상황에서 다른 강대국의 위협까지 겹치자 외교 중립을 모색했다. 1885년 2월 조선 주재 독일 부영사인 부들러가 알려 준 스위스 모델을 선호했다. 원세개는 청의 지배에서 벗어나려고 중립론을 준비하는 사실을 알고 강력한 견제구를 날렸다. 1885년 7월 조선 정부에 서한을 보내 중립화 불가론을 강조했다(김원모, "원세개의 한반도 안보책", 『동양학』 16, 단국대학교 동양학연구원, 1986). 청이 제공하는 힘의 우산에서 이탈하면 조선이 망한다는 게 그 이유였다.

조선에서 출세 야심을 키워 가던 원세개는 조선과 러시아의 밀약설이 퍼졌을 때는 「적간론摘奸論」과 「유언사조諭言四條」라는 글을 지어 고종에게 보냈다. 러시아의 속임수로부터 조선을 보호할 수 있는 것은 상국뿐이며, 조선은 골수에 병이 들었으니 훌륭한 의사로서 좋은 약을 지어 주겠다는 게 두 글의 주요 내용이다. 실상은 청의 기득권을 유지하려는 꼼수였다("위안스카이, '골수까지 병든 조선'의 최고 권력자로(역사다큐 운명의 20년)", 조선일보 2004. 3. 25). 두 글은 러시아를 끌어들이면 갑신정변의 주범인 김옥균 같은 난신적자亂臣賊子가 생기고 프랑스의 보호를 받으려다 식민지가 된 베트남의 전철을 밟을 수 있다는 협박문이었다. 조청 양국은 존망을 같이하므로 러시아의 침략을 받으면 청이 전력을 다해 구해 줄 것이라는 미사여구도 구사했다.

이후 자신의 권고가 무시되자 원세개는 격분하면서 이홍장에게 고종 폐위를 건의했다. 러시아 군대가 먼저 들어오면 손을 쓰기 어려우니 병사 500명만 보내 주면 고종을 폐위하고 청국 배반자들을 응징하겠다는 편지를 보냈다. 러시아와 조선 모두 밀약설을 적극적으로 부인함으로써 고종 폐위 시도는 무산됐지만, 일개 외교관에 불과한 원세개는 더욱 기고만장해졌다.

임오군란 당시 청군을 끌어들여 재집권한 민비가 러시아와 일본에 접근해서 청을 견제하려 했을 때는 흥선대원군 카드를 꺼내 들었다. 1885년 8월 톈진에 3년째 억류 중이던 그를 데리고 입국했다. 그때부터 원세개는 약 10년간 조선 총독 노릇을 하며 툭하면 고종을 혼군昏君으로 부르며 무례를 일삼고 퇴위를 압박했다.

원세개의 오만과 횡포는 당시 서울에 거주한 서양 외교관의 일기 등에 생생하게 기록됐다. 1886년 서울에서 가장 영향력 있는 외국인이라던 의료선교사 출신의 미국 공사 알렌도 원세개의 악행에 치를 떨었다(H. N. 알렌, 김원모 옮김, 『알렌의 일기』, 단국대학교 출판부, 1991, 117-341쪽). 알렌을 비롯한 일본과 서양 외교관들은 입궐 때 걸어 들어가야 했지만 원세개만 가마를 타는 특혜를 누렸다. 이런 행태를 보다 못한 알렌은 모든 외교관이 가마를 타고 입궐할 수 있도록 해 달라고 고종에게 건의했으나 거절당했다. 원세개는 상국 출신이어서 가마 입궐은 당연하다는 게 고종의 해명이었다.

각국 외교관이 임금 배알을 하려고 모두 자리에서 일어날 동안 원세개는 그대로 앉아 있었다. 고종에게 인사할 때는 친구 사이 예법인 삼읍례三揖禮를 했다. 외국 공사나 총영사들이 모이는 회의에는 아예 불참했다. 감국대신인 자기보다 아래인 외교관들과 같이 어울릴 수 없다는 오만이었다.

연세대 교수 출신의 새무얼 홀리가 해군 중위 클레이턴 포크(1856~1893)의 서신들을 토대로 출간한 『조선의 미국 남자(America's Man in Korea)』(2008)에는 원세개의 막강한 위세가 잘 묘사돼 있다. 미국 대리공사로 조선에 파견된 포크는 원세개의 도 넘은 횡포를 비판하다 추방된 인물이다. 그는 조선 팔도를 2년간 돌며 보고 느낀 점을 자세히 메모했다. 조선인은 둔하고 멍청한 중국인이나 교활하고 약삭빠른 일본인과 달리 솔직하고 수줍어하면서도 붙임성이 있다는 게 그가 남긴 기록이다.

포크는 조선 근대화를 위해 알렌과 언더우드 등 교육·의료 전문가들을 데려오는 데도 관여했다. 전기 시설 설치, 최초 근대 교육시설인 육영공원과 서양식 의료기관 제중원 설립, 서양 곡식·채소 종자와 농기구 수입도 지원했다. 그 덕분에 고종과 개혁 세력으로부터 환영을 받았으나 원세개에게는 눈엣가시였다. 청과 우호관계를 희망하던 미국 정부로부터 조선 외교에 개입하지 말라는 주의를 받고 한동안 조심하다가, 극단으로 치닫던 원세개의 횡포를 견제했기 때문이다. 원세개는 포크를 추방하지 않으면 자신이 귀국하겠다고 고종을 협박했다. 워싱턴에서는 청나라 공사가 양국 협력을 해치는 포크를 소환하라고 베이야드 국무장관을 압박했다. 결국 미국은 청의 압력에 굴복해 포크에게 해임 통보를 했다. 이런 처사에 깊은 모욕감을 느낀 포크는 울분을 삼키며 조선에 온 지 3년 2개월 만인 1887년 귀국길에 올랐다.

조선 개화와 독립을 위해 헌신한 포크가 추방된 이후 원세개는 더욱 기고만장하다 청일전쟁 직전 중대 고비를 맞는다. 동학 농민군 진압에 조선군을 투입해야 한다는 다수 의견을 무시한 채 청에 군함 파견을 요구한 게 화근이었다. 김병시는 청군이 들어오면 일본군의 출병 빌미가 된다고 경고했으나 고종과 민영준에 의해 무시됐다. 원세개는 이홍장에게 급전을 띄워 "상국 체면상 조선의 부탁을 거부할 수 없다. 텐진조약에 동시 출병 조항이 있음에도 조선과 열강의 반대 때문에 일본의 군대 동원은 쉽지 않다"며 파병을 요청했다. 하지만 이것은 완벽한 패착이었다. 일본은 청의 출병 통보를 받자마자 곧바로 대규모 군대를 조선으로 전개했다. 김병시가 예상한 그대로였다. 청은 오판 사실을 깨닫고 일본에 동시 철병을 제의했으나 이미 엎질러진 물이었다. 조선 정부가 일본과 철병 교섭을 하도록 압박하고 구미 외교관들에게는 일본군 파병을 막아 주도록 요청했으나 아무 소용이 없었다. 청은 머잖아 청일전쟁에서 완패함으로써 조선에서 누리던 각종 이권을 모조리 잃게 됐다.

흡혈귀의 최후

원세개는 국정 농단에 그치지 않고 조선 여성들에게 숱한 한을 안겼다. 그의 여성 편력과 파란만장한 삶은『감국대신 위안스카이』에 자세히 소개됐다. 이 책에 따르면 원세개는 1890년 2품 감사로 승진한 다음 조선 여인 3명과 동거했다. 정식 부인으로 맞이한 양갓집 규수인 김월선과 그의 몸종으로 따라온 이씨와 오씨가 그의 연인들이었다. 이들은 청일전쟁이 임박했을 때 동학교도가 원세개 암살을 준비한다는 소문을 듣고 청으로 피신했다.

원세개가 이미 본처를 뒀기 때문에 청에서는 이씨와 오씨는 물론 정부인 김씨마저 첩 신세로 전락했다. 본국에는 이들 외에 5명의 첩이 더 있었다. 16세에 결혼한 김씨 부인은 뒤늦게 속은 걸알고 극심한 분노를 느껴 성격이 난폭해지고 심한 우울증을 앓았다. 중국 거주 이후 조선에 한 번밖에 다녀오지 못한 탓에 심한향수병을 앓아 춘절(설날)이나 생일에는 눈물을 펑펑 흘리기도 했다. 김씨가 첩이라는 사실을 알게 된 친정어머니는 자살했고 부친마저도 시름시름 앓다가 죽었다.

중국의 전족 전통에 익숙한 원세개가 여자를 대할 때 얼굴이나 몸매보다 발을 중시하는 성향도 조선인 첩들을 힘들게 했다. 중국인 본처를 시켜서 이들을 전족한 여자처럼 걷도록 훈련시키거나 성적 학대를 일삼기도 했다. 피눈물을 흘리며 여생을 보낸김씨에게 손자인 위안자류(袁家騮, 1912~2003)가 세계적인 물리학자로 성장한 것이 그나마 위안거리였을지도 모른다.

원세개는 1894년 청일전쟁 조짐이 완연해지자 생모와 처자식을 인천항에 정박 중인 선박으로 피신시키고 자신은 동학교도의암살을 피해 한동안 공관에서 칩거하다 어느 날 밤 다른 사람으로 변장해 청으로 도주했다. 귀국 직후 벌어진 청일전쟁에서 청군이 완패함으로써 원세개는 패전 책임자로 지목돼 추락하는 듯했으나 오뚝이처럼 다시 생존하게 된다. 배신과 모략, 아부 실력을 한껏 발휘해 북양군을 장악함으로써 군부 최고 실력자가 됐다. 배신자나 모사꾼, 파충류, 변절자 등의 이미지를 모두 결합하면 딱 어울릴 그는 1911년 신해혁명 때는 청 황실과 쑨원(손문)의 혁명파를 넘나들다 제국 내각 총리와 중화민국 초대 총통을 차지했다. 청조 총리대신으로서 무장 세력 진압 명령을 받고 총구를 거꾸로 들이댄 결과였다.

총통 취임 이후에는 아시아 최초 공화제를 파기하고 독재 체제를 구축했다. 국민당을 내각에서 축출하고 국회와 각 성省의 의회를 해산시켜 대총통의 권한을 대폭 강화한 것이다. 1915년에는 국명을 중화민국에서 중화제국으로 바꿔 선포하고 이듬해 1월 1일 황제(홍원제)에 즉위했다("조선 모욕하던 20대, 중국서 '배신의 아이콘'이 되다"). 22세에 하급 군인으로 시작해 배신과 협박, 횡포 등으로 점철된 파란만장한 삶을 통해 얻은 중국의 최고 권력이었다. 그의 처세술은 프랑스가 왕정과 공화정, 나폴레옹 황제체제를 거칠 때마다 온갖 권모술수로 권력을 지킨 조제프 푸셰(1759~1820)를 능가했다.

주체할 수 없는 행운은 황제 즉위 후 머잖아 멈추고 파멸을 맞는다. 중화제국을 반대하는 저항이 전국에서 거세지자 즉위 83일만에 권좌에서 물러났다. 이후 온 세상의 비난을 한 몸에 받다가 1916년 6월 6일 요독증에 걸려 사망했다. 조선에서 10년간 점령군 사령관 겸 총독 행세를 하면서 숱한 흑역사를 만들면서 승승장구했던 그의 당시 나이는 57세였다. 조선 근대화를 통한 안팎의 악재를 극복할 수 있었던 마지막 개혁 기회를 박탈하면서 국가 명줄을 끊어 버린 흡혈귀가 그렇게 생을 마감했다.

한반도 식민지화는 의화단운동 '나비효과'

서구 열강이 의화단 진압, 청 멸망 가속화

청은 19세기 중반 1, 2차 아편전쟁 패배 이후 영국, 미국, 프랑스, 러시아 등 서양 열강에 문호를 개방하다가 한순간에 나락으로 떨어졌다. 몰락의 발단은 의화단운동이었다. 1899~1901년 열강의 중국 진출에 반대해서 대규모 무장봉기를 일으킨 의화단운동은 청의 멸망을 불러온 데 그치지 않고 이웃 대한제국의 국권 상실에도 크나큰 악영향을 미쳤다.

의화단은 청을 돕고 오랑캐를 물리치자는 부청멸양扶淸滅洋을 구호로 내걸고 세력을 점차 확대했다. 1900년 6월에는 군인들까지 가담한 의화단이 수도 베이징에 입성해 야수로 돌변했다. 외국 공관과 철도, 교회, 전선 등 서구 시설을 닥치는 대로 파괴하고 선교사와 기독교인은 국적을 불문하고 살해했다(이윤섭, 『객관적 20세기 전반기사』, 필맥, 2010, 26쪽). 서양 여성은 성폭행한 다음 가슴과 음부를 잔인하게 훼손해서 죽였다. 남성은 성기를 절단했다. 칼이나 작두로 머리나 허리를 잘라 죽이기도 했다. 그래도 성에 차지 않으면 불 속에 넣어 굽거나 뜨거운 물로 익혀서 썰어 먹었다. 산 채로 땅에 묻거나 팔다리를 찢어 도륙하기도 했다. 독일 공사 클레멘스 폰 케텔러와 일본인 외교관 스기야마 아키라도 의화단의 공격으로 목숨을 잃었다(서양자, "서양자 수녀의 중국 가톨릭 교회사", 가톨릭신문 1999. 9. 12). 청나라 국민도 무사하지 못했다. 외제 성냥이나 연필을 쓴다는 이유로 일가족이 몰살되는 등 중국인 4만 5천 명이 살해됐다. 의화단은 포상금을 내걸고 살인 경쟁을 부추기는 일도 있었다. 서양인 남자 1명을 죽이면 은 50냥, 서양인 여성과 아이 살해에는 각각 40냥, 30냥의 은을 지급한다고 약속했다.

청 조정은 의화단의 학살에 소극적으로 대응하거나 방치했다. 청의 최고 실력자인 서태후는 의화단을 몰래 돕기도 했다. 황제인 광서제를 폐위하려다 열강의 공동 압력으로 좌절된 데 대한 일종의 보복이었다. 의화단을 활용해서 열강에 대한 협상력을 높이려는 의도도 있었다.

열강은 자국민 보호를 위해 군사기지를 내달라고 청에 요구했다가 거절당하자 공동 대응에 나서게 된다. 서구 7개국과 일본 등 8개국이 연합군을 결성해서 대대적인 반격에 돌입했다. 이들 국가는 이해관계가 복잡하게 얽혀 다양한 대립 구도를 형성했음에도 쉽게 협력했다. 의화단이라는 공동의 적을 목전에 뒀기 때문이었다. 연합군 병력은 약 4만 8천 명에 달했다. 일본군(2만 1천

명)과 러시아군(1만 3천 명), 영국군(1만 2천 명)이 주력이었다. 프랑스와 미국도 3천 명씩 파병했다. 첨단 병기로 무장한 연합군이 진압에 나서자 의화단은 두 달 만에 소탕됐다. 연합군이 자금성으로 진격했을 때 서태후는 광서제와 함께 수천 킬로미터 떨어진 서안(시안)으로 도주했다.

베이징을 점령한 연합군은 대대적인 숙청에 나섰다. 의화단 단원뿐만 아니라 무고한 민간인까지 학살했다. 중국 최대 황실 정원인 이화원을 비롯한 수많은 건축물이 파괴되거나 약탈당했다. 청은 의화단을 제압하지 못한 책임을 지고 1901년 9월 7일 연합군 8개국과 신축조약(베이징의정서)을 체결했다("120년 전 신축조약 불러낸 2021 동북아 정세", 주간조선 2021. 1. 4). 배상금 지급과 열강 군대 주둔, 민란 주동자 및 진압 공직자 처벌 등이 주요 내용이다. 이후 열강은 베이징에 대규모 군대를 주둔시켜 철도를 비롯한 각종 이권을 장악하게 된다.

러·일, 한반도 분할 물밑협상

의화단에 맞서 단기간에 하나로 뭉쳤던 연합군은 신축조약 이후에는 갈라서게 된다. 러시아가 철도 보호 명목으로 만주 북부에 병력 수십만 명을 파견한 것이 연합군 해체의 발단이었다. 러시아군은 훈춘에서 한인 이주민 2천 명을 사살하기도 했다. 의화단에 이어 러시아군의 만행까지 더해지자 간도 거주 한인 약 1만 명은 귀국길에 올랐다. 만주 일대를 장악한 러시아는 극동총독부를 설치해 병력 10만여 명을 배치했다. 태평양 진출을 위한 포석이었다.

이런 사실은 영국이 가장 먼저 간파했다. 지중해와 중앙아시아, 아프가니스탄 등지에서 두 나라가 반세기 동안 힘겨루기를 해 온 터라 러시아의 속내를 단번에 꿰뚫어볼 수 있었다. 영국은 러시아가 세력을 확장하려고 하면 전 세계 어느 곳이든 봉쇄해 버렸다. 자국의 식민지 보호를 위한 조치였다. 1885년에도 양국은 갈등을 빚었다. 조선이 갑신정변을 진압한 청의 내정 간섭을 피하려고 러시아를 끌어들였을 때 영국이 거문도를 무단 점령해 버렸다. 러시아가 아프가니스탄을 침공함으로써 영국의 인도 지배를 위협한 지 불과 17일 만이었다. 부동항을 얻으려고 남하하는 러시아와 자국 식민지를 지키려는 영국의 패권 다툼으로 한반도가 국제전쟁에 휘말려 들어갈 판이었다. 다행히 러시아가 아프간 점령지를 중립지대로 양보하면서 일촉즉발의 긴장이 풀렸다. 영국도 거문도에서 2년 만에 철수하게 된다.

러시아는 한반도 장악 야욕을 노골화했다. 1891년 시베리아 철도를 건설하면서 추진해 온 태평양 진출이 실현될 절호의 기회로 판단했기 때문이다. 러시아는 마산포 일대를 눈여겨보다가 의화단운동이 한창이던 1900년 3월 이후에는 울릉도를 포함한 조선 전체 조사로 선회했다. 연안 측량과 함께 도로·철도·지형 정보 수집도 병행했다. 한양을 비롯한 주요 지역에 설치된 러시아 공관은 정상적인 외교활동보다는 첩보 수집에 여념이 없었다.

일본과 러시아는 첩보전만 펼친 게 아니라 마산포 조차租借와 차관 도입, 경의선 철도 부설, 압록강 삼림 벌목 등을 놓고 각축 전을 벌이기도 했다. 러시아는 1898년 요동반도 항구도시인 여순(뤼순)과 대련(다롄)을 25년 동안 조차하는 데 성공했다. 하지만 이들 항구와 태평양함대의 모항인 블라디보스토크를 연계하려 면 대한해협을 반드시 확보해야 하는 처지였다. 이 때문에 러시 아는 한반도 남해안과 시베리아 철도 연결을 구상하며 마산포 확보에 총력전을 폈다. 러시아의 분주한 움직임을 간파한 일본 은 곧바로 대응했다. 마산포를 넘겨주면 대한제국 전체를 내주 는 것과 마찬가지라는 판단에서다(최덕규, "러시아의 해군정책과 독도 (1894년–1905년)",『한국북방학회논집』8, 2001). 러시아는 일본의 갖은 방해 공작을 받다가 차선책을 선택하게 된다. 1900년 마산포 남 부를 조차한 것이다.

대한제국이 신규 국책사업과 군비 확충, 황제권 강화 등을 목 적으로 차관을 도입하려 할 때도 러시아와 일본은 신경전을 벌 였다. 영국인 브라운과 일본의 경부선 철도 신디케이트 대표가 500만 엔 차관 도입을 밀약하자 러시아가 강력히 항의해서 계약 을 파기시켰다. 경의선 철도 부설을 놓고도 힘겨루기를 했다. 러 시아가 경의선 부설권을 확보해서 중국 동청철도(장춘철도)와 연결 할 것으로 의심한 일본이 차관을 미끼로 이 철도권을 먼저 장악하려 했다.

의화단운동 진압 이후 러시아가 중국 북동부에 대규모 병력을 배치하자 영국을 비롯한 서양 열강은 바짝 긴장했다. 한반도 점령 후 태평양 진출을 시도할 것으로 판단했기 때문이었다. 가장 발 빠르게 움직인 국가는 일본이었다. 한반도를 발판으로 삼아 만주를 장악하려던 일본의 계획이 좌초될 수도 있다는 위기감에서 신속하게 대응했다. 먼저 한반도 실태 조사와 첩보활동을 부쩍 늘렸다. 지방 관공서는 물론, 경제단체나 민족주의 단체 등이 주요 조사 대상이었다. 심지어 울릉도 지리와 수출입 현황, 주민 생활 실태, 체류 일본인 숫자, 삼림 현황까지 조사했다(차경애, "의화단운동진압전쟁으로 인한 한국의 국제적 환경의 변화와 대응", 『명청사연구』 24, 2005). 일본 군함이 평안도와 경기도 일대 바다와 해안에 기를 꽂고 측량작업을 했다는 기사가 구한말 민족지를 대변하는 『황성신문』과 『뎨국(제국)신문』에 수시로 실릴 정도로 정보 수집 활동이 활발했다(뎨국신문 1900. 4. 30; 5. 30; 7. 2; 8. 28; 9. 6; 1901. 6. 11).

두 나라는 강한 대립 속에서도 물밑에서는 협력을 모색했다. 한반도를 나눠 가지려는 협상을 여러 차례 시도했다(이완범, "한반도분할의 국제정치학", 『국제정치논총』 42(4): 193, 2002). 분할 움직임은 청 정부가 1900년 6월 21일 서양 열강을 상대로 선전포고를 하자마자 가시화했다. 일본은 인천을 병참기지로 삼아 서울 이남을 장악하려 했고 러시아는 한반도 분할선을 획정해서 군대를 주둔하려 했다. 일본은 만주와 한반도를 바꾸자고 제안했다. 만주를 러시아에 넘겨주고 한반도는 일본이 차지하겠다는 '만한滿韓 교환'이었다. 양측은 한국 분할, 중립화, 만한 교환 등을 놓고 협상했으나 끝내 합의점을 찾지 못했다.

1902년 영일동맹 체결 이후에는 협상 타결 가능성이 사실상 사라지고 군사적 충돌 우려가 커졌다. 러시아가 만주 주둔군을 압록강 부근으로 옮긴 데 이어 1903년 압록강 하구의 용암포에 포대를 쌓고 군사기지를 건설하려다 일본과 마찰을 빚었다. 일본은 한반도의 일부라도 양보하지 않겠다는 기존 방침을 고수했다. 일본은 용암포를 대외 무역항으로 개항할 것을 요구하면서 무장 병력을 배치해 뗏목 수송을 방해했다. 계약을 파기하지 않으면 용암포조차 강제 점령하겠다는 위협도 가했다. 마산과 대마도 해역에서는 각각 군함 20척과 40척을 집결시켜 무력시위를 벌였다. 이런 상황에서 러시아가 수정안을 내놓았다. 일본의 한반도 출병권을 인정하되 한국 독립과 영토를 보장하라는 제안이었다. 한반도를 군사기지로 활용하지 말고 39도선 이북은 중립지대로 둔다는 조건도 명시했다.

일, 의화단 10년 만에 한반도 병탄

러시아와 일본의 속셈이 분명해지면서 한반도는 화약고로 변해 언제든지 폭발할 수 있는 위기를 맞았는데도 대한제국의 대응은 안일했다. 당시 고종은 국내 현안조차 해결할 능력이 없었다. 활빈당을 비롯한 민중 봉기 빈발과 외국인 배척 기류 확산, 물가 폭등, 고질적인 당파싸움 등 난제에 빠져 허우적거렸다. 러시아와 일본의 한반도 침략 움직임에는 손을 쓸 형편이 못 됐다. 열강의 세력균형과 한반도 중립화, 외교 다변화가 사실상 유일한 국권 수호책이었다.

고종은 미국, 러시아, 일본, 영국, 독일, 프랑스 등에 철도 부설권을 비롯한 다양한 혜택을 제공했다. 여러 나라가 이권 경쟁을 하다 보면 자연스레 세력균형을 이루면서 한반도 안전이 보장될 것이라는 판단으로 한 자구책이었다.

고종은 스위스와 벨기에를 모델로 한 중립화에도 안간힘을 썼다. 1900년 8월 조병식을 특명전권공사로 일본에 보내 한국 중립화에 동의해 주도록 요청했다. 하지만 조병식에게 돌아온 것은 면박뿐이었다. 아오키 일본 외상은 "중립국이 되려면 스위스나 벨기에처럼 중립을 유지하는 국력을 갖춰야 하는데 과연 한국에 그런 힘이 있느냐?"며 단박에 거절했다. 조병식은 주한 미국 공사인 버크에게도 중립화 협조를 요청했으나 '한국 문제 불개입' 원칙만 들었다(차경애, "의화단운동진압전쟁으로 인한 한국의 국제적 환경의 변화와 대응").

고종은 1902년 벨기에 국왕에게 중립화 지지를 요청하는 친서를 보낸 데 이어 이듬해 2월에는 벨기에 총영사를 궁내부 고등비

밀고문으로 초빙했다. 그해 7월에는 벨기에인을 내부 고문에 임명해 중립 정책을 담당토록 했다(김현숙, "한국 근대 서양인 고문관 연구", 이화여자대학교 박사학위논문, 1999, 182-183쪽).

고종은 프랑스에도 큰 기대를 했다. 1900년 5월 프랑스인 크레마지를 법률고문으로 앉혀 중립화 자문을 맡겼다. 1900~04년 프랑스인 14명이 군사 및 기기창 관리, 무기 조사, 서북철도국 감독 등 분야에서 고문이 된 사실은 프랑스 의존도가 얼마나 높았는지를 보여 주는 방증이다. 프랑스 외의 외국인 고문은 미국 1명, 벨기에 1명, 영국 2명, 독일 3명에 그쳤다. 프랑스에는 채굴권도 제공했다.

고종은 러시아와 일본이 군비를 대폭 증강하는 상황에서 의화단운동으로 생긴 청나라 난민들의 대거 유입이 예상되자 한동안 국방 강화에도 힘썼으나 빈약한 경제력 등의 이유로 큰 성과는 내지 못했다. 대한제국은 1899년 근대적인 군 통수 기구인 원수부와 참모부를 개설하고 프랑스와 러시아, 독일, 영국, 일본 등에서 각종 총포와 탄약을 수입했다. 1900년 6월에는 변방 수비를 위해 평안북도와 함경남도에 진위대대를 설치하고, 7월에는 전국 진위대를 총 병력 1만 7천여 명 규모로 확대했다. 이는 당시 60만 명을 넘던 일본군의 3퍼센트 수준이었다. 이렇게 허약한 군사력으로는 국내 민란 진압도 버거워 외침 방어는 언감생심이었다. 그런데도 국가 예산에서 차지하는 군사비 비중이 1901년부터

3년간 평균 39.8퍼센트에 달할 만큼 컸기 때문에 전력 증강 노력은 머잖아 흐지부지되고 만다.

러시아와 일본은 한국의 무방비 속에서 치킨게임을 벌이다가 결국 무력 충돌을 벌이게 된다. 1904년 2월 8일 일본이 뤼순항에 정박한 러시아 함대를 기습 공격하면서 러일전쟁이 발발했다. 만주에 이어 대한해협으로 확대된 러일전쟁 당시 일본은 대한제국을 압박해서 군사기지 사용을 허용토록 하는 '한일의정서'를 체결했다. 이로써 전쟁 직전에 대한제국이 선언한 대외 중립은 무효가 돼 버렸다.

대서양을 돌아 8개월 만에 도착한 러시아 발틱 함대가 1905년 5월 일본 함대와 격전을 치르다 전함 8척과 병력 5천여 명을 잃고 완패하면서 전쟁이 끝났다. 러일전쟁이 일본에 유리해질 무렵인 1905년 7월에는 미국이 가쓰라·태프트 밀약을 맺어 일본에 날개를 달아 줬다. 일본의 대한제국 점령을 인정하되 필리핀 지배권은 미국이 갖는다는 내용이었다. 1882년 영원한 화평을 다짐한 조미수호통상조약이 헌신짝처럼 폐기된 탓에 일본의 한반도 강점은 거침없이 진행됐다. 청과 러시아가 패전으로 물러나고 미국마저 배신함으로써 일본을 가로막을 만한 장애가 모두 사라졌기 때문이다.

결국 1905년 11월 17일 이완용을 비롯한 을사오적이 일본에 외교권을 넘겨주는 을사늑약에 합의한 것을 시작으로 대한제국의 몰락은 빠르게 이뤄졌다. 군대 해산 등을 거쳐 1910년에는 국권을 강탈당했다. 청을 돕고 서양 열강을 멸한다는 중국 의화단 운동의 불똥이 튄 지 불과 10년 만에 조선은 지도에서 사라지고 만 것이다.

05 야욕의 대물림

일제강점기~6·25

19세기 말~20세기 초 일본이 대륙 침략의 야욕을 노골화함으로써 한국과 중국의 공동의 적이 되면서 한중 두 나라는 표면상 우호관계로 접어들었다. 그러나 일제강점기 초기인 1920년대 후반, 일제에 매수된 중국 군부와 군벌은 대대적인 한인 사냥에 나서 독립운동 죄목으로 일제에 넘기는 만행을 저질렀다. 1930년대에는 거꾸로 중국공산당이 한인 공산주의자들을 일제에 협력했다는 누명을 씌워 학살하는 '민생단사건'이 벌어졌다. 군벌의 한인 사냥과 공산당이 조작한 민생단사건은 동북 지역은 물론 중국 전역에서 활동하던 한인 무장독립투쟁 세력을 약화시키는 결과를 낳았다.

역사상 중국이 한국과 가장 우호적이었던 때는 일제강점기 후기부터 6·25전쟁 직전까지였다. 1931년 만주사변 이후 일제를 공동의 적으로 둔 양국이 동병상련의 처지가 되면서 생긴 극적인 변화였다. 1934년 4월 상하이 훙커우(홍구)공원에서 윤봉길 의사가 일대 쾌거를 이루자 국민정부 지도자 장제스(장개석)는 "4억 중국인도 해내지 못한 일을 한 조선 청년이 해냈다"고 극찬했다. 대한민국 임시정부를 대하는 국민정부의 태도도 바뀌었다. 임시정부가 이역만리에서 항일운동을 할 수 있도록 지원해 줬다.

장제스는 1943년 카이로 회담에서 일본 패전 후 조선 독립을 보장한다는 문구를 선언문에 담을 때도 동조했다. 일왕 히로히토의 무조건 항복으로 한국이 해방된 1945년에는 귀국을 앞둔 김구와 임정 요인들에게 환송연을 베풀고 전용기를 내주었다. 미국에 이어 세계 두 번째로 대한민국을 승인하고 공식 수교를 한 나라도 장제스 정부였다. 6·25전쟁의 포화 속에서도 양국의 선린관계는 이어졌다. 자유중국군이 파병돼 중공군 포로 심문과 정보 수집 임무를 수행했다. 우리 정부는 장제스의 이런 공로를 인정해서 1953년 외국인으로는 최초로 독립유공자로 건국훈장 대한민국장을 줬다. 건국훈장 5등급 가운데 가장 높은 훈격이다.

하지만 훗날 미국 외교문서의 비밀이 풀리면서 장제스의 선의를 의심하는 정황이 곳곳에서 발견됐다. 카이로 선언문에 한국의 자유독립을 명시한 주연은 장제스가 아니라 루스벨트라는 사실도 드러났다. 당시 장제스의 최대 관심사는 청일전쟁 이래 일본에 빼앗긴 영토의 회복이었다. 그는 루스벨트와 협상할 때 이 부분에 주력했을 뿐 한국 독립은 부수적으로 거론했다. 그런데도 중화민국은 장제스의 특별한 노력 덕분에 카이로 선언문에 한국 독립이 포함됐다며 온갖 생색을 냈다.

미국 기록을 보면 실상은 반대다. 카이로 회담에서 장제스가 한국 재점령 야심을 드러낸 사실이 문서에 적혔다("한국 자유·독립조항 루스벨트가 주연", 중앙일보 2013. 11. 16). 2천 년간 한반도를 속령으로 취급한 청일전쟁 이전 질서로 회귀하는 게 장제스의 욕심이었다. 윤봉길 의거를 상찬한 장제스가 임시정부를 흔쾌히 후원했다는 주장도 매우 과장됐다. 한국을 지배하려는 욕심 때문에 장제스가 임시정부를 공식 망명정부로 승인하지 않았을 것이라는 분석 자료도 공개됐다.

국민정부와 내전 끝에 대륙을 장악한 마오쩌둥(모택동) 중공 주석은 1950년 베이징을 찾아온 김일성과 박헌영에게 개전 동의를 해 줌으로써 한국전의 공범이 됐다. 대규모 병력을 파병해 유엔군의 북진을 가로막았다는 점에서 한반도 통일 방해꾼이었다. 그런데도 중국은 한국전 참전을 항미원조라고 미화한다. 중공의 참전으로 남북한 3천만 인구 중 약 10퍼센트가 죽거나 다치고 실종됐는데도 정의의 전쟁이라는 선전도 한다. 연대급 이상 주요 전투 376건 가운데 상당수가 국군과 중공군 사이에 벌어진 사실은 항미원조가 허구임을 보여 준다("'항미원조'가 불편하고 불쾌한 이유(유레카)", 한겨레 2020. 11. 4).

현 시진핑 중국 국가주석은 2020년 "항미원조전쟁의 승리는 정의의 승리, 평화의 승리, 인민의 승리다"라며 "아무리 강한 나라라도 약자를 괴롭히고 침략을 확대하면 머리가 깨지고 피를 흘릴 것"이라고 경고했다. 이는 미국을 겨냥한 발언으로 전형적인 적반하장이다.

군벌과 중국공산당의 한인 학살

일제강점기인 1920년대와 1930년대에 무수한 한인들이 만주에서 억울하게 죽었다. 일제와 협력한 중국 군부는 물론, 항일운동을 벌인 중국공산당까지 한인 학살을 주도했다.

중국 군부가 한인들을 무더기로 붙잡아 조선총독부에 넘겨 사형이나 고문·투옥을 당하도록 했다면, 중국공산당은 직접 손에 피를 묻혔다는 점이 다르다. 일제에 넘겨진 한인들의 죄목이 독립운동인 데 반해 중국공산당에 처형된 희생자는 일제 부역자라는 누명을 덮어썼다는 것도 차이점이다. 이념의 좌우를 막론하고 중화주의 유전자가 뼛속 깊이 박힌 중국인들이 한국인의 생명을 파리 목숨처럼 가볍게 여긴 것은 공통점이다.

일제에 매수된 군벌의 한인 사냥

일제강점기 중국의 재중 한인 사냥은 만주 군벌 장쥐린(장작림, 1875~1928)이 시작했다.

장쥐린의 부하들은 1925년 6월 조선총독부의 미쓰야 경무국장과 한국인 단속협약(일명 미쓰야협약)을 맺어 대대적인 탄압에 나섰다. 협약 내용은 한인 호구조사, 무기 소지자의 조선 입국 차단, 항일단체 해산, 사냥총을 제외한 농민 무기류 몰수, 지명수배 항일 지도자 체포 등이다.

일제가 중국 군벌을 매수한 것은 항일투쟁의 근거지로 활용된 만주 일대가 워낙 방대한 데다 자국 영토가 아니어서 단속에 한계를 느껴서 선택한 간접 소탕전이었다. 만주에서는 1919년 3·1운동을 계기로 여러 한인 독립군 부대가 창설돼 한만 접경 지대를 중심으로 활발한 독립투쟁을 전개했다. 독립군 부대는 국내에서 망명한 청년을 받아들여 병력을 늘리고 국내외에서 자금을 모아 최신식 무기를 사들여 전투력을 키웠다. 그 결과 국경을 넘어 조선총독부 관공서를 파괴하고 일본 군경과 전투를 벌이고 1920년 6월과 10월에는 봉오동과 청산리 정규전에서 대승을 거뒀다.

일제는 훈춘사건을 일으켜 반격에 나섰으나 독립군이 깊은 산속이나 중·소 국경 지대로 피신함으로써 성과를 거두지 못했다. 일제는 독립군 추적이 무산되자 분풀이라도 하려는 듯 3~4개월 동안 한인촌을 돌며 남자들을 닥치는 대로 죽이고 부녀자는 겁탈했다. 간도참변(또는 경신참변)이다. 일본군이 지나간 마을은 모든 가옥이 불타 폐허로 바뀌었다. 일제는 간도참변 이후 압록강과 두만강 일대에 병력을 대거 배치하고 간도 경찰력을 증원했음에도 독립군 활동이 계속되자 미쓰야협약을 통해 중국 군벌을 끌어들이는 이이제이 방식을 취했다. 단속 실적에 비례해서 포상금을 늘리는 유인책도 제시했다.

포상금에 눈이 먼 중국 군인들은 한인에게 조금만 의심스러운 점이 발견돼도 체포해서 조선총독부에 넘겼다. 이들은 모진 고문 끝에 사형을 당하거나 옥살이를 했다. 항일운동가 색출을 빌미로 학교와 교회를 문 닫게 하고 한인 농민을 구타하거나 토지를 강탈하는 일도 빈발했다.

서울에서 1931년 6월 발행된 월간지 『삼천리』(1929 창간)는 그때의 일면을 보여 준다.

> (1926년) 이래 금일까지 중국 군경이 삼시(미쓰야)협약을 이유로 조선인 독립단을 취체(단속)한다는 구실 아래 농가에 임검(불시검문)하여 금품을 강요하며 개인의 배를 살찌우는 일이 발호했다.

미쓰야협약 이후 항일투쟁이 크게 위축됐다. 국내 진공進攻 건수가 1924년 560건에서 1925년 270건, 1926년 69건, 1930년 3건

등으로 급감했다.

1927년 만주 지린에서 독립운동가 130여 명이 중국 군경에 체포된 지린사건도 미쓰야협약 때문에 벌어졌다. 중국 헌병은 한국 경제 침략의 총본산인 동양척식주식회사에 1년 전 폭탄을 던지고 순국한 나석주 의사 추도회를 단속하라는 일제의 요청을 받고 안창호를 비롯한 연설회 참가자 130여 명을 연행해 42명을 구속했다.

미쓰야협약은 만주사변 이듬해인 1932년 일제 괴뢰국인 만주국이 수립되면서 실효성을 잃고 폐기됐다.

사회주의자들에 친일 누명 씌워 학살

만주에서 미쓰야협약 이후 항일을 이유로 숱한 한인들이 목숨을 잃었다면, 1932~1937년 민생단사건에 엮인 한인 사회주의자들은 친일 누명으로 참변을 당했다.

민생단은 일제가 만주를 점령한 이듬해인 1932년 2월 조선총독부 기관지인 〈매일신보〉 부사장이자 최남선의 매부인 박석윤이 룽징(용정)에서 결성한 친일 정치단체다. 재만 조선인의 생활 안정 등을 표방한 민생단의 실제 임무는 만주사변 이후 중국인과 한인 사이에서 활발하게 진행된 항일연대 움직임을 무산시키는 것이었다.

민생단은 별 성과를 내지 못한 채 창설 8개월 만에 해산했으나 재중 한인 공산주의자들에게는 치명타를 가하는 빌미가 된다. 한인 사회주의자들이 민생단과 연계해 공산혁명을 파괴하려고 중국공산당에 대거 잠입한 것으로 의심받아 무차별 학살을 당했다.

민생단사건은 1932년 8월 연길(옌지)농민협회 직원인 송노톨이 일본 헌병에 체포됐다가 1주일 만에 풀려나면서 시작됐다. 너무 일찍 석방된 것을 수상하게 여긴 중국공산당 동만주특별위원회(동만특위)가 2개월 뒤 일본군으로부터 송노톨이 일제 스파이라는 진술을 듣고 한인 소탕전을 벌이게 된다. 동만특위는 송노톨을 고문해서 민생단 간부 20여 명이 중국공산당에 잠입했다는 자백을 받고 당사자들을 처형한 것을 비롯해 불과 두 달 만에 200여 명을 학살했다.

그때만 해도 항일투쟁을 함께 하던 조선인과 중국인의 동지적 유대감 덕분에 숙청이 신중하게 이뤄졌으나 1933년 5월부터는 '묻지마 처형'으로 돌변했다. 훈춘유격대 정치위원이던 박두남이 중국공산당의 지령을 받아 간도를 순시하던 중국공산당 길동국 조직부장 반경유를 사살한 뒤 일제에 투항하면서 한인 간첩설에 대한 막연한 의심이 확신으로 바뀌었기 때문이다.

당시 중국공산당은 당 안팎에서 위기를 맞은 처지였다. 당의 무오류성을 맹신한 당원들이 지도부 노선만 잘 따른다면 일제에 맞설 수 있다고 믿었다가 막상 토벌대 앞에서 맥없이 무너지면서 당의 권위가 크게 실추됐다. 반경유는 당에 잠입한 일부 민생단원의 농간으로 당의 영도력이 훼손됐다며 당사자 색출을 위해 간도 순시에 나섰다가 살해됐다.

　반경유의 판단에 반신반의하던 공산당 지도부는 그의 피살 사건을 계기로 민생단 침투설을 확신하고 대대적인 마녀사냥에 돌입했다. 동만특위는 혁명대오를 흔들려는 간첩단을 처벌한다는 명분이 확보되자 색출 절차의 정당성은 아예 무시해 버렸다. 한인 사회주의자 가운데 조그마한 꼬투리만 잡히면 누구나 간첩으로 몰려 목숨을 잃었다. 투철한 당성이나 혁명 성과는 고려 사항이 아니었다. 밥을 먹을 때 물에 말거나 흘려도 민생단원으로 간주했다. 배탈이나 설사, 두통, 한숨, 고향 생각, 과잉 성실, 신세 한탄, 일제 감옥서 생환, 허름한 복장 등도 간첩 증거로 활용됐다(한홍구, "밥을 흘려도 죽였다(한홍구의 역사이야기)", 한겨레21, 2002. 3. 6).

　처형은 14~17세기에 유럽인 약 50만 명을 죽인 마녀사냥 방식으로 이뤄졌다. 유럽 마녀사냥 희생자가 주로 여성이었다면 민생단사건에서는 반일의식이 투철한 대다수 남성이 처형됐다. 민족해방과 평등사회 건설을 위한다며 일신의 영달을 버리고 혁명사업에 뛰어든 이들이 일제 간첩으로 생을 마감하는 역설이 생겼다. 공산청년단 출신의 정필국은 일제의 대토벌로 어머니와 5형제를 잃고 공산혁명의 선봉에 섰다가 민생단 첩자로 몰려 목숨을 잃었다. 그는 집단 처형 당시 중상을 입은 채 간신히 생존해 시체 더미를 헤치고 기어 나와 보초병들에게 공산혁명에 헌신할 기회를 달라고 애원했지만 끝내 자비는 없었다. 보초병들이 몽둥이로 마구 때려 숨통을 끊어 버린 것이다. 항일유격대 지휘관이던 윤창범도 민생단 첩자로 찍혀 희생된 인물이다. 연행 당시 일단 도주했다가 나중에 결백을 밝히려고 자수했으나 곧바로 처형됐다. 소설 『아리랑』의 주인공인 김산도 일제 스파이로 몰려 조선인 동지의 손에 처형당했다("아리랑의 최후를 아는가", 한겨레21, 2002. 4. 3).

동만특위가 민생단원 증거도 없이 막연한 의심만으로 간첩 규모를 예단한 탓에 광기 어린 학살극이 이어졌다. 중국공산당은 3·1운동과 1920년 간도참변 이후 일제에 투항하지 않은 조선인 민족주의자들이 공산주의자 모자만 썼을 뿐 실상은 일본의 밀정이라고 단언했다. 이들은 반공사상이 강한 자본가나 지주, 부농 출신이어서 혁명대오를 망치려는 일제와 손잡았다는 게 중국 공산당의 판단이었다. 중국공산당이 인정하는 민생단 희생자만 500여 명에 달하고 실제 사망자는 약 2천 명으로 추정된다(한홍구, "민생단사건의 비교사적 연구", 『한국문화』 25, 2000). 일제의 괴뢰국인 만주국이 중국공산당 휘하 세력을 깨려고 1938년 조선인 중심의 800~900명으로 조직한 간도특설대를 비롯, 일제 토벌대에 의해 숨진 한인 혁명가보다 민생단 희생자가 더 많다. 세상 물정에 어느 정도 눈뜬 간도 한인은 대부분 일제 간첩으로 몰려 목숨을 잃었다.

항일전선에서 맹위를 떨친 독립투사들이 줄줄이 숨지고 생존자들은 개죽음을 피하려고 독립운동을 중단했다. 일부 조선인은 본인의 혁명성을 강조함으로써 어떻게든 살아남으려고 동족을 거짓으로 밀고해서 죽이기도 했다. 이 때문에 조선인 사회주의자들끼리도 믿지 못해 의심하면서 분열하는 일이 허다했다.

민생단사건으로 조선인 항일 역량 크게 위축

민생단사건은 간도 일대 공산혁명을 둘러싸고 중국인과 조선인이 벌인 주도권 싸움이라는 분석도 있다(김성호, "연변지역 조선민족 항일혁명투쟁의 특수성 연구(2)", 『국사관논총』 100, 1998). 간도는 중국 영토이지만 전체 주민의 70퍼센트 이상이 조선인이고 동만특위 소속 당원의 90퍼센트가 조선인이었다(한홍구, "민생단 사건의 비교사적 연구"). 지리·경제·문화적으로 한반도와 가깝고 조선과 중국의 영유권 분쟁이 벌어진 역사 때문에 민족 갈등도 잠재된 곳이었다.

이런 특성을 갖는 간도에 1919년 3·1운동 이후 일제의 단속을 피해 이주해 온 한인들이 급증하자 중국인 공산주의자들은 위기의식을 느꼈다. 조선인들이 간도를 떼어내 조선에 합병시킬 수 있다고 의심했기 때문이다. 이런 상황에서 불거진 민생단사건은 중국인 공산주의자들의 주도권 장악과 간도 이탈 방지를 위해 악용됐을 개연성이 높아 보인다. 이 때문에 민생단사건은 훗날 홍위병과 사인방이 주도한 문화혁명의 전초전 성격을 띠었다는 평가를 받는다.

중국공산당의 한인 사냥은 1936년 세계 공산화를 주도하던 코민테른의 개입으로 멈추게 된다. 코민테른은 동만특위에 한인 임의 체포나 구금, 살인을 금지했다. 코민테른은 조선 독립과 군 대 창설도 지지했다. 그 덕분에 수감 상태에서 처형을 기다리던 민생단 연루자 100여 명이 석방된다. 간도 한인들은 민생단 간첩 으로 의심받을까 두려워 한동안 금기어로 삼은 민족해방과 조선 독립이라는 말도 조심스레 꺼낼 수 있게 됐다.

이런 분위기 속에서 1936년 5월 재만한인조국광복회가 결성됐 다. 세계 공산당에 거의 절대적인 영향력을 행사하던 코민테른의 지시로 한인 독립단체가 설립됐지만 성과는 미미했다. 중국공산당 이 애초부터 존재하지 않은 민생단 밀정이라는 유령을 만들어 한 인 탄압 도구로 활용한 탓에 항일 역량이 크게 위축된 탓이다.

코민테른의 도움으로 출범한 조국광복회는 독립군 부대를 운 영하고 함경남도와 평안북도 등지에 지부를 건설하면서 활발한 항일투쟁을 벌이는 듯했으나 머잖아 사라지고 만다. 민생단사건 으로 워낙 큰 내상을 입은 탓에 일제의 탄압을 견딜 만한 체력이 없었기 때문이다.

장제스 속셈은 한반도 지배 회복

카이로 선언 '장제스 역할론'은 과장

중국이 자국에서 활동하던 대한민국 광복군을 지원하는가 하면 한국 독립을 국제사회가 돕도록 주선하겠다는 호의를 보인 것은 달라진 국내외 정세를 의식한 조치였다. 한반도를 다시 지배하려는 흑심은 1943년 11월 이집트 카이로에서 감지됐다. 식민지 한국의 독립 문제를 미국 대통령과 논의한 자리에서 그 꼬리가 밟혔다.

중국은 청일전쟁 패배로 조선이 속국 체제에서 풀려났음에도 한반도 지배욕을 버리지 않았다. 조선을 비롯한 주변 국가들과 한동안 상생하는 모양새를 취하면서 종주권을 회복할 기회를 엿봤다. 다만, 잇따른 전쟁 패배와 열강의 경제 침탈로 종이 호랑이로 전락한 마당에 예전처럼 주먹을 마구 휘두를 처지는 아니었다.

온순한 듯했던 중국의 민낯을 확인하는 데는 오랜 시간이 걸리지 않았다. 제2차 세계대전 후반기에 연합군이 승기를 잡자 중국은 한동안 감췄던 표독한 이빨과 발톱을 조선을 향해 다시 드러냈다. 사냥 방식은 과거보다 훨씬 세련되고 교활했다. 좀비 상태에서 간신히 원기를 회복한 데다 한반도로 남하하던 강대국 소련이 경쟁 사냥꾼으로 등장했기 때문이다.

루스벨트 미국 대통령과 처칠 영국 총리, 장제스 중화민국 총통 등 3명은 한국 독립을 명시한 카이로 선언문을 발표했다. 1910년 일제의 합병 이후 하마터면 국제사회에서 잊힐 뻔했던 한국에 독립을 보장해 주는 행운을 안긴 선언문이다. 당시 전 세계 수십 개 식민지 가운데 독립을 명시한 국가는 한국이 유일했다.

장제스는 선언문에 한국 독립 문구가 들어간 것은 자신의 공로라고 자랑했지만, 미국은 그 의도를 매우 불순한 것으로 인식했다. 한국을 다시 지배하려는 욕심에서 한국 독립 문제를 거론한 것으로 판단했다. 동일 결과를 두고 중국과 미국이 정반대 시각을 가진 것이다.

중국과 대만, 대한민국 임시정부 기록만 보면 카이로 선언문에 '한국 독립' 문구를 넣도록 제의한 인물은 장제스다. 그의 비서장인 왕충후이(왕총혜)가 남긴 회담 일지 등에 따르면 장제스는 1943년 11월 23일 부인 쑹메이링(송미령)과 함께 이집트 카이로에 도착해 루스벨트 숙소에서 비공식 만찬을 하면서 한국 독립 문제에 합의했다. 일본이 청일전쟁 이후 점령한 만주, 대만, 팽호도 등을 중국에 반환하고 일제가 패망하면 한국의 자유독립국 지위를 인정하자고 장제스가 제안해서 루스벨트가 동의했다는 것이다.

중화민국이 카이로 회담을 앞두고 정리한 회담 제안 문건에도 한국의 자유독립 항목이 포함됐다. 대만 국민당이 1981년 펴낸 외교문서에는 카이로 회담 의제 초안과 장제스의 비서장 왕충후이가 남긴 회담 일지가 담겨 있다("카이로 선언의 한국 독립 결의 누가 이 끝났나", 동아일보 2014. 3. 19). 의제 초안에는 일본의 항복 이후 취할 첫째 조치로 중국 영토 회복을 명시하고 두 번째로 한국의 전후 독립 보증을 적었다. 일본의 항복 조건으로는 중국의 영토 반환과 한국 독립을 내걸었다. 중화민국 국방최고위비서청의 문건도 한국 독립을 정치 부문 첫머리에서 언급했다.

왕충후이의 회담 일지에는 한국 독립 문구를 카이로 선언문 초안에서 빼자는 영국의 캐도건 외무차관의 시도를 자신이 막아 냈다는 내용이 담겼다(조덕천, "중일전쟁기 대한민국 임시정부에 대한 중화민국 국민정부의 지원", 『동양학』 63, 2016). 캐도건이 자국 식민지인 인도의 독립을 의식해서 한국 관련 조항을 없애자고 하자 왕충후이는 "일본의 중국 정책은 조선 병탄에서 비롯됐다"고 항변했고, 그 과정에서 미국 중재로 원안을 고수했다는 것이다. 중국은 이런 기록들을 근거로 한국 독립 문구가 카이로 선언에서 삭제될 위기를 자국이 해결해 줬다고 단언했다.

장제스가 카이로 선언에 한국 독립 문구를 담은 것은 대한민국 임시정부의 노력을 반영한 결과라는 분석도 있다(박명희, "카이로회담에서의 한국문제에 대한 중화민국정부의 태도", 『동양학』 47, 2010). 김구 주석을 비롯한 임정 요인들이 중국과 미국 정상 회동 소식을 4개월 전에 듣고 한국 독립 문제를 의제로 삼아 달라고 부탁해서 긍정 답변을 받은 것으로 임정 기록은 전한다. 임정 요인들은 "미국과 영국의 국제공동관리 주장에 현혹되지 말고 한국 독립을 관철해 달라"고 요청했고, 장제스는 "한국의 완전 독립을 돕겠다. 어려움이 있겠지만 힘써 싸우겠다"고 약속했다.

이후 장제스는 카이로 회담에서 루스벨트에게 한국 독립 문제를 꺼내 선언문에 반영한 것으로 임정 요인들은 믿었다. 김구는 1944년 6월 장제스가 카이로 선언에서 한국 독립의 필요성을 주창하는 등 다양한 지원을 해 준 데 사의를 표하기도 했다. 김구는 "동맹국의 승리를 눈앞에 둔 지금 우리의 임무가 더욱 막중함을 느낀다"며 지속적인 도움도 요청했다.

임정은 1919년 4월 수립부터 1945년 11월 환국까지 장제스가 이끄는 국민정부와 끈끈한 관계를 유지했다. 장제스는 1945년 11월 김구가 환국할 때 전별금 20만 달러를 줄 정도로 두 사람의 관계는 각별했다(손세일, "한국 민족주의의 두 유형: 이승만과 김구(손세일의 비교 평전)", 월간조선 2010. 12). 당시 중화민국이 일본과 공산당 군대를 상대로 2개 전선에서 전쟁을 치르느라 심각한 재정난을 겪었다는 점에서 20만 달러는 적잖은 돈이었다. 중국은 1919년 상하이에 첫 둥지를 튼 임정이 1932년 윤봉길 의사의 훙커우공원 의거 이후 일제의 탄압을 피해 여러 도시로 옮길 때마다 재정 지원을 했다. 임정이 중국에서 27년간 활동하면서 국민당 정부에 보낸 서한 중 약 70퍼센트가 광복군 지원 등과 같은 돈 문제였을 정도로 임정의 중국 의존도가 매우 높았다.

임정이 장제스에게 기댄 것은 전후 세계질서를 주도하는 전승 연합국 '빅 4' 지도자 가운데 유일하게 접촉할 수 있는 사이였기 때문이었다. 루스벨트 대통령은 일본 패망 이후 극동아시아에서 생길 힘의 공백을 중화민국이 메워 줄 것이라는 기대감에서 미국과 영국, 소련 중심의 강대국 반열에 중국을 넣었다(박명희, 앞의 글). 중국의 위상 격상에 소련의 시선은 곱지 않았다. 양국은 만주를 비롯한 동북아 지역의 전후 주도권을 놓고 경쟁했기 때문이다. 카이로 회담(11월 22~26일)과 테헤란 회담(11월 28~12월 1일)이 1943년 연말에 불과 며칠 간격으로 다른 나라에서 열린 데는 이런 사정이 반영됐다.

그런데도 카이로 선언문은 테헤란 회담에서 별 이견 없이 통과됐다. 장제스가 카이로 선언문에 한국 독립을 명시하는 작업을 주도했다면 며칠 후 열린 국제회담에서 스탈린이 어떤 식으로든 제동을 걸었을 텐데 그런 일은 일어나지 않았다. 한국 독립 문구는 중국의 일방 작품이 아니라 한반도에 이해관계를 갖는 미국과 영국, 중국 등 3국의 외교적 타협 산물로 간주해서 스탈린이 선뜻 공감했을 것으로 추정된다.

실제로 미국, 중국, 영국은 의견 대립과 대타협을 거쳐서 카이로 선언에 한국 조항을 명시했다. 선언문 합의는 1943년 11월 24일 루스벨트의 특별보좌관 해리 홉킨스의 초안 작성을 시작으로 진행됐다. 홉킨스가 미·중 정상의 전날 만찬 회동 내용을 토대로 초안을 만들면서 "가능한 가장 이른 시기에", "한국의 자유와 독립"이라는 조항을 넣자 루스벨트는 앞부분을 "적절한 시기에"로 변경했고 중국 측은 찬성했다. 하지만 처칠 영국 총리는 한국 조항을 최대한 모호한 용어로 바꿨다. 이를 놓고 다시 협의한 끝에 선언문을 완성했다. 그 결과 카이로 선언은 미국의 한국 정책 기조를 반영하면서 영국과 중국의 의견을 수렴하게 됐다. 따라서 선언문 해석은 각국의 입장에 따라 전혀 다른 의미를 가질 가능성을 내포했다(정병준, "카이로회담의 한국 문제 논의와 카이로선언 한국조항의 작성 과정", 『역사비평』 107, 2014).

루스벨트는 당초 제2차 세계대전의 조기 종식과 전후 국제질서 재편을 위해 1942년 10월 미국과 영국, 소련, 중국을 아우르는 4개국 정상회담 개최를 구상했다. 이를 위해 장제스와 스탈린을 별도로 먼저 만나는 회담을 시도했으나 번번이 좌절됐다. 장제스는 일본과 소련의 동맹이 완전히 정리되지 않은 상태에서 스탈린을 만날 수 없다고 고집했다. 중국 공산화와 병탄을 기도한 소련에 대한 경계심도 회담 거절의 이유였다. 스탈린은 전쟁을 지휘해야 하는 상황에서 소련을 떠날 수 없다며 루스벨트의 회동 제안에 응하지 않았다. 우여곡절 끝에 미국과 영국, 중국 정상이 이집트 카이로에서 먼저 만나고 곧바로 이란 테헤란에서 중국 대신 소련이 참가하는 3자 회동이 성사됐다.

루스벨트는 카이로 본회담에 앞서 장제스를 숙소로 초대해 약 3시간 동안 만찬을 하며 3개 사안에 합의했다. 만주·대만·팽호도의 중국 반환, 일본이 강점한 태평양 영토 해방, 조선 독립과 중국 내 일본 산업의 중국 접수 등이었다. 루스벨트는 만찬 회동에 동석한 홉킨스 특별보좌관에게 합의 사항을 토대로 선언문 초안을 작성토록 했다.

당시 만찬 결과를 두고 장제스와 루스벨트는 정반대 반응을 보였다. 장제스가 매우 기뻐했으나 루스벨트는 실망감을 피력했다. 이런 사실은 1960년 비밀이 해제된 미국 국무부 문서와 엘리엇 회고록을 통해 확인된다(박보균, "'한국 자유·독립조항' 루스벨트가 주연…… '장제스 역할론'은 과장된 신화다(박보균의 현장 속으로)", 중앙일보 2013. 11. 16). 만찬 다음 날 아침 침대에서 식사하던 루스벨트에게 아들인 엘리엇 무관이 "무슨 일이 있었냐"고 묻자 즉답을 피한 채 흥분한 어투로 "많은 일이 있었다"라는 말을 두 번이나 반복했다고 한다. 장제스에 대해 어떻게 생각하느냐는 질문에는 어깨만 으쓱했다. 루스벨트는 전날 만찬 통역을 담당한 장제스의 부인 쑹메이링에게는 악감정을 품었다. 평소 그를 가리켜 기회주의자라고 칭할 정도로 반감이 컸던 인물이다.

루스벨트는 1943년 5월 이미 워싱턴에서 쑹메이링과 만나 한국 독립을 보장하되 미국과 중국, 소련이 공동 관리하기로 합의했다. 이 사실은 장제스에게 전달됐다. 당시 쑹메이링은 장제스의 비선 특보 역할을 하면서 정상 간 가교 역할을 했다. 장제스는 중요한 대미 외교활동을 벌일 때 주미 중국 대사관보다 쑹메이링에게 훨씬 많이 의존했다.

두 정상이 이런 절차를 밟아 상당한 의견 접근을 이뤘다는 점에서 카이로 만찬 회동에서 한국 독립 문제가 선언문에 쉽게 포함됐을 가능성이 크다. 따라서 누가 먼저 한국 독립 문제를 꺼냈는지는 큰 의미가 없다. 중요한 것은 해당 문구 속에 감춘 의도다. 양국 정상의 속내는 크게 달랐다. 루스벨트는 일정 기간 신탁통치를 거쳐 한국 독립을 보장한다는 데 반해, 장제스는 한반도에 대한 종주권을 되찾으려 했다는 의심을 불러왔다.

중국 간섭으로 손발 묶인 광복군

중국의 한반도 지배 야욕은 신라대학의 배경한 전 교수가 확보한 1940년대 중화민국 외교문서에서도 드러난다("40년대 中 정부, 한강 이북까지 진주하려 했다", 조선일보 2010. 12. 24). 이 문서를 보면 2차 세계대전 종료 후 중국이 한국에 군대를 주둔시켜 영향력을 행사할 계획이었음을 알 수 있다. 장제스 정부는 1944년 10월 전후 한국 문제 처리와 관련해 국방부와 외교부 등의 의견을 수렴했다. 국방부는 전쟁이 끝나 연합국 군대가 한반도에 진주할 때 중국군도 같이 들어가 한강 이북에 주둔하고 영국·미국 군대는 한강 이남에 배치해야 한다는 의견을 냈다. 중국군과 영·미군의 병력 비율은 4 대 1 대 1로 제시했다. 신설 한국군은 중국 지원을 받은 광복군을 중심으로 편성하고 한반도 진공 작전은 중국군이 주도해야 한다는 방안도 마련했다.

당시 영국 주재 구웨이쥔(고유균) 중국 대사는 한국의 외교·국방을 중국이 장악해야 한다고 주장했다("외교·안보 파탄낼 수 있는 문정부의 3가지 착각", 주간조선 2017. 12. 31). 일본군의 항복 후 한국 임시정부를 구성할 때 외교·국방·경찰 고문을 중국인이 맡아야 한다는 제언이었다. 웨이다오밍(위도명) 주미 대사는 1944년 11월 중순 본국에 보낸 의견서에서 충칭(중경) 임시정부와 중국 내 한국 교포를 통한 한반도 우회 지배 전략을 제시했다. "충칭 임정의 한국 독립당을 중국이 돕는다면 해방 후 통일 정권을 수립할 수 있을 것이다. 중국 동북 지역에 거주하던 한국 교포 약 100만 명을 귀국시킬 필요가 있다"고 권고했다. 이러한 구상은 일본 패망 후 중국 내전과 미·소의 분할점령으로 실현되지는 못했지만, 한국 지배 야욕을 보여 주는 정황이다. 1945년 12월에는 친중 인물을 한국 권력층에 심고 우수 청년들을 중국에 유학시켜 미래 지도자로 키워야 한다는 장기 계획도 마련했다.

장제스 정부가 대한민국 임시정부 승인을 거부한 채 광복군을 통제한 것도 한반도 지배 전략의 일환이었다. 광복군은 중국을 침략한 일제에 맞서 중국군과 항일연대를 결성하기 위해 1940년 9월 창설됐다. 임정은 1937년 중일전쟁 직후부터 군대 창설을 희망했으나 장제스가 3년 뒤에야 수락함으로써 성사됐다. 임정이 독자 군대를 확보함으로써 연합국의 일원이 될 자격을 갖추게 됐다.

하지만 광복군은 중국 군사위원회에 예속돼 편제와 인적 구성, 군사작전 등에서 통제를 받았다. 참모장과 정훈차장 등 다수 요직은 중국인이 맡았고 1941년에는 광복군 9개 행동준승(강령)을 만들어 훈련과 활동을 엄격히 관리했다. 광복군의 독자 투쟁을 막으려는 조치였다. 준승 제1항은 "항일작전 기간에 광복군은 중국군에 예속돼 참모장이 군 운용을 장악한다"라고 규정했다. 이는 광복군이 중국군의 명령과 지휘 감독을 받는 보조·고용 군대에 불과하다는 것을 의미한다. 이 때문에 광복군은 임정에서 분리돼 구성원의 사기에 엄청난 악영향을 미치고 병력 확충에도 많은 어려움을 겪었다(박명희, 앞의 글). 지청천 광복군 총사령관을 비롯한 수뇌부는 치욕적인 처사라며 크게 반발했다. 임정 군무부장 조성환은 "중국의 소액 원조 때문에 종속된다면 광복군은 우리의 독립운동을 되레 말살하는 꼴이 된다"고 개탄했다. 준승을 수용하면 광복군은 독립군이 아니라 중국의 노예군대로 전락한다는 성토도 나왔다. 김구는 이런 현실을 고려해 미국으로 임정을 옮기는 방안을 염두에 두고 이승만과 연락하면서 준승 취소를 장제스에게 요구했으나 끝내 거부됐다.

임정은 광복군 유지와 재정 확보가 절실한 상황이어서 결국 준승을 수용하게 된다. 준승은 1945년 4월 폐기되지만, 광복군 훈련과 유지 등은 여전히 중국군의 통제를 받아야만 했다. 광복군

지휘권이 임정으로 넘어온 것은 1945년 3월이었다. 그 결과 광복군에 소속된 중국인들은 모두 철수했다. 그런데도 중국 내 일체 작전행동은 중화민국 군사위원회의 지휘를 받는다는 제약 때문에 항일전쟁이 끝날 때까지 독자 지휘권은 사실상 행사할 수 없었다.

광복군은 당초 3개 사단 구축을 목표로 창설됐으나 해방 당시 전체 병력이 기껏 500명 안팎에 그치고 활동도 변변찮았다. 이렇게 된 데는 중국 통제의 영향이 컸다. 실제로 김구는 독자적인 한반도 진공 작전을 추진하려다가 모든 군대의 감독·지휘권은 중국 정부에 있다는 장제스 정권의 경고로 무산된 바 있다. 광복군은 준승에 얽매인 탓에 항일전쟁은커녕 중국군 정보원이나 정훈병 역할만 수행했다. 미국 전략정보국(OSS)의 도움으로 특수 첩보 훈련을 받은 것이 최대 군사활동이었다.

임시정부 승인 거부··· 연합국 참여 길 막아

장제스는 한중연대를 외쳤지만 정작 한국 독립에 매우 부정적이었다는 사실은 임시정부를 대한 그의 태도에서도 확인할 수 있다. 임정을 대한민국이 아닌 한독당 정부로 지칭하면서 승인 요구를 번번이 거절했다. 심지어 1945년 8월 해방 이후에도 인정하지 않았다(조덕천, 앞의 글).

장제스는 한국을 자국의 위성국 또는 속국으로 삼거나 아예 중국에 편입하는 상황을 염두에 두고 임정을 끝내 승인하지 않은 것으로 의심된다. 임정이 승인됐더라면 연합군의 일원으로 참전해 샌프란시스코 강화협상을 비롯한 전후처리 과정에서 국익을 챙길 수 있었다는 점에서 장제스의 야욕과 몽니는 한반도 운명에 치명적인 악영향을 미친 셈이다.

2차대전 당시 프랑스를 비롯한 9개국은 임시정부 형태로 연합군에 가담함으로써 종전 이후 새로운 국제질서를 설계하는 각종 회의에서 독자 목소리를 내면서 자국 요구를 대거 관철했다. 샌프란시스코 강화협상에는 미국과 영국 등 강대국은 물론 캄보디아와 라오스, 필리핀, 스리랑카, 레바논, 과테말라 등 51개국이 참가해 국익을 최대한 챙겼다. 한국 임시정부는 해방 이후에도 중국을 비롯한 강대국의 승인을 받지 못해 임정 요인들이 개별 자격으로 귀국했고 샌프란시스코 강화협상에 참여하지 못했다. 그 결과 강화조약에 우리의 독도 영유권을 명시하지 못했다.

루스벨트는 중·소의 한반도 지배욕을 이미 1942년부터 파악했다. 충칭 임시정부가 해당 사실을 고스 주중 미국 대사에게 알려줬기 때문이다("한국 자유·독립조항 루스벨트가 주연", 중앙일보 2013. 11. 16). 고스 대사는 임시정부의 조소앙 외교부장과 1942년 2월 만나 중국이 한국 임시정부를 승인하지 않는 이유를 묻자 "일본이 패배한 뒤 한국을 다시 중국의 종주권 아래 두려는 욕망 때문이다"라는 답변을 받았다. 루스벨트는 이런 상황에서 특정 국가의 한국 지배를 막으려면 여러 국가를 끌어들여 한국 지배의 국제화를 꾀해야 한다는 생각을 굳혔다.

루스벨트는 신탁통치를 구상할 때 한국인의 자치능력도 고려했다. 그는 피식민 상태로 자치능력을 장기간 상실한 국가에 해방과 함께 독립을 허용하면 사회·경제·정치 혼란이 극심해져 다시 외부 지배를 받을 것으로 우려했다. 자생력이 없는 독립은 국가 혼란만 초래한 채 결국 남에게 먹힌다는 생각은 확고했다. 아프리카나 아시아에서 해방과 동시에 독립한 상당수 국가가 극심한 혼란 끝에 피비린내 나는 내전을 겪었다는 점에서 그의 걱정은 기우만은 아니었다.

미국이 1882년 한국과 수교한 이래 한반도에 매우 소극적인 태도를 보이다가 카이로 회담에서 많은 관심을 표명한 것은 새로운 태평양 전략의 일환이었다. 미국은 1, 2차 세계대전을 거치면서 자국 호수로 편입한 태평양을 지키는 데 한반도 안보가 긴요하다고 판단했다. 한반도 불안을 계기로 강대국들이 간섭한다면 태평양 안전이 위태로워지기 때문이다. 1943년 카이로 선언문은 이러한 고민의 연장선에서 도출됐다. 한국 안전과 태평양 안보가 조화를 이루도록 선언문을 설계한 것이다.

미국이 연합국의 승리가 예견되던 태평양전쟁 종반기에 전후 처리를 위한 잇따른 정상회담에서 한국 문제를 여러 차례 의제로 삼은 것도 같은 맥락에서 이해된다. 이들 회담은 한국 문제를 미국이 먼저 거론하면 소련과 영국, 중국이 자국의 견해를 피력하는 식으로 진행됐다. 당시 미국이 경제력은 물론 국방력에서 다른 연합국들을 압도한 데 따른 자연스러운 현상이었다(박명희, 앞의 글). 이런 사실들은 카이로 회담에서 한국의 독립 문제를 장제스가 주도했다는 주장과 배치한다.

그동안 공개된 중국과 미국 문서, 임정 요인 증언 등을 종합해 보면 장제스가 카이로 회담에서 언급했다는 한국 독립은 흑심을 반영한 제안이었을 개연성이 매우 크다. 그의 야심은 수천 년간 한반도를 속방으로 취급한 청일전쟁 이전 질서로 회귀하는 것이었다. 1937년 중일전쟁에 패한 데 이어 공산당 세력과 내전을 치르느라 만신창이가 된 탓에 장제스의 열망은 달성되지 못했지만, 여전히 사라지지 않고 오늘날 중국몽으로 이어진다는 점에서 우리는 긴장의 끈을 늦출 수 없다. 시진핑 중국 국가주석이 2013년 집권 1기부터 줄기차게 언급해 온 중국몽은 강력한 외교 등을 통해 국제사회에서 패권국 지위를 되찾는 것이다.

중공군은 침략군

침략을 '항미원조'로 날조

중국은 한국전 참전을 침략자 미국에 맞서 싸운 '정의의 전쟁' 항미원조 전쟁이라고 선전한다. 김일성이 중공·소련의 지원 약속을 받아 남침한 사실이 비밀문서 공개로 밝혀졌음에도 중국은 그릇된 역사관을 수정하기는커녕 되레 강화하고 있다. 한국전쟁 70주년인 2020년에는 중공군의 활약상을 부풀려 홍보하는 영화와 드라마를 상영함으로써 사회주의의 우월성과 애국사상을 고취했다. 방탄소년단(BTS)이 밴플리트상 수상 소감에서 한국전쟁 70주년을 언급했을 때는 중국 네티즌이 벌떼 공격을 퍼부었다. "항미원조 전쟁 70주년의 고귀한 정신을 모욕했다"는 게 그 이유였다.

시진핑 국가주석도 참전 70주년 기념대회에서 6·25전쟁을 스스럼없이 항미원조라고 규정했다. 항미원조는 제국주의 침략 확장을 억제한 것은 물론 중국 인민의 평화로운 삶을 수호하고 한반도를 안정시켰으며 아시아와 세계 평화를 지켰다는 궤변도 늘어놓았다. 약 250만 명이 죽고 전체 가옥의 절반이 파괴된 전쟁의 주범인 북한을 전폭적으로 도운 국가의 최고지도자가 범죄 역사를 앞장서서 조작하고 미화한다는 비판을 받아 마땅한 발언이다.

세계 최강대국인 미국에 대한 뒤틀린 경계의식과 확증편향에서 비롯된 항미원조의 허구성을 입증하는 증거와 정황은 차고 넘친다.

한국전쟁은 1950년 6월 25일 북한군의 기습 남침으로 시작돼 제3차 세계대전으로 비화할 뻔했다. 중공은 미국을 비롯한 자유진영 16개국으로 구성된 유엔군에 맞서 연인원 100만 명 이상을 투입해 2년 9개월간 싸웠다. 중공군은 북한에 전세가 유리했던 시기에는 출병 태세만 갖추고 별 반응을 하지 않다가 유엔군의 인천상륙작전 이후 참전 의지를 굳히고 유엔군의 38선 돌파 중단을 경고한 다음 20일도 안 돼 참전했다. 중공이 엄포만 놓을 것으로 예상한 유엔군의 허를 찌른 개입이었다.

중공군 병력은 초기에만 30만 명 수준이었다. 제4야전군 소속 18만 명이 1950년 10월 19일 압록강을 건넌 데 이어 11월 초순에는 제3야전군 예하 12만 명이 추가됐다. 유엔 공군의 감시망을 피해 험준한 산악 지대를 따라 하룻밤에 약 30킬로미터를 행군하고 낮에는 참호를 파서 휴식하는 식으로 주요 거점에 잠입했다.

참전 초기에는 주로 게릴라전을 폈다. 깊은 산속에 매복했다가 야간에 기습하는 방식이었다. 승기를 잡고도 상대를 완전히 섬멸하지 않은 채 퇴각하기도 했다. 미군의 장단점을 파악하려는 전술이었다.

맥아더 유엔군 사령관은 이런 사실을 모른 채 더욱 대담한 작전을 펴다가 수시로 덫에 걸려들었다. 미군은 강력한 공중 화력과 첨단 무기, 차량 등에 의지한 탓에 도보 행군을 싫어하고 야간 전투에 취약했다. 중공군은 이런 특징을 파악해 다양한 맞춤형 전술을 구사했다. 주요 구상은 '기만과 우회', '기습과 포위'였다 ("6·25 때 중공군 당나라 군대가 아니었다", 중앙선데이 2016. 6. 19). 항일전쟁 당시 화력이 월등히 앞선 일본군과 싸울 때 활용한 전법이었다.

공중 정찰에 발견되지 않을 정도로 매복과 위장술에 능한 중공군은 낮에 멋모르고 들어온 유엔군을 밤에 포위공격을 해서 큰 성과를 거뒀다.

중공군은 19세기 아편전쟁과 청일전쟁, 의화단운동 등에서 연전연패한 청나라 군대와 전혀 달랐다. 항일전쟁과 국공내전을 장기간 겪으며 고도로 단련되고 다양한 전쟁 경험을 축적한 정예군으로 환골탈태한 모습이었다. 그 결과 세계 최강의 미군이 압록강과 두만강 점령을 목전에 두고 밀려날 수밖에 없었다. 중공군은 해·공군의 지원 없이 순수 육군만으로 참전했음에도 압록강과 청천강 일대에서 대승을 거두며 순식간에 전세를 역전시켰다. 이후 파죽지세로 남하하며 평양 탈환에 이어 38선을 넘어 1951년 1월 4일 서울까지 점령했다. 국군과 유엔군이 연패 끝에 한강 이남으로 퇴각한 1·4후퇴다.

유엔군은 중공군의 포위망에 걸려들 때마다 무수한 인명 피해를 냈다. 중공군의 작전을 폄훼해서 '인해전술'로 불렀으나 정확한 표현은 아니다. 매슈 리지웨이 유엔군 사령관은 물론이고 채명신, 백선엽 등 한국군 고위 장성들의 회고록을 봐도 중공군의 전투력은 매우 뛰어난 게 틀림없었다. 엄격한 군기를 세워 민간인 피해를 최대한 줄임으로써 민심을 획득한 대민심리전은 국군은 물론 유엔군을 능가했다. 게릴라전과 함께 전면전도 구사해 큰 성공을 거뒀다. 항일전쟁과 국공내전에서 터득한 전쟁 노하우가 한반도에서 빛을 발했다. 중공군은 유엔군의 크리스마스 공세에 반격한 지 열흘 만인 12월 6일 평양을 탈환하고 12월 말에는 개성을 점령했다. 이로써 한국전쟁은 원점으로 회귀했다.

1951년 4월에는 만주 핵폭격 문제로 트루먼 대통령과 갈등을 빚던 맥아더가 해임되면서 휴전 분위기가 조성됐다. 트루먼이 정전을 희망한 데다 전선이 교착상태에 빠졌기 때문이다. 리지웨이가 1950년 12월 교통사고로 숨진 월턴 워커의 후임 미8군 사령관에 임명된 데 이어 맥아더의 유엔군 지휘봉까지 넘겨받으면서 전세는 팽팽해졌다. 분산된 유엔군 부대를 통합해 중공군의 밀집공격을 막아 내고 포병 비중을 크게 늘린 덕분이다.

중공군은 지평리와 원주에서 대패하면서 남진을 멈추게 된다. 이후 양측은 38선 일대에서 지루한 공방전을 거듭하다가 1953년 정전협정을 체결했다. 승자도 패자도 없이 막대한 인명과 재산 피해만 낸 채 포성이 멎었다.

한국전에서 중공군은 사망 14만 8,600명, 부상 79만 8,400명의 피해를 낸 것으로 추정된다. 북한군도 사망 52만 명, 실종·포로 12만 명을 기록했다. 반면 국군 사망자는 13만 7,899명이고 미군을 포함한 유엔군은 3만 7,902명이 숨졌다. 인명 손실로만 보면 중공군과 북한군의 피해가 훨씬 컸다. 그런데도 중국은 한국전쟁에서 항미원조의 위대한 승리를 거뒀다고 자평한다. 중국 소설가 루쉰의 『아Q정전』 주인공의 '정신승리법'의 판박이다.

중공군 주된 타깃은 한국군

중국은 북한 남침으로 한국전이 시작됐다고 인정하면서도 미군을 침략자로 규정한다. 미군이 38도선 이남에 머무르지 않고 북진했다는 게 그 이유다. 이런 주장은 한국전을 북한군이 단독 전쟁을 감행한 '조선전쟁'과 중공군이 참전한 '항미원조 전쟁'으로 구분하는 궤변을 근거로 이뤄진다. 전쟁 이전에 이미 중공이 남침 지원을 약속했고 참전 이후 미군뿐만 아니라 국군과 무수한 전투를 치렀다는 점에서 항미원조는 허구다.

중공은 6·25전쟁 발발 이전부터 북한과 긴밀히 협조하며 전쟁을 도왔다. 미군이 참전한 1950년 7월에는 남만주 일대를 방위하는 동북변방군을 창설했다(송요태, "6·25전쟁 개입 초기 중국군의 작전계획 및 작전 결과", 『군사연구』 120, 육군군사연구소, 2001). 북한군 지원을 염두에 두고 한반도와 가까운 곳에 군대를 편성한 것이다. 국공내전 기간 동북 3성에서 맹활약한 제13병단을 주축으로 하는 이 부대는 인천상륙작전 이후 맥없이 무너지던 북한군의 요청을 받고 곧바로 실전에 투입됐다. 창설 3개월 만인 1950년 10월 18일 압록강을 건너면서 6·25전쟁은 국제전 양상으로 바뀐다. 참전 명분은 미국에 대항해 조선을 돕고 가족과 나라를 보호한다는 뜻의 "항미원조, 보가위국抗美援朝, 保家衛國"이었다. 항미원조의 의미를 부여하기 위해 부대 이름은 동북변방군 대신 '중국인민지원군'으로 바꾸었다. 중국인민해방군 소속 정규군을 제국주의 미군의 침략을 받은 북한을 자발적으로 도우려는 민병대인 것처럼 위장했다. 유엔군과 직접 대결하는 부담을 피하려는 꼼수였다.

중공군은 1950년 11월 24일 청천강 일대에서 참전 이후 처음으로 대규모 전투를 벌이면서 실체를 드러낸다. 유엔군(미8군, 한국군, 터키군) 25만 명을 상대하면서 대부분 병력을 국군 쪽으로 집결했다. 상대적으로 취약한 국군을 겨냥한 이 작전은 성공했다. 국군이 무너지면서 유엔군 전선이 뚫리자 중공군의 의도대로 미8군과 터키군이 도미노처럼 붕괴했다. 이때 시작된 퇴각이 1·4후퇴로 이어졌다.

1951년 2월 동부전선에서도 중공군은 미군 화력을 피해 국군 8사단을 집중하여 공격함으로써 궤멸시켰다. 그해 4월 임진강 전투와 가평 전투에서도 한국군이 표적이었다. 전선에서 가장 약한 고리를 끊으려는 작전이었다. 항미원조가 아니라 전형적인 항한원조抗韓援朝였다.

국군이 전쟁 초반에 훈련과 전략 부족 등으로 중공군에 연패했으나 사단급 이상 전술훈련을 끝낸 1951년부터는 전쟁 양상이 달라졌다. 중공군이 대규모 장비와 병력을 동원했음에도 국군을 쉽게 이기지 못했다. 백마고지와 퀸·노리·베티고지, 금성, 도솔산 등지에서는 국군이 승리했다. 6·25전쟁의 마지막 전투로 기록된 425고지전투도 중공군과 국군의 싸움이었다. 1953년 7월 20~27일 국군 7사단 예하 1개 대대와 중공군 135사단이 강원도 철원군 원남면 일대에서 벌인 전투다. 국군이 화천발전소를 차지하려고 벌인 이 전투의 승리 덕분에 휴전선이 35킬로미터나 북상했다. 당시 중공군 950여 명이 사살되고 국군도 160명 전사했다. 중공군이 6·25전쟁에서 대규모 전투의 처음과 마지막을 국군과 치렀다는 점에서 미국 침략군에 대항했다는 항미원조의 정당성은 사라진다.

휴전협정이 임박한 1953년 7월 19일 벌어진 금성전투(박일송, "6·25전쟁 시기 제2군단의 전투효율성으로 본 금성전투의 의의", 『군사연구』 150, 2020)를 기념하는 것도 항미원조 취지에 어긋난다. 중공군 23만 명이 강원도 금성지구에서 국군과 치열하게 싸워 2만 7,216명이 죽고 3만 8,700명이 부상했지만, 목적은 달성하지 못했다. 국군은 1만 4,373명을 잃어 가며 약 4킬로미터 밀려났으나 철원 평야와 화천군은 사수했다. 그런데도 중공은 문화대혁명기에 〈기습백호단〉이라는 제목의 경극과 영화를 만들어 금성전투를 기념했다. 국군 최정예 부대인 수도사단을 이겼다고 선전하려는 게 공연 의도였다. 백호는 수도사단 백호 연대의 부대 마크다.

중공의 6·25 개입은 예방전쟁 성격

중공군의 한국전 파병은 중국대륙의 완전 공산화에 미국이 걸림돌이 되는 것을 방지하려는 예방전쟁의 성격이 강했다. 중공은 1950년 5월 1일 하이난(해남) 점령에 이어 10월에는 국민당 정부가 피신한 타이완(대만)을 침공해 중국을 완전히 통일할 계획이었다. 하지만 6·25전쟁 직후 미 해군 7함대가 대만해협에 긴급 배치되면서 대만 침공이 무산되자 공격 목표를 한반도로 바꾸고 전황을 예의주시했다. 다만, 건국한 지 1년도 안 돼 난제가 산적한 상황이어서 파병에는 극도로 신중했다.

유엔군의 참전으로 전세가 북한군에 불리해졌을 때는 태도가 달라졌다. 참전을 염두에 두고 명분 쌓기에 나섰다. 마오쩌둥은 "조선전쟁은 내전이므로 국제연합이나 미국 등 외부 세력의 개입에 반대한다"는 담화를 발표했다. 저우언라이(주은래) 총리는 "내전 상황에서 남조선군이 38선을 넘을 수 있으나 유엔군은 안 된다"면서 유엔군의 북진은 중공에 대한 위협으로 간주하겠다고 경고했다. 그런데도 유엔군이 거침없이 북진하자 중공군은 참전 방침을 굳혔다. 미군 전투기들이 북중 국경 영공을 수시로 침범하면서 옌볜(연변) 일대를 오폭한 것도 이런 결심을 키운 요인이다 (허동욱, "중국의 군사개입 결정과 향후 전망", 『군사연구』 132, 2011). 유엔군이 북한뿐만 아니라 자국까지 노리는 것으로 의심했기 때문이다.

이런 상황에서 김일성이 지원을 요청하자 중공 지도부는 파병 문제를 본격 논의했다. 마오쩌둥은 '순망치한'을 거론하며 "중국 본토에서 싸우느니 조선에서 싸우는 게 낫다"는 주전론을 폈다. 입술인 한반도를 빼앗기면 치아인 랴오둥 지역이 위험해지니 영내 방어보다 국외 공격에 나서자는 논리였다. 자국에 대한 공격 징후가 없을지라도 위협을 사전에 제거하려는 일종의 예방타격(preventive strike)이다. 저우언라이는 "유엔군이 북중 국경 지대에서 북진을 멈출지도 모르니 개입은 자제하고 상황을 지켜보자"는 신중론을 폈다. 북중 국경을 관할하는 제4야전군 사령관 린뱌오(임표)는 아예 비관론을 제시했다. 미국을 이기기 힘들다는 게 논거였다. 양론이 갈라진 상황에서 펑더화이(팽덕회)와 주더(주덕)가 마오쩌둥에 힘을 실어 주면서 10월 8일 참전이 결정된다. 이들은 "미국이 북한을 점령하면 국경을 마주하게 돼 안보 위협에 직면한다. 신중한 작전을 세운다면 승산이 충분하다"고 조언했다.

소련에서 경제·군사 원조를 얻으려면 북한군을 지원하라는 스탈린의 요구도 파병에 영향을 미쳤다("스탈린, 중공군 참전을 끈질기게 설득", 미래한국 2020. 7. 16). 스탈린은 1950년 10월 1일 새벽 군대 지원을 요청한 김일성·박헌영 명의의 전문을 받고 마오쩌둥과 저우언라이에게 중국의용군 최소 5~6개 사단을 38선 방향으로 보내 북한군을 지원하라는 전문을 발송했다. 마오쩌둥이 준비 부족과 확전 우려 등을 내세우며 파병에 난색을 보이자 스탈린은 미군의 중공 침략을 미리 차단하고 대만을 포기토록 하는 효과를 거둘 수 있다며 참전을 종용했다. 마오쩌둥은 더는 버티지 못하고 10월 7일 스탈린에게 전문을 보내 9개 사단 병력을 파견할 것임을 통보했다. 이 사실은 곧바로 김일성에게도 전달됐다. 결국 중공군의 한국전 개입은 항미원조 차원이 아니라 자국 안보와 경제적 이익, 소련의 압박 등에 의해 이뤄진 것이다.

중국인민지원군으로 위장한 동북변방군은 출정을 앞두고 사령관을 교체했다("기관총만으로 미군 대적못해…… 린뱌오 난색에 펑더화이 낙점", 한겨레 2014. 10. 19). 참전을 반대한 린뱌오를 제치고 펑더화이가 지휘봉을 잡게 된 것이다.

인민지원군은 압록강을 건너 며칠 동안 북한 주요 지역으로 잠입했다가 북진하던 유엔군에 대대적인 기습공격을 감행했다. 유엔군은 중공군의 개입 가능성을 낮게 본 맥아더 사령부의 오판 탓에 속수무책으로 당했다. 유엔군은 혹한 날씨와 험준한 산악 지형, 보급 차질 등으로 극도로 지친 상태에서 병력을 분산한 탓에 중공군의 포위망에 쉽게 걸려들었다. 펑더화이는 유엔군 후방으로 우회한 다음 전후방을 협공하는 전술을 주로 구사해 전세를 뒤집었다. 국군도 압록강까지 진격해 강변인 초산에 태극기를 꽂았으나 중공군의 덫에 걸려 막대한 인명 피해를 냈다.

중공군은 1·4후퇴 이후 한반도 전역을 공산화할 수 있을 것으로 판단해 서울 점령에 그치지 않고 남진을 계속했다. 이로써 6·25 참전은 항미원조가 아니라 침략전쟁이었음을 자인하는 꼴이 됐다. 유엔군의 38선 돌파 시점을 기준으로 조선전쟁과 침략전쟁으로 구분한 게 중국이었기 때문이다.

중공군은 1950년 12월 31일 대공세에 나서 38선을 넘게 된다. 이로써 38선 방어 명분은 완전히 사라졌다. 유엔군이 후퇴하자 중공군과 북한군은 1월 4일 서울에 재입성했다. 중공군은 여기서 멈추지 않고 더 대담하게 이남으로 진격했다. 하지만 가평 등지에서 유엔군의 방어선에 막혀 1951년 3월 서울을 내주고 38선 이북으로 퇴각하게 된다. 북한과 달리 남한에서는 미군이 압도적인 제공권을 장악한 데다가 평지가 많아 매복이 힘든 탓에 비교우위 역량을 발휘하지 못했다. 일부 공군이 참전했지만, 북한 방어에 주력한 탓에 38선 이남에서 중공군을 지원하지 못했다. 이후 한국전쟁은 1차 세계대전처럼 진지전 양상으로 바뀌어 1953년 정전협정 때까지 일진일퇴를 거듭했다.

'자발적 지원군'도 허구

1951년 6월 10일부터 시작한 휴전 협상에서도 항미원조의 허구성이 드러난다. 유엔군이 붙잡아 관리한 포로 가운데 대다수 반공 포로가 중공이나 북한 송환을 거부했다. 강제징집되거나 국공내전 당시 공산군에 항복한 국민당군 소속이었던 이들이 송환을 반대한 것은 자발적으로 참전하지 않았음을 보여 준다.

유엔군과 공산군은 이들의 처리 문제를 놓고 합의점을 찾지 못해 난항을 겪었다. 유엔군은 포로의 자유의사를 존중하자고 주장했고 공산군은 무조건 자국 송환을 요구했다. 협상이 교착 상태에 빠지자 이승만 대통령은 유엔군과 협의 없이 반공 포로를 전원 석방해 버렸다. 이들은 일단 중립국인 인도로 갔다가 자유의사에 따라 한국이나 대만에 정착했으며 일부는 제3국행을 택했다.

　중공의 참전에는 북한에 대한 이념적 연대 의지와 함께 보은의 의미도 작용했다. 1945~1949년 국공내전 당시 북한이 중국 공산당을 크게 도운 사실이 북한 서적『중국 동북해방전쟁을 도와』(2009; 2017 재출간)를 통해 드러났다("북한 선전매체, 김일성 中동북해방전쟁 지원 책자 소개", 연합뉴스 2017. 1. 2). 김일성의 업적을 기록한 이 책에 따르면 1945년 조선이 해방됐지만, 중국에서는 내전이 벌어져 공산당이 미국을 등에 업은 국민당에 밀려 크게 고전했다. 국민당이 병력 430만 명을 거느리고 전체 인구의 70퍼센트 지역을 차지한 데 반해 공산당이 장악한 곳은 30퍼센트에 그쳤다. 당시 김일성은 소련이 중국공산당을 도와줄 수 없는 사실을 알고 항일 유격대 지휘관들을 옌지에 보내 군정대학을 세워 장교 3,700여 명을 양성했다. 옌볜에는 길동보안사령부를 창설해 옌지와 왕칭(왕청), 허룽(화룡), 훈춘, 둔화(돈화) 등지의 연대급 부대를 지휘토록 했다. 전체 병력은 2만 8천여 명에 달했다. 북한은 총기류 10만 정과 탄약은 물론, 면직물과 전기까지 제공했다. 북한의 헌신적인 도움 덕에 공산당이 동북해방전쟁(국공내전)의 전세를 역전할 수 있었다. 1946년 6월 29일 3차 국공내전 이후에는 조선족 부대가 승리를 주도했다고 이 책은 분석했다.

　국공내전에서 공산당이 수세에 몰린 1946~1948년 당시 북한은 공산당 고위 인사의 가족과 부상병 수용도 도와줬다. 만주에서 국민당군에 쫓긴 중공군은 북한을 피난처로 활용하기도 했다. 이런 과정을 거쳐 1948년 만주 전역에서 거둔 승리가 국공내전의 분수령이 됐다는 점에서 중공은 유엔군에 밀리는 북한을 방치할 수 없었을 것이다.

다만, 유엔군을 직접 맞대응한다면 유엔의 인정을 받으려던 중공의 노력이 수포가 될 수 있다는 점은 딜레마였다. 궁여지책으로 "제국주의에 시달리는 조선 인민을 가엾이 여겨 스스로 지원한" 지원병이라는 꼼수를 도출해 냈다. 국공내전 당시 북한에 진 빚을 갚기 위한 그들 나름의 묘수였다. 중공은 6·25전쟁을 항미원조 전쟁으로 부르며 미국의 침략성을 부각했다. 북한이 마오쩌둥의 지원 약속을 믿고 침공한 사실을 숨기고 대한민국을 돕기 위한 미국의 참전을 제국주의 침략으로 매도하려는 목적에서다.

유엔 안전보장이사회의 결의안을 봐도 항미원조가 억지임을 확인할 수 있다. 안보리는 북한이 기습 남침한 1950년 6월 25일부터 3개 결의안을 채택했다. 첫 결의안은 북한을 침략자로 규정하고 즉각적인 38선 이북 철수를 요구했다. 이후 두 개 결의안은 세계 각국이 침략당한 대한민국을 군사적으로 지원하라는 권고와 유엔군 사령부 창설 결정을 담았다. 유엔 16개국이 이런 절차를 밟아 참전했다는 점에서 국제법상 하자가 없다.

미군도 유엔군의 일원이라는 점에서 미군이 침략군이라는 주장은 어불성설이다. 6·25전쟁 당시 한국을 도운 나라는 모두 60개 국가다. 16개 파병국과 6개 의료지원국 외에 38개국은 물자를 제공했다. 북한 침략에 맞서 대한민국의 자유를 지키려고 많은 국가가 힘을 합친 것이다. 시진핑의 주장대로라면 안보리 결의에 따라 미국과 공조하며 한국을 도운 59개 나라도 제국주의 침략국이 된다. 유엔 결의에 반해서 침략군을 도움으로써 국제법을 위반한 것은 중공이다. 중공은 6·25전쟁 발발 직후 소련과 참전 문제를 논의하면서 "항공 지원만 해 주면 압록강을 넘어 북한으로 들어가겠다"는 의지를 피력했다("미국도 캐나다도 분노한 시진핑의 6·25 왜곡", 조선일보 2020. 11. 1). 이때는 미군이 북한군에 밀려 남쪽으로 퇴각한 시점이므로 "침략군에 맞서 참전했다"는 논리는 성립되지 않는다.

휴전협정 직전 북한에 주둔중인 중공군 병력은 40만~60만 명으로 북한군 20만 명보다 2~3배나 많았다. 유엔군 병력 90만 명 가운데 국군이 60만 명인 것과 대조적이다. 북한군의 작전지휘권도 중공군이 행사했다. 참전 초기에는 중공군과 북한군이 별도 지휘권을 행사했으나 그 때문에 숱한 문제가 생겼다. 북한군이 중공군을 적군으로 오인해서 도로를 봉쇄하거나 공격했다. 1950년 11월 4일에는 미 제24사단을 포위 공격하는 중공군을 향해 북한군 탱크사단이 공격하는 바람에 미군이 포위망을 뚫고 탈출하는 일이 벌어졌다. 급기야 펑더화이는 김일성과 마오쩌둥에게 "명령이 여러 곳에서 나와 지휘체계가 어수선하다"며 작전권 통합을 제안했다. 그 이후 김일성이 1950년 11월 16일 베이징에 가서 마오쩌둥, 저우언라이 등과 협의해 다음 달 상순 조중연합사령부(약칭 연사)를 창설하게 된다. 연사는 양국 군대의 일사불란한 작전지휘권 행사를 위한 비공개 기구다. 모든 작전 범위와 전선 활동은 물론, 철도 수송과 수리 명령을 연사가 내리고, 후방군 동원과 훈련, 경비 등은 북한이 맡았다. 중공군 병력이 북한을 도우려는 의용군이었다면 북한군의 지휘 통제를 받았어야 하는데 실상은 정반대였다. 펑더화이가 연사 사령관 겸 정치위원을 차지하고 부사령관과 부정치위원 자리는 북한에 돌아갔다("마오가 아낀 덩화: 정면 강한 미군, 갈라쳐서 포위해 섬멸", 중앙선데이 2019. 7. 27). 이후 김일성은 군사지휘권을 놓게 된다. 북한군 제3군단은 중공군 제9병단 주변에 배치돼 연사의 통제를 받았다.

북한군은 6·25전쟁 초기 약 6개월만 독자 작전권을 가졌을 뿐 그 이후에는 중공군이 전쟁을 주도했고 김일성 군대는 그저 부속품에 불과했다. 공산군의 실질적인 전략과 전술은 중공군 부사령관 덩화의 머리에서 나왔다. 김일성이 작전지휘권을 선뜻 포기한 것은 중국인민지원군이 미군과 맞대결할 정도의 전투력과 기율을 갖춘 것으로 믿었기 때문이다. 지원군이 단순히 사회주의 연대의식으로 뭉친 의용군에 불과했다면 작전권을 넘겼을 리 만무했을 것이다. 게다가 1953년 7월 27일 정전협정에는 펑더화이가 인민지원군 사령원 자격으로 서명했다. 국가 군대가 아닌 민간지원군으로 행세한 사실을 스스로 부정하는 꼴이다.

시진핑 집권 후 한국전쟁사 왜곡 기승

중국은 6·25전쟁의 침략성을 부정하기 위해 국가 차원의 모든 역량을 동원하고 있다. 랴오닝성 선양에 1951년 건립된 '항미원조 열사능원'은 대표적인 역사 왜곡 시설이다. 한국전쟁에서 숨진 중공군의 유해를 안장한 능원에는 시기별 전과를 보여 주는 전시실이 마련됐다("총부리 겨눴던 중국이 기억하는 항미원조", 연합뉴스 2020. 6. 18). 전시관 초입에는 "한반도 내전이 일어나자 미국이 즉각 무장 간섭에 나서 북한에 전면전을 벌였다. 북한의 요청으로 중국인민지원군이 압록강을 건넜다"라고 적혀 있다. 미국 때문에 중국 접경에 피해가 생겼고 참전 후 2년 9개월간 중국인 19만여 명(중국 주장)의 희생 끝에 승리했다는 문구도 있다.

전시실에는 철의 삼각지대(철원~김화~평강)에서 벌어진 상감령上甘嶺전투("치열한 고지쟁탈전…… 엄청난 희생, 국군 2사단의 승리", 월간조선 2019. 8)를 위한 별도 공간이 있다. 항미원조 전쟁의 최대 승리로 선전하는 전투다. 전투명은 삼각고지와 저격능선 사이의 상감령이라는 고개에서 따왔다. 중공군과 유엔군이 이곳에서 막대한 인명 피해를 내며 치열한 전투를 벌인 것은 맞지만 어느 쪽도 일방적인 승리를 거두지는 못했다. 그런데도 중국은 한국전쟁 역사를 자국의 입맛대로 해석한 영화 〈상감령〉을 1956년 제작해 수시로 상영함으로써 국민 세뇌에 활용했다.

열사능원 전시실은 "외침에 저항한 중국 역사에서 한국전이 빛나는 한 페이지를 남겼다"고 자평할 뿐 죄상은 일절 언급하지 않았다. 기습 남침한 북한을 도와 전쟁이 길어지면서 약 250만 명이 숨진 참변의 책임을 미국 측에 돌리려는 술수로 읽힌다.

시진핑 주석이 집권한 이후 중국몽과 대국굴기를 내세우면서 한국전쟁 관련 역사 왜곡과 날조는 기승을 부렸다. 참전 70주년인 2020년 10월 25일을 전후한 시기에 선전활동이 절정을 이뤘다. 1950년 10월 25일은 중공군이 한국군을 상대로 첫 승리를 거둔 날이다. 북한군의 기습 남침에 무방비로 당한 국군이 상당수 병력을 급조한 탓에 전투 경험과 훈련이 부족한 점을 노려 참전 1호 표적으로 삼아 승리한 날을 항미원조 기념일로 삼았다. 기념일 전후해 6·25전쟁 영화와 드라마, 다큐멘터리가 봇물 터지듯 쏟아졌다. 항미원조 정신을 널리 알려 반미감정을 고취하려는 선전전이었다.

주요 영화는 최장수 작품인 〈상감령〉과, 미 공군과 대결하는 〈장공비익〉, 전사한 오빠를 잃고도 전장을 떠나지 않은 여성을 다룬 〈영웅아녀〉 등이었다. 애국심을 고취하는 노래로 인기를 끈 '나의 조국'은 영화 〈상감령〉의 주제곡이다. 다큐멘터리 〈빙혈장진호〉는 1950년 11월 함경남도 장진호 전투에서 승리한 중공군을 미화한 작품이다.

왜곡 미화된 한국전쟁 영웅들이 교과서에 실리고 어린이용 애니메이션에도 등장했다. 영웅담은 승전 성과를 한껏 부풀리고 패전 피해는 최대한 줄이는 방식으로 꾸며졌다. 그 결과 주요 전과나 사상자 기록이 중국과 한국에서 큰 격차를 보인다. 2~3배 차이는 보통이다. 백마고지전투 평가도 완전히 상반된다. 국군이 대승을 거뒀다고 자랑하지만, 중국은 무승부라고 우긴다.

중국은 한국전의 진실을 영원히 은폐하려는 듯 전쟁 관련 자료를 좀처럼 공개하지 않는다. 북한의 남침조차 인정하지 않는다. 소련의 비밀문서가 1990년대에 대부분 공개된 것과 대조적이다. 보리스 옐친 전 러시아 대통령이 1994년 김영삼 대통령에게 제공한 외교문서와 흐루쇼프 전 소련공산당 서기장의 자서전 등을 보면 북한의 남침 과정을 자세히 확인할 수 있다. 김일성 주석으로부터 48번이나 남침 승인을 요청받은 스탈린은 미국 개입 등을 이유로 거절하다가 미국의 애치슨 라인 선언 이후에는 전쟁 지원으로 급선회했다. 김일성에게 남침 지원을 약속한 것에 그치지 않고 마오쩌둥에게 참전을 요구하기도 했다.

중국은 북한에 은인의 나라일 수 있지만, 한국에는 명백한 침략국인데도 여태껏 반성이나 사과는커녕 참전을 되레 자랑할 정도로 후안무치했다. 중국은 한반도 평화체제 구축에 참여하겠다는 견해를 밝힐 때는 정전협정 서명국 지위를 거론한다.

전쟁 주체를 중국과 미국으로 설정한 항미원조는 최대 피해국인 한반도는 단지 자국의 속국이자 하수인일 뿐이라는 중화주의 전통을 내포한 언어다. 사드 배치와 북한핵, 미세먼지, 코로나19 등에서 일관해서 보여 준 중국의 고압적인 태도에도 중화주의 유전자가 엿보인다. 중국의 역사 왜곡과 패권주의 경향은 경제력과 군사력이 커지면서 더욱 심해질 것이다. 중국인의 뼛속 깊이 각인된 우월주의와 선민의식은 심각한 재앙을 불러올 수도 있다. 스페인의 아메리카 잔혹사와 히틀러의 인종청소(홀로코스트)를 촉발한 것도 아리아 우월주의였다.

06 갑질 부추긴 사대주의

중국이 온갖 악행을 일삼다가 수틀리면 전쟁도 불사한 데는 조선의 과도한 저자세 외교도 적잖은 영향을 미쳤다. 화이사상이라는 도그마에 빠져 주권국가로서 자존심과 체면을 스스로 뭉갠 탓에 중국의 쉬운 먹잇감이 됐다.

조선의 사대주의 DNA는 태조 이성계 집권기에 잉태돼 후대로 유전된 것으로 보인다. 역성혁명으로 탄생한 조선에서 사대는 권력 유지에 필요한 최적의 안전장치였다. 책봉-조공 방식의 사대가 강대국과 약소국의 공존 법칙으로 작동됐기 때문이다.

하지만 명과 조선은 머잖아 육식동물과 초식동물 관계로 바뀌게 된다. 조선 정부 길들이기에 활용한 무기는 책봉이었다. 조선 왕에게 임명장을 내리는 책봉을 일부러 늦춤으로써 황제에 대한 충성을 유도했다.

왕을 중국으로 불러들여 직접 조공토록 하는 '입조入朝' 위협도 조선을 옭아매는 수단이었다. 병자호란 직후 청은 인조 입조설을 흘려서 강화조약을 적극적으로 이행하도록 했다. 이런 과정을 거치면서 중국을 아버지처럼 섬기되 다른 이민족 국가는 전부 오랑캐 나라로 여기는 화이사상이 굳어졌다.

주자학에서 파생한 화이론을 대외관계에 적용하면 중국 주변부 이민족은 모두 멸시받아야 마땅한 존재가 된다. 광해군 실각, 김상헌과 삼학사의 맹목적 반청 투쟁, 예송논쟁 등에도 화이론이 가동됐다. 병자호란 이후 조선은 화이론을 토대로 조선중화론을 발전시켰다. 오랑캐인 만주족이 중원을 차지했으니 이제 중화의 명맥을 올바르게 계승한 것은 과거 '소중화小中華'였던 조선뿐이라는 사상이다.

조선중화론은 일종의 정신승리법이다. 두 차례 침략으로 한반도를 초토화한 청을 무력으로 응징할 수 없게 되자 중국 정통 문명의 계승자라는 점을 위안거리로 삼았다. 만동묘와 대보단, 관왕묘(관우 사당) 설치는 그런 인식을 상징하는 행위였다.

조선중화론이 내면화하면서 학풍의 자유가 크게 위축됐다. 주자학이 어떠한 도전도 용납지 않는 신성불가침의 지위로 격상된 탓이다. 책봉이나 조공, 종계변무, 공녀·화자 등과 관련해 갖가지 횡포를 부린 중국에서 탄생한 주자학을 조선이 숭배한 것은 일종의 스톡홀름 증후군이다. 주자학은 어떠한 결점이나 오류도 있을 수 없다는 도그마 탓에 반대 이론은 형성될 여지가 없었다. 주자학에 도전하는 세력은 사문난적斯文亂賊으로 몰려 학계에서 고립되거나 삭탈관직 처벌을 받는 등 엄청난 대가를 치러야 했다. 주자 해석이 워낙 경직돼 양명학 등 다른 학문은 발전하지 못했고 근대 개화기에는 서양 문물 도입도 늦어졌다.

조선중화론이 구한말 의병운동의 원동력이 됐다는 긍정론도 있으나, 그보다 국가 발전에 미친 악영향이 훨씬 심각하다. 조선 건국과 함께 시작된 (소)중화사상은 약 500년간 유지되다가 망국 직전에야 힘을 잃는다. 화이관에 입각해 평소 오랑캐로 무시해온 일본의 청일전쟁 승리가 조선이 화이사상을 벗어나는 계기가 된 것은 역사의 아이러니다.

베트남도 우리처럼 중국과 책봉-조공 체계를 갖췄으나 국가 자존심 훼손은 최소화했다. 국권이 침해되면 어떠한 희생을 치르더라도 과감히 맞서 싸운 덕분이었다. 주권 수호를 위해 중국에 단호하게 맞서다가도 필요하면 공생하는 전략적 유연성도 발휘했다. 중국과 공산주의 이념을 공유하고 '도이 머이'라는 파격적인 개혁·개방책을 내놓은 것이 그런 사례. 오늘날 중국이 1인 지배 체제를 강화하면서 구질서로 회귀하는 듯한 모양새를 나타내는 데 반해 베트남은 민주화 청사진을 제시하는 등 정치개혁에서 적잖은 성과를 내고 있다. 저우언라이 이래 중국 대외정책의 기본 방향인 구동존이求同存異의 진짜 면모를 요즘은 오히려 베트남이 제대로 구현하는 모양새다.

조선 사대주의의 근원, 이성계 역성혁명

굴욕으로 얼룩진 조선의 대중국 관계는 조선이 자초한 측면도 적지 않다. 조선이 중화사상이라는 도그마에 빠져 주권국가로서 자존심과 체면을 스스로 뭉개 버린 탓에 온갖 수모를 겪어야만 했다. 조선은 가해국인 중국을 섬기면서도 나머지 주변 국가는 모조리 오랑캐 나라로 간주해 하찮게 여겼다. 스스로 중화라고 칭한 중국이 주변 민족을 이적夷狄으로 천시한 화이사상을 모방한 행태였다.

'조선' 국호도 중국이 낙점

조선의 사대주의는 쿠데타로 집권한 태조 이성계에게서 잉태돼 마치 DNA처럼 우리 민족 전체로 유전됐다. 쿠데타라는 중대 결함을 안고 탄생한 조선에서 사대는 하나의 통치철학으로 굳어져 자주와 독립의 혼이 스며들 여지를 없애 버렸다.

명의 요동을 정벌하라는 고려 우왕의 명령을 거역한 이성계는 중국으로부터 왕권 승인을 받으려고 한없이 초라한 모습을 보였다. 즉위 직후에는 말 1천 필과 함께 사신단을 명에 보내 책봉을 요청했다. 당시 국서에는 "왕위를 도둑질한 신돈의 아들 우왕이 무고한 인명을 무수히 죽이고 대국에 망덕을 저질렀기에 폐위했다"고 적었다. 우왕이 군대를 일으켜 요동을 공격하도록 했으나 도통사인 이성계가 압록강에서 "소국이 상국의 경계를 침범할 수 없다고 생각해서 여러 장수에게 대의로써 깨우쳐 즉시 회군했다"는 아첨성 설명도 곁들였다(『태조실록』 1년 8월 29일). 우리 역사에서 고구려 광개토대왕 이후 처음으로 중국으로 군대를 출병시킨 우왕을 파렴치범으로 폄훼해서 자신의 쿠데타를 정당화하려는 국서였다. 그러나 이런 안간힘에도 이성계는 '임시로 조선을 맡은' 권지조선국사를 면하지 못했다. 명이 이성계의 조선국왕 책봉을 끝내 거부했기 때문이다. 그럼에도 이성계는 "황제의 말씀이 간절하고 지극하여 신은 온 신민과 더불어 감격하고 영광스럽게 생각합니다. 억만년이 되어도 조공하고 송축하는 정성을 바칠 것입니다"라며 감격스러워 하는 답신을 명 황제에게 보냈다(『태조실록』 1년 10월 25일).

이성계는 또 중국이 조선을 동쪽 오랑캐라는 의미로 부르는 '동이東夷'를 그대로 사용했다. 한반도로 도주한 여진족 떼강도를 붙잡아 중국으로 압송하라는 지시를 받았을 때 "저희 오랑캐가 감히 대국을 어지럽히려고 하는 것이 아닙니다. 곧바로 잡아서 보내겠습니다"라고 답했다.

이성계는 즉위 이듬해부터 쇄도한 공물 요구로 나라 곳간이 텅텅 비고 백성의 고통이 극심했는데도 중국의 요구에는 토를 달지 않고 따랐다. 중국이 조공 품목으로 받은 말값보다 턱없이 싼 옷감이라도 보내오면 사은사를 보내 "감히 받을 것으로 생각지도 않은 말값을 주시다니 망극할 따름입니다"라며 감사의 뜻을 전달했다(김남『노컷 조선왕조실록』, 78쪽). 황제나 황후의 생일에는 성절사를 보내 성심성의껏 축하해 줬다.

요동 정벌에 나섰다가 싸워 보지도 않고 위화도에서 회군한 이성계는 명의 제후국임을 자처했다. 새 국호를 조선으로 정할 때도 자주국의 면모가 보이지 않았다. 이성계는 "나라를 차지하고 국호國號를 세우는 것은 소신이 감히 마음대로 할 수가 없는 일입니다. 조선朝鮮과 화령和寧의 칭호로써 천총天聰에 주달奏達하오니, 삼가 황제께서 재가해 주심을 바라옵니다"라고 요청하고 (『태조실록』 1년 11월 29일), 1392년 7월 한상질을 주문사로 파견해 '조선'과 '화령和寧'을 나라 이름으로 제시하고, 명이 그중 조선을 낙점해 선택함으로써 국호가 됐다. 한상질은 훗날 수양대군의 집권에 결정적으로 이바지한 한명회의 조부다. 조선은 단군조선과 기자조선의 맥을 잇는다는 의미를 지녔고 화령은 이성계의 출생지로 영흥의 옛 지명이다. 명이 조선을 낙점한 것은 은나라 출신의 기자가 동쪽으로 이주해 백성을 교화시킨 공로로 조선후에 봉해졌다는『한서·지리지』를 염두에 둔 결정이었다(박영규, 『한권으로 읽는 조선왕조실록』, 28-29쪽).

　이성계 이후에도 조선 왕들은 즉위 때마다 중국 섬기기에 진력했다. 천자의 환심을 사려고 수시로 사절단을 보내 산더미처럼 많은 귀중품을 선물로 바쳤다. 고가 특산품이 중국으로 실려 나갈 때마다 백성의 신음이 한반도를 뒤덮고 아사자가 속출했지만 굴욕 조공은 멈추지 않았다. 굶주림과 질병으로 백성이 줄초상을 당해도 중국 사신 영접이 국정 1호 과제가 된다. 매년 정월 초하루 황궁을 향해 절하면서 잔치를 벌이는 망궐례도 조선에서 정례 행사가 됐다. 중국 황태자가 죽어도 성대한 제사를 올리고 걸핏하면 사은사를 보내 우량 말을 60마리 이상씩 바쳤다. 조선은 명나라 연호까지 사용하며 비위를 맞추려고 노력했지만, 명의 태도는 늘 안하무인이었다. 그런 저자세 굴욕 외교는 약 500년 동안 이어졌다.

　조선이 명의 연호를 따랐을지라도 중국처럼 '-조祖'와 '-종宗' 자 묘호廟號를 썼고 중전을 비妃 대신 황제 부인급인 왕후王后로 불렀으므로 자주국으로서 손색이 없다는 주장도 있지만, 설득력이 약하다. 원칙적으로 건국 시조에게만 붙이는 '-조' 묘호가 원과 명에서 각 1명씩인 데 반해 조선은 6명을 뒀다고 하여 국가 위상에서 조선이 원·명을 능가했다고 평가할 수 없는 것과 같은 이치다. 국가 존립을 좌우하는 외교·안보 분야에서 조선의 역량이 매우 낮았다는 점에서 호칭 문제는 자주국 여부를 판단하는 데 큰 변수는 아니었다. 조선 임금이 건방지게 조·종 묘호를 쓴다는 이유로 임진왜란 당시 선조가 심한 질책을 받기도 했다. 선조는 삼국시대 이래 중국을 지극히 사모하여 예의에 어긋나지 않도록 조심했는데 묘호만은 무의식적으로 승계했다면서 죄를 묻는다면 만 번 죽더라고 할 말이 없다고 싹싹 빌었다(『선조실록』 31년 10월 21일). 선조는 임진왜란 직후 중국 피란을 원한다고 쓴 편지에서도 "부모의 나라로 돌아가서 죽기를 바랄 뿐"이라며 뼛속 깊이 각인된 모화사상을 드러냈다.

쓰시마 정벌에도 명나라 눈치

세종대인 1419년 대규모 군대를 동원해 왜구의 소굴인 쓰시마를 정벌한 것도 독자적인 군사작전이 아니라 명을 의식한 조치였다. 배은망덕한 쓰시마 왜구를 응징하려고 조선이 초강수를 둔 것처럼 보이지만 그게 전부는 아니었다.

조선은 건국 이래 일본과 줄곧 교역하면서 이주 왜구들에게 생활 대책까지 마련해 주는 등 우호관계를 유지하려고 애썼으나 쓰시마 왜구가 충청도 비인현과 황해도 연평곶 등지를 침범하자 강경 대응으로 급선회했다. 왜구는 비인에서 조선 병선 7척을 불태우고 노략질한 데 이어 연평곶에서 미곡을 약탈했다. 당시 상왕으로 물러난 다음에도 병권을 쥐고 있던 태종은 왜인 포용 정책이 실패로 드러나자 세종의 반대를 물리치고 쓰시마 정벌을 주도했다. 원정 총사령관에게 병력과 전함을 정비토록 하고 원정 정보의 누설을 막으려고 쓰시마 사절 8명을 함경도에 억류하는 주도면밀함도 보였다(한명기, "쓰시마 정벌이 명나라 때문이었다고?(G2 시대에 읽는 조선 외교사)", 한겨레 2012. 1. 20). 경상도 일대 포소(일본에 개방한 항구)에 체류하던 왜인 591명은 삼남에 유배했다. 체포 과정에서 저항하거나 도주하던 136명은 죽여 버렸다. 그런 과정을 거쳐 1419년 6월 19일 쓰시마 정벌에 나섰다. 이종무가 이끄는 조선군 1만 7천여 명과 65일 분량의 군량을 실은 군함 227척이 거제도를 출발한 것이다(김남, 『노컷 조선왕조실록』, 140쪽).

군사작전은 다음날 정오 무렵 시작됐다. 선발대 군함 10여 척이 쓰시마에 상륙해서 항복을 권유했다가 화답이 없자 총공격을 감행했다. 그 결과 크고 작은 선박 109척과 가옥 1,939호를 불태우고 왜인 114명을 죽이고 명나라 포로 131명을 구출했다. 농작물은 모조리 베어 버린 다음 10일 만에 퇴각했다.

노략질에 대한 응징 차원에서 쓰시마를 정벌했음에도 조선은 명의 반응을 살피느라 촉각을 곤두세웠다. 대규모 원정이 명나라 정세를 고려한 조치였기 때문이었다. 당시 왜구는 조선에 비교적 우호적인 데 반해 주로 중국에서 노략질을 일삼자 명은 왜구의 배후 근거지를 소탕하려고 했다. 명이 쓰시마 원정에 나선다면 조선에 길잡이 역할을 요구하거나 한반도에 군대를 주둔할 개연성이 매우 높은 상황이었다. 태종은 이런 현실을 우려해 쓰시마 공격을 결심했다. 조명 연합작전이나 명군 주둔으로 인한 내정 간섭 등 각종 불이익보다 단독작전이 더 유리하다는 판단에서 정벌에 나섰다. 조선이 포용 차원에서 일본 막부뿐 아니라 왜구와 교역 해 온 사실을 의심하는 명을 안심시키려는 의도도 쓰시마 정벌 배 경이었다. 조선이 출정 전후에 군사작전 관련 정보를 명에 알리고 명나라 포로를 구해 준 것도 같은 맥락에서 이해할 수 있다. 따라 서 쓰시마 출정은 사실상 명의 묵인하에 이뤄진 셈이다.

그런데도 정벌 종료 후 조선 출신 환관인 황엄이 명 황제의 사 신으로 입국했을 때 조선 조정은 그의 일거수일투족과 표정 변화 를 읽느라 노심초사했다. 태종이 세종에게 왕위를 선위한 것을 윤허한다는 칙서를 갖고 온 황엄이 안하무인격으로 행동하던 이 전과 달리 매우 공손해진 것을 본 조정은 크게 안도했다. 그의 태 도 변화를 쓰시마 정벌에 명이 만족한 데 따른 결과로 해석했다.

태종은 칙사 입국을 계기로 쓰시마 정벌과 관련한 근심을 털어 냈다고 판단한 데다 아들 세종이 상왕 공경심과 충효심을 겸비했 다는 황엄의 칭찬을 듣고 너무 감동한 나머지 눈물을 흘렸다고 한다. 조선 최고 권력자인 태종조차 황제의 심부름꾼 앞에서는 일개 범부에 불과했다. 명의 눈치를 보느라 겪은 마음고생이 얼 마나 컸는지를 짐작할 수 있는 대목이다. 황엄이 귀국할 때는 모 화관까지 나가서 전송하고 세종이 벽제역까지 배웅하도록 했다. 당시 황엄은 양마 1필, 저마포 50필, 인삼 30근 등 헤아릴 수조차 없을 만큼 많은 양의 선물을 챙겨 갔다(『태종실록』 11년 9월 1일).

사대주의 3종 세트, 만동묘·대보단·관왕묘

주자학 신봉자들은 재조지은의 신화를 확대하는 데도 안간힘을 썼다. 이들의 선봉에는 왕들이 있었다.

선조의 뒤를 이은 광해군은 재조지은을 평가절하했다가 왕권을 빼앗기는 비극을 맞았다. 광해군은 전공자 포상 때 의병의 역할을 빼 버린 선조와 달리, "이들이 아니었다면 명군의 파병도 별 도움이 되지 않았을 것"이라며 자신의 의병 독려와 군량·무기 조달의 공로를 내세웠다. 이 때문에 상당수 신료가 광해군의 사대사상을 의심하다가 1619년 후금이 명을 공격한 사르후전투를 계기로 완전히 등을 돌리게 된다.

사르후전투에서 광해군은 임란 당시 파병에 대한 의리 차원에서 강홍립을 도원수로 삼아 명군을 지원했다. 하지만 조선군이 완패한 다음 명의 거듭된 원군 요청을 모두 거절하다가 인조반정으로 실각했다. 어머니를 유폐하고 동생을 죽인 '폐모살제廢母殺弟'가 반정의 명분이었으나, 재조지은 망각도 쿠데타의 주된 이유였다(한명기, "재조지은과 조선 후기 정치사").

재조지은을 배신한 광해군을 응징하고 즉위한 인조는 명을 지극정성으로 떠받들었다. 후금군에 쫓겨 압록강 인근 가도로 쫓겨 온 모문룡 군대와 요동 난민들을 적극적으로 보호한 것이 그 사례다. 모문룡 부대를 과도하게 배려하다가 후금을 자극해 정묘호란이 발생했는데도 조선은 명 숭배를 이어갔다.

하늘처럼 떠받든 명에 외교·국방을 맡기다시피 한 중화주의와 거듭된 정변과 사화는 조선의 왜소화를 심화했다. 성종 이후 확대된 성리학자들의 정치 참여도 국가 독립성을 약화한 요인이었다. 중국이 오랑캐의 침입을 막아 줄 것이라는 믿음에서 조선은 국방에 소홀했다. 만주에서 급성장한 청에 의해 종주국 명이 망하기 직전이었으나 조선 위정자와 유생은 안보를 외면한 채 당파 싸움에 몰입했다. 압록강을 건너 순식간에 한양까지 점령한 청의 군대가 남한산성으로 피신한 임금을 밖으로 끌어내 사상 최악의 능멸을 강요한 후에도 중화사상은 좀비처럼 되살아났다.

친명 사대사상은 1644년 명의 멸망 이후에도 이어졌다. 숙종 집권기에는 재조지은의 위력이 되레 강화하는 기현상이 발생했다. 숙종은 1687년 2월 "임진년에 신종황제가 군사를 보내 조선을 재조하지 않았다면 오늘날 우리는 없었을 것이다. 그런데도 조선이 명나라 정권의 존망조차 알지 못하니 개탄스럽다"고 한탄했다. 이 소식을 접한 송시열은 이튿날 상소를 올려 "임진왜란 이후 우리나라의 풀 한 포기, 나무 한 그루가 모두 신종이 베푼 은혜의 결과다. 신종에 대한 배신 때문에 인조반정이 일어났다. 선조와 인조를 본받아 만절필동의 의리를 잊지 말아야 한다"고 호소했다.

만절필동의 의리를 지키려는 송시열의 노력은 그의 사후 사당 건립으로 나타났다. 망한 명나라 신종 만력제와 의종 숭정제에게 제사지내려고 충청북도 괴산군 청천면 화양동에 만든 만동묘萬東廟다. 만력제는 임진왜란 당시 원군을 보낸 인물이고 숭정제는 명나라 마지막 황제다. 심지어 1644년 이후에도 멸망한 명의 마지막 연호 숭정崇禎을 그대로 썼고, 숭정제 즉위 60년과 120년이 지난 후에는 '숭정 갑자甲子 후 ○년', '숭정 2갑자 후 ○년' 등으로 쓰기까지 했다. "황하는 아무리 굽이가 많아도 반드시 동쪽으로 흘러 들어간다"는 만절필동萬折必東을 충신의 절개를 꺾을 수 없다는 뜻으로 재해석해서 지은 만동묘는 노론의 영수 송시열의 유언을 좇은 제자 권상하의 주도로 만들어졌다.

숭정제는 명 멸망을 불러온 혼군인데도 조선에서 수백 년간 추앙받는 아이러니가 생긴 것은 주자학의 최고 권위자인 송시열의 유언 때문이었다. 송시열은 괴산군 화양리에 서원 등을 지어 후학을 가르치다 사사賜死될 때 만력제와 숭정제의 신위를 봉안하여 제사지내라는 말을 남겼다. 화양동은 솔맹이松面里라는 곳에 송시열이 정착하면서 바꾼 이름이다. 중화華의 따뜻한 햇살陽이 비치는 골짜기洞라는 뜻으로 작명했다. 선조가 재조지은의 의미로 경기도 가평군 조종암에 새긴 '만절필동'을 모방해서 화양리 절벽에도 같은 글씨를 남겼다. 권상하는 스승인 송시열의 사후 14년 만인 1703년 지역 유생들과 함께 만동묘를 조성해 매년 두 차례 제사지냈다(『경종수정실록』 1년 9월 2일). 만동묘로 올라가는 돌계단은 경사 70도로 가파르게 조성했다. 소중화 나라의 백성이 중국 천자의 위패를 알현하려면 개처럼 기어 오르내려야 한다는 생각에서 그렇게 만들었다고 한다.

청은 만동묘의 존재를 알고 조선 사신에게 불쾌감을 드러내기도 했다. 그때 사신은 "재가한 과부가 사별한 남편에게 제사지내는 것처럼 조선도 명을 그렇게 대할 뿐입니다. 청이라고 해서 다르지 않을 것입니다"라고 답변하면서 위기를 넘겼다.

조선국왕들도 만동묘 제사를 적극적으로 지원했다. 영조는 만동묘에 제전祭田과 노비를 내려 주고 90명을 배치해 묘우를 지키도록 했다. 1744년에는 충청도관찰사에게 묘우를 중수토록 하고 화양리 토지 20결을 면세전으로 하여 제전으로 쓰도록 했다. 정조는 어필로 사액하고 순조는 묘우를 헐고 새로 지었다. 헌종은 봄가을에 한 번씩 관찰사가 제사지내도록 했다.

만동묘는 임금의 지원에 힘입어 나중에는 일종의 성지로 여겨져 온갖 폐단을 드러냈다. 군역이나 노역을 빼 주는 조건으로 주민들로부터 제사 명목으로 돈을 거두고, 할당 비용을 내지 못하는 백성은 때리거나 죽였다. 그런데도 누구도 처벌받지 않았다. 천자국 황제를 섬긴 덕에 살인 면허를 받은 격이었다. 당시 "원님 위에 감사, 감사 위에 참판, 참판 위에 판서, 판서 위에 삼상(삼정승), 삼상 위에 승지, 승지 위에 임금, 임금 위에 만동묘지기"라는 노래가 퍼졌을 정도로 만동묘의 위세는 대단했다. 흥선대원군이 젊은 시절 만동묘를 참배하려다가 묘지기에게 수모를 당했다는 야사도 있다.

유생들은 만동묘를 중심으로 세력을 형성해 조정에 막강한 영향력을 행사하는 등 그 폐단이 서원보다 훨씬 심했다. 이러한 문제를 해결하려고 흥선대원군은 1865년 만동묘의 지방과 편액을 서울의 대보단大報壇으로 옮겨 황제 제사를 일원화했다. 그 결과 만동묘는 철폐됐다(『고종실록』 2년 3월 29일). 하지만 1873년 흥선대원군이 실각하자 유림의 상소로 만동묘는 복원된다.

1905년 을사늑약 이후 대한제국이 외교권을 빼앗겨 일제 통감부의 내정 간섭을 받을 때는 만동묘가 기구한 운명을 맞는다. 일제는 잡다한 예제를 정비한다는 명목으로 「향사이정享祀釐整」을 제정해 대부분의 국가 제사를 없애거나 축소했다(『순종실록』 1년 12월 25일). 화양리 환장암과 운한각을 불태우고 만동묘는 철폐해 귀속 재산을 국가로 환수했다. 일부 유림이 제사를 몰래 지내며 중국 숭배 사상을 이어갔으나 1940년에는 일제의 탄압으로 비밀 제향마저 중단됐다. 1942년에는 재조지은 목적으로 세운 만동묘 정비正碑의 글자를 모두 지워 버리고 만동묘 건물을 불태워 버렸다. 비석은 땅에 묻었다. 만동묘 건물의 목재와 석재는 괴산경찰서 청천면주재소를 짓는 데 사용했다.

1704년에는 한성 왕궁에 제단이 설치된다. 임진왜란 당시 원병을 보낸 명나라의 은혜를 기리기 위해 창덕궁 후원에 설치한 대보단이다. 제단은 정방형이며 한 변 7.5미터, 높이 1.5미터였다. 바닥과 단 사이에 네 개 계단을 만들었다. 제사는 매년 한 차례 지냈다. 임금의 친제가 원칙이었지만 중병 등 비상 상황에서는 정2품 이상 중신이 대제했다. 황우를 잡아 올리고 나머지 제물과 기구는 문묘 예법을 따랐다.

대보단 설치도 재조지은에서 비롯됐다. 숙종이 명나라 멸망 60주년을 맞아 신종 사당 건립을 제안했고, 노론 신료들이 적극적으로 찬성하면서 속전속결로 진행돼 그해 연말에 완공됐다(한명기, "재조지은과 조선 후기 정치사").

정승들이 신종 사당 건립을 처음 제안했을 때만 해도 숙종은 신중했다. 유교 예법으로 보면 제후의 천자 제사가 부적절하다고 판단했기 때문이다. 명나라 황위를 계승하지 않았고 황실과 혈연 관계도 없는 제후가 황제 제사를 지내는 것은 유교 질서에 어긋났다. 황제 사당을 세우면 제후격인 조선 왕들의 신위가 있는 종묘보다 우대해야 한다는 점도 난제였다. 천자 신위를 모시는 건물은 종묘보다 격을 높이고 제향도 웅장해야 하는데 그렇게 조성할 형편이 못 됐다. 명 황제 사당 소식이 청에 알려졌을 때 생길 외교적 부담도 걱정됐다. 청은 사당을 없애라고 요구할 게 뻔했다. 이런 부작용을 의식한 숙종은 사당 건립 논의를 중단했다.

이후 조선 조정은 사당 대신에 제단 건립으로 급선회한다. 제천祭天과 체제禘祭에서 묘안을 찾은 것이다. 체제는 묘우나 신주 없이 신패만 설치했다가 제사 후 불태우는 방식이다. 제천의식을 따른다면 제후가 천자 제사를 지내도 무방하다고 판단했다. 천자는 제후에게 하늘 같은 존재이므로 천자 제사를 하늘 제사와 동일시한 것이다. 왕의 뿌리를 찾아 체제를 지내는 예에 비춰 봐도 제단 제사는 무방하다고 결론 냈다.

하늘 제사는 둥근 언덕 모양의 원구단(환구단)에 신위를 모시고 지내는 것이어서 사당 제사와 달랐다. 사당은 벽과 지붕으로 둘러싸인 폐쇄 공간으로 제향을 올리고 신위를 보관하는 장소인 반면에, 땅을 돋운 곳에 설치하는 네모나 둥근 모양의 제단은 벽이나 지붕이 없고, 신위는 제사 때만 모시고 평소에는 별도 장소에 보관한다. 단에는 신이 상주하지 않고 제향 때만 강림한다는 사고를 반영한 조치였다.

영의정 이여는 체제를 본받아 명나라 신종의 신위를 만들지 말고 제사 당일 지방을 써서 사용하자고 주장했다. 숙종은 제천 제단과 체제 지방 형식을 수용해 신종 제사를 지내도록 결정했다. 제단만 설치하면 청의 항의나 종묘와의 차별화 문제를 없앨 수 있다고 판단한 결과다. 그러면서 숙종은 "오늘이 있게 된 것은 모두 신종의 재조지은 덕분이다. 임란 당시 명의 신료인 양호는 모셨는데 정작 신종의 사당이 아직 없는 것은 문제다"라며 대보단 건립을 독려했다.

　연암 박지원은 조선 왕들과 송시열의 사대사상을 이렇게 조롱했다.

　　우리 선왕에게는 임금이 있었는데 대명大明 천자가 우리 임금의 임금이다. 선왕에게 신하가 있었는데 시열 영보(송시열)였고, 천자에 충성함이 임금에 충성함과 같았다. 선왕에게 원수는 오직 저 건주위(청나라)라.

　조선의 비애가 서린 곳이 대보단 말고 서울에 더 있다. 동대문 밖 숭인동에 있는 중국식 건축물 동묘東廟가 그 현장이다. 만동묘·대보단과 함께 조선의 사대주의가 얼마나 강력했는지를 보여주는 상징물이다.

　동묘는 3세기 초 중국 삼국시대 촉蜀의 명장 관우의 제사를 지내는 사당이다. 공식 이름은 동관왕묘東關王廟다. 중국에서도 관우는 군신軍神으로 추앙받았고, 송나라 말기부터는 신선으로 격상되며 대제大帝로 떠받들어졌다.

　조선에 관우 사당이 처음 세워진 것은 임진왜란 무렵이다. 1599년 울산성을 점령한 왜군과 싸우다 총탄에 맞은 명나라 장수 유격과 진인을 서울로 옮겨 치료할 때, 명 장수들과 조선 조정이 함께 은을 출연해서 숭례문 밖 산기슭에 세운 남묘南廟가 최초다. 남묘가 완성되자 선조와 문무백관이 참배한 것을 계기로 제사가 정례화했다.

이후 명나라 만력제가 친필 현판과 건축 자금을 조선국왕에게 보내면서 관우 사당을 제대로 지으라고 명령했다. 임진왜란 당시 평양성과 행주산성 등에서 장수와 군사들에게 관우 신령이 나타나 대승을 거뒀다는 보고를 듣고 사당 건립을 지시한 것이다. 이에 조선은 남묘와 별도로 1601년 동대문 밖에 100여 칸 규모의 동묘를 짓는다. 숙종 이후 왕들은 능행길에 어김없이 동묘에 들러 참배했다. 명나라 사신들에게도 동묘 참배가 관행이 됐다.

만주족의 청나라에 의해 멸망한 명나라를 기리는 조선 사대주의가 기승을 부리면서 관우 사당은 전국에 세워졌다. 전라도 강진과 남원, 경북 안동과 성주 등지에 관왕묘가 설립돼 매년 관우 생일인 음력 5월 13일에 제사를 지냈다.

국가 차원의 관우 신격화 작업은 민간에도 큰 영향을 미쳐 무속신앙과 결부됐다. 관우를 담은 무신도巫神圖 등이 유행하고 민간 사당이 건립됐다. 서울 중구 청계천의 성제묘聖帝廟가 그 사례다. 그 안에는 턱수염을 쓰다듬는 붉은 얼굴의 관우가 부인과 나란히 앉아 있는 무신도가 걸려 있다. 1920년대에는 관우 숭배 사상을 반영한 관성교關聖教라는 신흥종교까지 탄생했다.

조선 말기에는 관우 숭상 열기가 더욱 고조돼 한양 서쪽과 북쪽에도 관왕묘를 설립했다. 한양 동서남북 4곳에 건축된 관왕묘

가운데 동관왕묘가 제일 크고 화려하다. 대표 조각상인 금동제 관우신상은 구리 4천여 근(약 2.4t)을 들여 만든 2.5미터 높이의 거작이다. 조선은 서울 사방을 호위하는 관우의 힘을 빌려 영토를 지킬 수 있을 것으로 기대했지만 머잖아 나라를 통째로 빼앗기고 만다. 관우의 신통력이 전혀 발휘되지 않은 것이었다.

관우 제사는 조선 패망 무렵인 순종대에 사라졌다. 국력이 쇠약해져 나라 살림을 꾸릴 형편도 안 되는 상황에서 제사는 너무 벅차다는 이유로 전국의 모든 관제묘 제사를 없앴다.

나라 망친 조선성리학

전가의 보도 '사문난적'

고려 말 중국에서 도입된 주자학(성리학)은 조선에서 통치이념으로 굳어지면서 갈수록 다른 학설을 용납하지 않았다. 차이와 다름을 불허하는 성리학 근본주의 학풍이 정적 제거에 악용되면서 조선 사회는 극도로 경직됐다. 서양 열강이 몰려오던 조선 말기에 쇄국정책을 고수한 것도 이런 사회 분위기와 무관하지 않았다. 공자가 창시한 중국 유학이 노장老莊, 묵가墨家 등과 치열한 학문 경쟁을 통해 기존 사상의 한계와 단점을 보완하며 발전한 것과 너무나 다른 모습이다. 특히 당대 묵가와 치열한 사상논쟁을 벌이면서 진화한 공자 사상은 맹자와 순자를 거치면서 더욱 발전해 한나라 때 백가百家를 물리치고 사상 패권을 장악하게 된다(임건순, "유가를 키운 건 8할이 묵가(밀레니얼 사문난적)", 조선일보 2020. 11. 24). 위진남북조와 수·당 시대에는 각각 불교와 도교를 상대로 사상경쟁을 하며 상대 교리의 장점을 수용해서 유교 이론을 더욱 탄탄하게 다졌다.

중국 유가가 사상경쟁을 통해 꾸준히 발전한 것과 달리, 조선은 주희를 신격화하면서 어떠한 도전도 용납하지 않은 탓에 망국의 길을 재촉했다는 비판을 받는다.

조선 중기만 해도 다양한 학설이 존재했다. 퇴계 이황이나 율곡 이이와 같은 성리학자들이 주자와 다른 견해를 보여도 문제되지 않았다. 반대 학설이 서로 경쟁하면서 학문의 내공과 맷집은 더욱 강해졌다.

17세기 병자호란 이후에는 그런 자유 학풍이 사라지고 만다. 중국이 세상의 중심이라는 중화주의와 조선이 중화라는 조선중화주의 그리고 교조적 주자학이 결합하면서 어떠한 도전도 불허하는 신성불가침의 지위를 굳힌 탓이다. 명의 양명학陽明學, 청의 고증학考證學 등 유학에서도 다양한 사조가 유행한 유학의 본고장 중국과 달리, 유학을 수용한 조선은 성리학 일색이었다. 주자학을 절대화하면서 새로운 학문 해석은 사실상 원천 봉쇄됐다. 주자에게는 어떠한 결점이나 오류도 있을 수 없다는 도그마가 성리학계에 형성됐다. 이런 경향에 도전했다가는 혹독한 대가를 치러야 했다. 사문난적으로 몰려 학계에서 고립되거나 삭탈관직 등의 처벌을 받았다. '사문斯文'은 『논어』에 나오는 말로, 공자가 익히고 계승한 경전을 뜻했다. 사문난적은 유교 경전 해석에 어긋나는 학설을 펼쳐 유학을 어지럽히는 도적을 뜻한다. 조선 후기에는 집권 노론과 다른 의견을 드러낸 남인이나 소론을 사회적으로 매장하거나 탄압할 때 사문난적이라는 낙인이 활용됐다.

성리 논쟁에서 사문난적으로 몰리면 인격파탄자나 불온 사상범이라는 낙인이 찍혀 학계나 정계에서 왕따 신세가 된다. 중세 유럽에서 성행한 이단 재판과 마녀사냥 희생자와 흡사했다. 주자 해석이 워낙 경직된 탓에 양명학·고증학이나 유학 외의 노장학老莊學 등 다른 학문이 발전하지 못했고, 근대 개화기에는 서양 문물 도입이 늦어졌다.

학문적 이견을 용납하지 않으려는 주자학의 교조주의가 조선에서 기승을 부린 데는 송시열의 영향이 컸다. 명나라 패망 이후 중화문명을 계승한 조선을 새로운 중화로 여겨 주자를 극진히 추종한 송시열의 제자들이 권력을 장악했기 때문이다.

사문난적이 본격적인 위력을 발휘한 것은 예송논쟁 이후다. 두 차례 예송논쟁으로 촉발된 정쟁은 차기 숙종 시대로 이어져 정치권에 피바람을 몰고 온다. 예송논쟁 이전에 학문적 비판을 서로 인정하던 공존 체제가 무너진 탓이다. 주자학이 모든 사상논쟁의 시비를 가리는 정통 학문으로 고착되자 새로운 학설은 사문난적으로 낙인찍혀 잔인하게 단죄됐다. '신성 권력'인 주자에 도전했다는 이유로 사람을 죽이거나 귀양 보내는 야만의 시대가 펼쳤다.

사문난적은 노론이 새로운 경전 해석이나 비판 세력을 내칠 때 휘두른 전가의 보도였다. 성리학적 도리를 실천함으로써 사회질서를 바로잡으려던 노론에게 비판 세력은 세상을 어지럽히는 한 줌 도적무리에 불과했다. 사문난적으로 찍히면 본인은 물론, 후손이나 친구에게도 크나큰 화가 미쳤다. 사문난적의 그림자가 워낙 짙고 넓어서 조선의 지식세계는 17세기부터 암흑기로 접어들게 된다. 영의정 출신으로 추사 김정희와 많은 서신을 교환한 권돈인도 1851년 정이천(정이)의 『역전易傳』, 주자의 『소학小學』과 『근사록近思錄』을 비판했다가 사문난적으로 매도당했다(『철종실록』 2년 9월 9일).

사문난적으로 찍힌 대표 인물이 윤휴(1617~1680)와 박세당(1629~1703)이다(탁양현, 『양명 철학: 조선왕조 이단 사문난적 양명학 윤휴 박세당 정약용』, 카멜팩토리, 2019). 이들은 주자학에 도전하거나 노론 영수 송시열을 비판했다가 심한 고초를 겪었다.

북벌 개혁파 윤휴의 좌절

학문과 언변이 뛰어난 윤휴는 1655년 시강원 자의(정7품)로 관직을 시작했다. 자의는 세자에게 학문을 가르치는 시강원에서 가장 낮은 직책으로 저명한 학자 중에서 과거시험 없이 발탁하는 별정 직이다. 윤휴는 자의에서 곧바로 정4품 진선으로 승진했으나 이를 마다하고 사임할 정도로 출세에 연연하지 않았다. 그런 성격 덕에 관직 진출과 사퇴를 거듭하면서 주류 세력에 맞서 반대 목소리를 내거나 다양한 개혁 정책을 제시할 수 있었다.

윤휴는 조선 성리학의 기초를 닦은 이황과 성리학을 완성했다는 이이의 철학을 비판하고, 절대지존으로 추앙받던 주자학마저 공격했다. 주자학이 완벽한 유일 진리라는 주장에 반대해 "세상 이치를 어찌 주자 혼자만 알고 다른 사람은 모르느냐"며 주자학 절대론을 일갈한 일화는 유명하다(이덕일, 『금기어가 된 조선 유학자, 윤휴』, 다산초당, 2021). 경전을 독자적으로 해석함으로써 학계에서 점차 고립됐지만 소신을 굽히지 않았다.

송시열은 오랜 친구인 윤휴가 주자학을 새롭게 해석한다는 이유로 절교를 선언하고 적으로 간주해 버렸다. 송시열은 1653년 충남 논산 황산서원에서 만난 친구 윤선거에게 윤휴를 멀리하라고 요구했다. 당시 윤선거와 윤휴는 매우 친했다는 점에서 이 발언은 명백한 이간질이었다. 송시열은 벼슬 없이 지방에 머무를 당시 "윤휴가 곧 사문난적이다"라는 내용의 상소도 올렸다(『숙종실록』 13년 2월 4일). 유학 세계를 어지럽히는 도적은 학계에서 매장해야 한다는 주장을 펴기 위한 낙인 찍기였다. 조선에서 사문난적이라는 주홍글씨가 등장한 것은 이때가 처음이었다.

송시열은 주자학 해석 문제가 정쟁으로 발전하자 윤휴를 맹공했다. 참적譏賊(외람된 도적), 적휴賊鑴(도적 윤휴), 흑수黑水라는 극언까지 해 가며 멸시했다. 윤휴를 두고 서인은 분열되어, 송시열에게 동조해서 강경비판론을 편 노론과, 비교적 관대했던 윤선거·윤증 부자 중심의 소론으로 갈라졌다.

임진왜란과 병자호란 직후인 17세기 중후반 조선의 최대 과제는 국방력 강화였다. 두 차례 외침에 맥없이 무너진 탓에 막대한 인적·물적 피해가 발생하고 사회질서가 송두리째 무너졌기 때문이다. 오랑캐로 업신여기던 청과 치욕적인 군신관계를 맺고 사대하면서 천자국인 명을 내친 심리적 충격을 치유하는 것도 시급한 과제였다. 효종과 다수 위정자가 분노와 치욕에 떨며 청에 대한 복수를 다짐하면서 기회를 노렸다. 청과 전면전을 벌여 응징하는 북벌은 자연스레 시대적 소명이 됐다. 하지만 중국을 장악한 청을 무력으로 응징하는 일은 쉽지 않았다.

윤휴가 탈주자학의 선구를 자처한 것은 청나라 정벌에 대한 집착 때문이었다. 그는 문치를 강조하던 대다수 조선 유학자들과 달리 상무정신이 유달리 강했다. 왕권 강화를 통해 전국의 모든 군사를 일사불란하게 통제함으로써 강군을 육성하려던 윤휴에게 주자학 정통론은 최대 장벽이었다. 주자학을 신봉하면서 북벌을 주장하는 것은 모순이라는 게 윤휴의 판단이었다. 이 학설대로라면 사대부는 물론, 일반 백성도 국왕과 마찬가지로 성학聖學

의 경지에 도달할 수 있게 돼 군주 중심의 부국강병이 권위를 잃게 된다. 윤휴는 이러한 문제점을 해소하려고 당대에 누구도 지니지 못한 독자 해석을 통해 성학의 주체를 군주로 한정했다(정호훈,『조선후기 정치사상연구: 17세기 북인계 남인을 중심으로』, 혜안, 2004, 265-268쪽). 윤휴는 "하늘은 주자가 강조한 천리天理가 아니라 인격적 존재이고, 국왕은 세상에서 하늘을 대신하는 존재다. 그러므로 왕과 국가를 중심으로 사회가 움직여야 한다"고 주장했다. 공자 사상이나 유교 이상에 다가설 때 굳이 주자를 통하지 않아도 된다는 설명도 했다.

성학을 군주의 학문이 아니라 보편학문으로 여긴 송시열은 이런 윤휴를 맹비난했다. 주자학을 무기로 삼아 신권臣權정치를 구현하려던 자신의 구상에 위협이 된다고 판단했기 때문이다. 송시열은 인간이라면 누구나 학문을 연구하거나 예법을 익힐 자질이 있으므로 군주를 특별하게 취급해서는 안 된다며 치열한 논쟁을 벌였다. 조선 학계는 이전에도 종종 파열음을 내기도 했으나 이들만큼 격렬하지는 않았다. 주자학 해석 차이는 북벌과 민생 인식은 물론, 대책에도 고스란히 반영돼 정쟁의 불씨가 됐다.

주자학 해석 문제로 충돌한 윤휴와 송시열은 북벌의 속도와 방식 등을 놓고도 대립했다. 이들은 서둘러 무력 응징해야 하느냐와 막상 싸웠을 때 승리할 수 있느냐는 문제로 갈등을 빚었다. 송시열은 주자학의 가르침을 따라서 강력한 도덕주의를 실천하며 장기전을 준비하자고 했다. 당장 행동하지 말고 먼 미래에 결정타를 날리자는 일종의 실력양성론이다. 오랑캐로부터 당한 모욕을 갚아야 하지만 군사 대결이 힘든 현실을 고려해서 그들을 능가하는 절대 정신력을 배양하고 문화 역량을 키워야 한다는 의미였다. 송시열이 무력응징론을 경계한 데는 전란 후유증이 심각한 상황에서 군비를 늘린다면 백성의 고통이 가중할 것이라는 판단도 작용했다. 송시열은 오랑캐에 유린당한 중화문명을 조선이 계승한다면 청을 이길 수 있다고 믿었다.

이는 북벌을 염두에 두고 군사·정치·경제 분야에서 당장 과감한 개혁을 단행해야 한다는 윤휴의 신념과 정반대였다. 윤휴의 논리는 단순했다. 좌고우면하지 말고 부국강병책을 이행해서 청을 정벌하자는 것이었다. 청의 군사력이 아무리 강해도 독자 역량을 키워 용감하게 싸운다면 이길 수 있다는 자신감도 피력했다. 윤휴는 강력한 왕권을 위해 간관諫官 제도와 특정 문벌이 독식하다시피 하던 과거 제도 폐지, 비상설기구인 비변사 복원 등의 건의도 했다.

윤휴가 북벌에 집착한 것은 1673년 동북아시아의 질서를 바꿀 수 있는 절호의 상황이 도래했다는 판단에서다(탁양현 지음, 『양명 철학』, 51쪽). 한족 제후들이 통치하는 운남(윈난)과 광동(광둥), 복건(푸젠) 등 3개 번에서 대규모 반란이 일어났다. 이른바 삼번三藩의 난이다. 이 난은 청나라 황제 강희제가 이들 지역을 직접 통치하려는 데 반대해서 생겼다. 윤휴는 삼번의 난 7개월 만에 현종에게 비밀 상소를 올려 청을 정벌하자고 제안했다(『현종실록』 15년 7월 1일). 활솜씨가 탁월한 조선 정병이 화포와 조총을 곁들이면 북경으로 진격할 수 있으며 명나라 부흥을 기치로 내건 반란 세력과 명에서 대만으로 피신해 명 부흥운동을 벌이는 정성공鄭成功 일파까지 연대한다면 승산이 있다고 전망했다. 조총병 10만 명을 양성하며 북벌을 준비하다 천시를 만나지 못하고 1659년 돌연사한 효종의 꿈을 이룰 수 있는 절호의 기회라는 설명도 했다. 윤휴는 기회가 아무리 좋아도 결단을 하지 않으면 도리어 재앙이 될 수 있다며 국왕에게 북벌을 압박했다. "추악한 무리가 오랫동안 도둑질한 탓에 청의 서쪽과 남쪽, 북쪽에서 원망과 분노가 폭발했다"며 "중국 북부와 남부, 일본에도 격문을 전해 함께 떨쳐 일어나게 해야 한다"라는 주장도 했다. 하지만 현종은 아무런 답변을 하지 않은 채 극도로 신중한 자세를 보였다. 성리학 중심의 문화권력에 매몰된 집권 서인의 의중을 고려한 행보로 추정된다.

당시 송시열은 재야에 은거했지만, 중앙 권력을 좌지우지하는 서인의 최고 실력자였다. 조정 대신일지라도 송시열의 허락을 얻은 다음 임금에게 인사 추천이나 정책 제안을 할 정도로 위세가 대단했다. 송시열 세력에 밀려 재야에 머물며 한동안 주춤하던 윤휴는 숙종 즉위 이듬해인 1675년부터 다시 북벌 카드를 꺼내 들었다. 숙종이 조정 요직에서 서인을 내치고 그 자리를 남인으로 대체함으로써 북벌에 유리한 정치 환경이 조성됐기 때문이다. 1675년에는 성균관 정4품 사업㈜業에 발탁돼 중앙 정계에 복귀하면서 북벌론은 더욱 탄력을 받았다. 윤휴는 북벌을 관철하려면 재야보다 조정에서 활동하는 것이 유리하다는 판단에서 관직을 수락했다.

윤휴는 성균관 사업 5개월 만에 대사헌에 오르고 이후 이조 판서 등을 거쳐 1679년 우찬성에 임명됐다. 초고속 승진을 하던 4년 동안 다양한 국방력 강화책을 제시했다. 숙종은 과거에 윤휴가 현종에게 올린 책을 읽고 북벌에 높은 관심을 보였다. 효종이 즉위 후 10년간 북벌을 하루도 잊지 않았으나 도중에 운명한 탓에 천추의 한을 남겼다는 것이 이 책의 요지였다(이이화, 『한국사 이야기 13: 당쟁과 정변의 소용돌이』, 한길사, 2001, 93쪽).

윤휴는 청나라 사신이 왔을 때 숙종에게 절을 하거나 교외로 나가 영접하지 말라는 제안도 했다. 청이 결례를 문제 삼아 침공해 온다면 자연스레 북벌 명분을 얻을 수 있다는 계산에서 나온 심모원려였다. 10만 정병과 황해도와 평안도 일대 군량미를 동원한다면 열흘 안에 청나라 심양을 점령하고 그렇게 되면 중국 내 반청 세력이 호응해 승리할 수 있다는 전쟁 시나리오도 밝혔다(탁양현『양명 철학』, 51쪽).

윤휴는 북벌을 강조하면서도 대안이 부족했던 송시열과 달리 강군 육성을 위한 청사진을 제시했다. 먼저 비변사를 도체찰사부

(체부)로 바꿔 북벌을 총지휘토록 하자고 했다. 비변사는 외침에 대비한 군사기구에서 국정 총괄 기구로 변질했다고 판단한 데 따른 개혁안이었다. 조정 중신들이 체부 체찰사와 부체찰사를 겸하면 군권을 쥘 수 있고, 상시 전시 체제를 가동하면 강력한 군대를 육성할 수 있다고 윤휴는 설명했다. 체부를 신설하면 서인 통제를 받던 군영을 남인이 장악하게 돼 왕권을 안정시킬 수 있을 것으로 윤휴는 기대했다.

윤휴의 구상은 실현되지 못했다. 남인의 영수인 영의정 허적이 도체찰사를 맡았지만 부체찰사는 서인인 병조판서 김석주에게 돌아가 지원사격을 받을 수 없었기 때문이다. 남인과 서인이 서로 견제함으로써 특정 정파가 군권을 장악하지 못하도록 한 균형 인사가 북벌 추진에는 걸림돌이 된 것이다. 윤휴의 과격한 북벌론에는 상당수 남인도 반대했다. 군비 확충 방안이 양반 기득권을 침해한다는 생각 등이 그 이유였다. 결국 윤휴가 부체찰사를 맡아서 체부를 북벌 총지휘부로 꾸리려던 시도는 힘을 잃게 된다.

그런데도 체부는 개성 대흥산성을 쌓고 이천·평양·서흥·곡산 등지에 둔군屯軍을 확보하는 등 나름대로 군사 역량을 키워 나갔다. 윤휴는 숙원이던 북벌을 위해 수레를 제작하고 만인과(만과)를 도입하자는 묘안도 내놨다(『숙종실록』 3년 2월 15일). 수레는 평소 농기구로 쓰다가 전쟁 때는 전차로 개조해 청 기병을 상대할 수 있는 민군 겸용 무기였다. 만인과는 무과 선발 인원을 기존 28명에서 1만 명으로 늘려 하급장교를 대거 양성하되 모든 신분에 응시 기회를 개방하는 제도다. 양반과 상민, 노비 등 신분과 무관하게 무예와 담력이 뛰어난 인재를 뽑아서 하급장교로 활용하려는 방안이었다. 한국전쟁 당시 군인과 민간인 구별 없이 2주 단위로 모집해 24주 훈련을 거쳐 전선 소대장으로 내보낸 갑종간부후보제와 유사했다.

윤휴는 다양한 민생 개혁에도 앞장섰다. 양대 전란과 소빙하기 등 기후 변화의 여파로 도탄에 빠진 백성의 삶을 개선하지 않으면 북벌은 불가능하다는 판단에서다. 윤휴는 사대부 특권 타파와 민생 해결을 위한 개혁 정책을 최우선 국정 과제로 제안했다. 지패법紙牌法과 호포법戶布法은 양반 기득권 철폐를 위한 방안들이었다.

지패법은 정묘호란의 패전을 거울 삼아서 만들었다. 후금 군대가 평안도 안주성을 공격했을 때 병사들이 서얼, 상민, 노비, 양반 등으로 차별된 호패 제도에 불만을 품고 제대로 항전하지 않아 성이 함락됐다. 16세 이상 남자가 차고 다닌 호패는 신분별로 상아나 뿔, 나무 등으로 재질을 달리하고 기재 내용을 구별한 탓에 상민 차별 수단으로 악용됐다. 임진왜란 때 상민들이 대거 왜군의 앞잡이가 된 데는 신분 차별의 상징인 호패법의 영향이 적잖았다. 온갖 특혜를 누리면서 정작 국방 의무 등은 회피하는 양반의 나라에 군이 충성할 필요성을 느끼지 못해 줄줄이 왜군에 투항했다고 한다. 윤휴는 호패법이 존재하면 안주성 전투처럼 패전이 불가피하다고 보고 이런 폐단을 없애기 위해 지패법을 제안했다. 16세 이상 남자들에게 신분과 무관하게 똑같은 종이 재질의 증명서를 발급하는 제도다(『숙종실록』 1년 9월 26일). 오늘날 주민등록증과 흡사해 위화감 해소에 적격이었다.

호포법은 임진왜란과 병자호란으로 상민의 군포 납부가 급증해 허리가 휘어진 현실을 개선하기 위한 고육지책이었다. 16~60세 양인 남자가 군역 대신 매년 두 필씩 부담하는 군포(병역세)를 양반도 내도록 한 법이다.

호포법과 함께, 모든 병역 대상자가 군포를 똑같이 내도록 하는 구산법口算法도 제안했다(『숙종실록』 3년 2월 15일). 가족 숫자대로 군포를 거두면 정부 재원이 커지는데도 대가족을 거느린 양반의 반대는 극렬했다. 그러나 윤휴의 생각은 확고했다. 사망자와 아이에게 부과한 군포를 먼저 탕감하고 호포법을 시행한다면 민생 안정과 함께 국방력 강화 효과를 동시에 얻을 수 있다고 믿었다.

일련의 개혁 정책은 집권 서인의 집요한 방해 등으로 인해 제자리를 맴돌았다. 남인 내부에서 개혁 속도를 놓고 윤휴 중심의 급진파 청남淸南과 허적 중심의 온건파 탁남濁南이 대립한 것도 악재였다. 그 결과 호포법은 애초부터 무산되고 지패법은 잠깐 시행됐으나 적잖은 부작용만 남기고 폐지됐다. 엄격한 신분질서의 훼손을 우려한 양반층의 강력한 저항 앞에서 주저앉은 것이다.

윤휴는 조선 개국 이후 고착된 서얼 차별을 철폐하자는 주장
도 했다. 인재 확보의 폭을 넓히려는 서얼 허통許通론이다. 공자
와 맹자조차 인정하지 않은 신분제 탓에 국력이 극도로 쇠약해졌
다는 판단에서 나온 개혁안이다. 서얼 차별은 고려에는 거의 없었
으나 1415년 조선 태종에 의해 서얼금고법이 시행되면서 본격화
했다. 서얼은 문과·생원·진사시에 응시할 수 없고 일부 기술직에
만 진출했다. 윤휴는 서얼을 차별하면 국가 인재를 방치할 뿐 아
니라 가정에서 친자식을 두고 양자를 들이는 폐단이 생긴다고 지
적했다.

윤휴는 다방면에 걸친 혁신 사상가였지만 양반층의 강력한 장벽
에 막혀 북벌을 시도해 보지도 못하고 비참한 죽음을 맞게 된다.
주자학의 권위에 도전하고 송시열에게 날을 세우다가 사문난적
1호로 찍혀 미운털이 박힌 것이 참사의 원인이다. 강군 양성을 통
한 북벌을 일관되게 주장한 것도 낭떠러지 추락에 영향을 미쳤다.

윤휴는 1680년 남인 일파를 대거 제거한 경신환국 당시 생을
마감했다(탁양현, 『양명 철학』, 54쪽). 허견이 복선군을 왕으로 추대하
려 했다는 역모 공작의 불똥을 맞았기 때문이다. 허견은 모진 고
문을 이겨 가며 결백을 호소하다가 능지처사되고 복선군은 교수
형에 처해졌다. 영의정 허적은 서인庶人으로 강등됐다가 사형을
당했다(『숙종실록』 6년 4월 12일). 윤휴는 역모에 직접 연루되지 않았
지만 서인들과 유생들의 거짓 상소로 파직되고 의금부에 갇혀 허

견의 역모에 가담했다는 혐의를 인정하라며 모진 고문을 받았으나 끝내 굴복하지 않았다.

윤휴는 유배형을 받고 함경북도 갑산으로 출발한 지 얼마 되지 않아 죽게 된다. 형량이 갑자기 사형으로 바뀌어 뒤쫓아 온 금부도사의 사약을 받은 것이다. 그때 윤휴는 "유학자가 싫으면 나라에서 쓰지 않으면 그만이지 죽일 이유가 있느냐?"며 주자학 교조주의에 포획된 조선을 개탄했다. 부국강병을 통한 북벌을 고집하고 호포제 등으로 백성의 부담을 덜어 주려 했던 개혁정치가 윤휴는 끝내 이상을 실현하지 못한 채 서인들의 정치보복에 희생됐다.

조선판 탈레반과 그 후예들

경신환국 1년 만에 중국에서 삼번의 난이 완전히 진압돼 청은 급격히 안정을 되찾게 된다. 이로써 조선의 북벌 기회는 영원히 사라지고 만다. 윤휴가 죽은 지 나흘 만에 송시열은 유배에서 풀려나 최고 실세로 군림했다. 개혁가 윤휴에게 최초로 사문난적의 낙인을 찍은 송시열의 세상을 예고하는 순간이었다.

경신환국을 통해 중앙 정계에서 남인들을 몰아내는 데 성공한 서인들은 주자는 물론, 송시열 사후 그를 신격화했다. 노론의 정신적 지주로서 송시열을 국가 차원의 스승인 '송자宋子'로 격상했다. 조선의 유학자 가운데 '–자' 칭호를 받은 인물은 송시열이 유일했다. 공자와 주자를 계승하여 조선 유학을 집대성한 성인이라는 뜻이다. 송시열의 글들은 사후 역대 최대 문집인『송자대전』으로 간행됐다.『조선왕조실록』에 송시열이 무려 3천 번가량이나 등장하는 점에서 정치·사상계에 미친 그의 영향력이 얼마나 컸는지를 짐작할 수 있다(강명관, "송시열과 그들의 나라", 주간조선 2018. 10. 15). 송시열의 최고 존엄 지위는 사후에도 이어져 주자는 물론, 그를 모독하는 사람은 혹독한 대가를 치러야 했다.

서계 박세당(1629~1703)도 송시열에 반기를 들었다가 사문난적으로 몰려 비참한 최후를 맞은 인물이다. 양명학이나 노장사상 등 비주류 학문에 깊은 관심을 보인 박세당은 집권 노론이 숭상하는 주자학과 다른 세계관을 보였다. 더 나아가 노론의 최고 지도자인 송시열의 역린마저 건드렸다가 나락으로 떨어졌다. 병자호란 직후 청 태종의 공덕을 찬양하는 삼전도비문을 지은 이경석의 신도비를 건립할 때 비명碑銘에서 송시열을 공격한 게 화근이었다. 인조의 강압으로 마지못해 삼전도비문을 지은 이경석이 봉황이라면 전후 사정을 무시한 채 이경석을 비난한 송시열은 올빼미와 같은 소인배라고 박세당은 비판했다.

신도비 파문은 조선 정치권을 강타했다. 성인으로 추앙받는 주자를 헐뜯고 노론의 정신적 지주인 송시열을 모욕한 박세당을 엄벌해야 한다는 요구가 폭주했다. 1700년 4월에는 성균관 유생들이 박세당을 향해 십자포화를 퍼부었다(『숙종실록』 29년 4월 17일). 성균관 유생 180명은 박세당이 지은『사변록』과「이경석 신도비

명銘」을 불태우라는 상소를 올렸다. 성인인 주자와 어진 송시열을 업신여기고 욕되게 했으니 중형을 내려야 한다는 청원도 쏟아 냈다. 유생들이 박세당 단죄의 빌미로 신도비명을 거론했지만, 그 이면에는 『사변록』에 대한 노론의 분노가 반영됐다("주자학에 통달한 인물을 이단이라니……", 주간동아 2006. 9. 21). 『사변록』은 『논어』, 『맹자』, 『중용』, 『대학』을 해석한 주자의 『사서집주』를 박세당이 비판적 시각에서 새롭게 해석한 책이다. 특히 "육경六經은 하나로 귀결되지만 그 경로는 여러 갈래이므로 다양한 견해가 수용돼야 한다"는 『사변록』 서문을 노론이 문제 삼았다. 주자 학문을 둘러싼 다른 해석의 여지를 원천 차단한 노론은 박세당의 학풍을 도저히 용납할 수 없었다.

박세당이 "장례 후에 아침저녁으로 올리는 상식上食을 설치하지 말라"고 한 유언도 파문을 낳았다. 이는 형식론에 빠진 조선 주자학의 허례허식을 거부한다는 의미여서 성리학계에 적잖은 충격을 줬다. 노론과 유생들은 급진적인 박세당을 가만두지 않았다. 사문난적이라는 흉기 언어를 동원해서 집요하게 공격했다 (윤희권, "박세당의 생애와 학문", 『국사관논총』 3: 210-211, 1992).

결국 유생들의 상소 등으로 박세당은 75세의 고령임에도 삭탈관직과 함께 전라도 유배형 선고를 받았다. 그러나 이인엽 등 제자들의 상소 덕에 막상 유배형은 실행되지 않았다.

송시열이 죽어 없어졌는데도 그의 학문 권력은 훨씬 강고해진 탓에 이들이 벌이는 저주의 굿판에 걸려들면 누구든지 희생됐다. 천의 얼굴을 띤 학문의 세계에 하나의 진실만 강요하면서 이단을 내쳤다는 점에서 주자학 극단주의자들은 오늘날 김일성 맹신주의자나 아프가니스탄 탈레반, 나이지리아 보코하람과 유사했다.

조선 건국과 함께 심해진 사대사상은 국제정세 변화에도 아랑곳하지 않고 약 500년간 유지되다가 망국 직전에야 힘을 잃었다. 1894년 6월~1895년 4월 한반도 지배권을 놓고 청과 대결한 일본이 전쟁에서 승리하면서 조선의 대중국 조공외교에 급제동이 걸렸다. 이후 자주권과 자강운동에 눈을 뜬 조선이 중국 사신을 영접하던 사대외교의 상징물 영은문을 1896년에 허물고 그 자리에 독립문을 건립했다.

그러나 중화사상과 주자학 절대주의 여파는 오늘날까지 남아 정치권을 타락시키고 있다. 정치적 견해를 달리하는 인물에게 토착왜구나 독재 부역자, 빨갱이, 적폐 등의 딱지를 붙여 배제하고 탄압하는 방식이 그 사례다. 인간의 공과를 객관적으로 판단하지 않고 '사문난적 흉기'를 휘둘러 정적을 제압하는 주자 절대론자들의 악습이다.

주자학 절대론은 오늘날 북한의 수령 유일 지도체제에도 적잖은 영향을 미쳤다. 조선 성리학자들이 주자를 신격화한 것처럼 "수령은 무오류의 완전한 지도자"라는 인식이 확고한 이들에게 백두혈통 신격화는 어쩌면 자연스러운 현상인지도 모른다.

육참골단 각오로 국권 지킨 베트남

베트남(월남)은 우리와 마찬가지로 지리적으로 인접한 중국에 조공했으나 조선보다 훨씬 당당했다. 과도하게 저자세를 취하거나 능욕을 당하지는 않았다. 국가의 핵심 이익이 침해될 때는 과감히 맞선 결과였다. 복싱경기에서 코너에 몰려 가드를 내리고 반격 의사를 보이지 않아 샌드백처럼 두들겨 맞은 선수가 조선이라면, 어퍼컷이나 잽을 날려 상대가 큰 주먹을 함부로 휘두르지 못하도록 견제한 선수는 베트남이었다.

베트남은 기원전 111년부터 서기 939년까지 무려 1,050년 동안 중국 지배를 받았지만, 독립 이후에는 국가 생존이 걸린 문제에는 맞서 싸웠다. 이후 1975년까지 15차례 외침을 받은 중에 11번이 중국 침략이었다(유인선, "전근대 베트남의 대중국 인식", 『동북아 역사논총』 23, 2009). 그때마다 강하게 저항한 역사 때문에 베트남 국민의 특징으로 '불굴의 독립 의지'나 '끈질긴 대외 투쟁'이 거론된다.

송 태조 조광윤이 중국을 통일하고 남방으로 세력을 뻗었을 때 베트남은 용감하게 맞섰다. 979년 딘 보 린 부자가 살해되고

6세 아들인 딘 도안이 즉위하자 송은 수륙 양군으로 침공했다. 왕위 계승이 분봉의 예에 어긋난다는 게 침략 이유였다. 하지만 어린 딘 도안을 대신해서 황제에 오르며 전기 레黎 왕조를 연 레호안이 치열하게 싸운 덕에 송군을 물리칠 수 있었다. 어린 나이에 즉위한 제4대 황제 인종은 1075년 송의 위협을 알고 먼저 공격하는 모험을 감행하기도 했다. 그 결과 광동(광둥)성과 광서(광시)성의 일부를 점령해 포로 수천 명을 잡고 전리품을 대거 노획할 수 있었다. 송은 이듬해인 1076년 보복전에 나섰지만 별 성과도 없이 타협하는 굴욕감을 맛봤다. 포로 교환과 일부 지역 할양을 조건으로 군대를 철수했다. 이후 베트남은 송과 형식적인 책봉-조공 관계를 토대로 평화를 유지할 수 있었다.

아시아 전역은 물론 유럽까지 점령한 몽골군 앞에서도 베트남은 저력을 발휘했다. 쩐陳 왕조는 1257년 몽골 침공군에 맞서 대대적인 반격을 가해 국토를 지켜 냈다. 1279년 재차 침략한 몽골군은 베트남 남부 참파까지 장악해 집단학살을 일삼다 게릴라전에 밀려 철군했다. 1287년 병력 8만 명과 선박 500척을 동원한 3차 공격도 4개월 만에 실패로 끝났다.

중국 역사상 최후의 한족 통일왕조를 연 명나라도 베트남을 지배하려다가 큰 상처만 입고 말았다. 명 영락제는 1406년 왕위 계승을 문제 삼아 병력 약 20만 명을 이끌고 파죽지세로 베트남을 공격해 2개월 만에 하노이를 점령했다. 베트남의 독립을 절대 허용하지 않으려는 듯 명의 통치 제도를 도입하고 백성의 복장과 두발 모양새를 중국식으로 바꿔 버렸다("중국에 맞선 베트남 저항의 역사", 시사저널 2010. 8. 17). 명의 직접통치는 오래가지 못했다. 베트남 전역에서 전개된 항전이 10여 년간 이어져 1428년 후기 레黎 왕조를 수립할 수 있었다. 그 기간에 명은 병력 약 30만 명을 잃었다. 베트남 군주는 조공 문서에만 왕으로 표현했을 뿐 국가 자주성은 지켜 나갔다. 국가 이름을 대월大越로 부르고 군주는 국내에서 황제로 칭했다. 훗날 세계 최강국인 미국과 싸워 내쫓는 저력을 이때부터 비축한 셈이다.

명을 밀어내고 중국을 장악한 청은 건국 초기에 베트남과 책봉-조공의 끈으로 우호관계를 유지했다. 그러나 건륭제 시기인 1788년 떠이 썬西山 삼형제의 반란을 계기로 베트남을 침공했다. 위기에 몰린 후기 레 왕조의 마지막 황제 찌에우 통 데가 원병을 청했기 때문이었다. 청은 국경을 넘어 동 낀에 입성했지만, 이듬해 초 심각한 저항에 봉착해 북쪽으로 밀려났다. 그 이후 베트남에서 농민 반란 왕조가 들어서자 청은 국권을 인정하게 된다. 뒤이은 응우옌阮 왕조도 청과 조공 관계를 회복하면서 평화 체제를 구축했다.

베트남의 상무정신은 현대에도 이어지고 있다. 국경을 맞댄 중국과 잦은 충돌을 빚다가 1979년 전면전을 벌인 것이 대표 사례다. 1978년 베트남이 중국의 우방인 캄보디아를 침공해 크메르

루주 정권을 교체하려 한 것이 전쟁의 불씨였다. 베트남이 국내 화교 25만 명의 재산을 빼앗고 국외로 추방한 것도 갈등 요인이 었다. 급기야 중국이 베트남 5개 도시를 공격하면서 전면전으로 발전했지만, 16일간 지속된 전쟁에서 중국은 큰 손실을 보고 물러났다. 1984년에는 베트남군 10개 사단이 중국군 국경부대를 향해 하루에만 1만 발의 포격을 가했다. 1988년 3월에는 난사(남사)군도 쟁탈전으로 중국과 베트남에서 각각 24명, 60여 명이 죽었다.

베트남도 법과 정치, 외교, 군사권 행사 등에서 대대로 중국의 간섭을 받았으나, 국가 핵심 사안에는 과감하게 맞섬으로써 굴욕을 최대한 줄일 수 있었다. 내 살점이 떨어져 나가더라도 상대의 뼈를 부러뜨리고 말겠다는 육참골단肉斬骨斷의 각오가 국가 자존심을 지킨 비결이었다. 조선이 명에 취한 태도와 너무나 대조적인 안보 전략이었다.

오늘날에도 베트남의 대중 외교는 우리에게 적잖은 시사점을 안겨 준다. 남중국해 영유권 등을 놓고 중국과 아세안(ASEAN) 국가들 간에 이해가 충돌하는 상황에서 주권 수호 의지를 가장 확실하게 실천하고 있는 나라가 베트남이다. 베트남은 지도 작성 때 남중국해를 자기 나라 기준으로 동해로 바꿔 표기한다. 중국의 윽박지르기 영토 주장에 주눅 들지 않고 또박또박 반박했다. 중국의 거대 군함에는 자국 함대를 동원해서 맞대응했다.

그렇다고 베트남이 중국과 늘 대립각을 형성하는 것은 아니다. 두 나라는 공산주의를 국가체제로 공유하는 세계에서 몇 안 되는 나라다. 덩샤오핑(등소평)의 중국이 1978년 개혁·개방 드라이브를 걸자 베트남도 이에 뒤질세라 1986년 '도이 머이'라는 혁신안을 토대로 국가 대개조에 나섰다. 세계 자본주의 물결을 거부한 공산권에서는 매우 이례적인 행보였다.

이웃한 두 공산국가는 치열한 개혁·개방 경쟁을 벌이며 경제 분야 등에서 눈부신 성과를 일궈 냈다. 다만, 시진핑 주석의 1인 지배 체제 강화로 중국의 정치개혁이 되레 후퇴하는 듯한 조짐을 보이는 데 반해 베트남은 권력분점 구도를 유지하며 민주화 청사진을 그리는 등 정치개혁에서도 결실을 얻고 있다.

중국과 베트남 공산당의 한자 약칭은 각각 중공中共과 월공越共이다("중공과 월공", 조선일보 2021. 5. 21). 중국이 1인 중심으로 권력을 몰아가는 데 집착하고 있는 것과 달리 베트남은 공산주의 체제를 뛰어넘는 진정한 '월공越共' 단계에 접어든 모습이다. 공동 가치를 추구하되 차이점을 인정한다는 구동존이의 모범 사례이자 우리도 참고할 만한 행보다.

한국전쟁 이후에는 반세기가 지나도록 중국의 해코지가 중단됐다. 중국이 개과천선해서가 아니라, 한국전 참전 후유증으로 생긴 내부 시련이 장기화하면서 한반도로 눈 돌릴 겨를이 없었기 때문이다.

농·공업의 비약적인 증산을 목표로 1958년부터 추진한 대약진운동은 무리하게 강행한 탓에 약 4,500만 명에 달하는 아사자를 낸 채 5년 만에 대실패로 끝나 버렸다. 설상가상으로 마오쩌둥이 대약진운동으로 추락한 자신의 권위를 회복하려고 1966년부터 문화대혁명을 일으키면서 대륙 전역에 피바람이 불었다. 낡은 사상舊思想·문화舊文化·풍속舊風俗·관습舊習慣을 척결한다는 '4구' 파괴운동이 대대적으로 전개되면서 주요 사찰과 교회, 수도원 등 종교시설이 사라지고 수많은 종교인이 고문과 폭행을 당했다. 소수민족의 피해도 막심했다. 티베트에서 사찰 6천 개가 파괴되고 내몽골에서는 2만 2,900명이 분리주의 혐의로 학살당했다. 윈난성에서는 궁전이 불타고 이슬람교도 1,600명이 희생됐다. 옌볜의 조선족도 문화혁명의 마수에 걸려들었다. 한국어로 수업하는 민족학교들이 공격을 받았고 민족주의자로 지목된 인사들은 온갖 학대에 시달려야 했다. 문화혁명을 주도한 혐의로 기소된 사인방을 재판한 법원은 문화혁명 기간에 총 72만 9,511명이 박해를 받아 3만 4,800명이 죽었다고 발표했다.

문화혁명은 1976년 마오쩌둥이 사망하면서 끝나게 된다. 이후 중국은 한동안 혼란을 겪다가 1978년 집권한 덩샤오핑이 실용주의 노선을 채택한 덕에 비약적인 경제 성장을 이뤘다. 1990년대 중국의 개혁개방을 이끈 덩샤오핑의 외교 방침은 때를 기다리며 실력을 기른다는 '도광양회韜光養晦'다. 그 덕분에 한국을 비롯한 주변국은 중국 눈치를 볼 필요가 없었다. 9세기 말~10세기 초 산동의 소금 밀매업자인 황소黃巢의 난으로 당이 멸망한 이후 5대 10국 시대가 펼쳐진 약 50년 동안 중국이 내부 혼란을 겪은 덕에 이웃 국가들이 모처럼 평화를 누린 역사의 재현이었다.

그러나 개혁개방 이후 국내총생산(GDP) 성장률이 연평균 9.4에 이르면서 경제력과 군사력이 주요 서방 국가를 능가할 만큼 성장하자 다시 중국 위협론이 불거졌다. 중국은 센카쿠열도, 난사군도, 황옌다오 등을 놓고 주변국과 영토 분쟁을 벌이는 등 세계 곳곳에서 영유권과 광물·수산자원 등을 놓고 갈등을 빚고 있다. 특히 대만에 대한 중국의 군사 굴기는 위험 수위로 치닫고 있다. 중국 군용기가 2020년에만 대만 방공식별구역(ADIZ)에 380여 차례 진입했다.

중국 군용기는 우리나라 방공식별구역(KADIZ)에도 무단 진입해 무력시위를 벌였다. KADIZ 진입 때는 중국뿐만 아니라 러시아 폭격기가 동시에 출격함으로써 위협 수위를 높였다. 2018~20년 중국의 KADIZ 무단 진입은 150여 차례에 달한다.

중국 군대는 하늘뿐만 아니라 바다에서도 긴장을 고조시켰다. 2013년 공해상인 동경 124도선 주변에 부표를 설치하고 한국군 진입을 금지한다고 일방적으로 통보했다. 이후 우리 해군 함정이 부표 주변으로 다가가면 중국 해군이 달라붙어 즉각적인 퇴각을 경고했다. 서해 70퍼센트 이상을 차지하는 124도 선도 모자랐는지 2020년 12월에는 백령도 앞바다까지 진출했다. 2021년 3월에는 055형 최신 구축함을 비롯한 중국 해군 함대가 군사훈련을 했다. 중국이 한반도 주변 해역에서 야금야금 영역을 넓혀 가는데도 우리 해군은 방관하다시피 하고 있다. 해양 주권 수호 의지를 의심케 하는 태도다.

중국의 역내 안보 위협이 갈수록 커지자 북대서양조약기구(나토) 정상들은 나토 70주년을 맞은 2019년 "우리는 중국의 커지는 영향력과 국제 정책이 기회뿐 아니라 우리가 동맹으로서 함께 대처할 필요가 있는 도전을 초래하고 있다는 사실을 안다"는 내용의 공동 성명을 발표하며 경계심을 드러냈다("中 도전에 공동 대처 한목소리 낸 나토", 서울경제 2019. 12. 5). 중국 부상에 따른 전략적 도전을 나토 정상들이 공식 인정한 것은 이때가 처음이었다.

인터넷을 통한 중국의 대외 위협도 예사롭지 않다. 주도 세력은 21세기 홍위병으로 불리는 '펀칭(憤靑, 분노한 청년)'이라는, 사회주의와 중화주의로 무장한 청년들이다. 이들에게는 중국은 서방보다 우월하며 세상의 중심이 돼야 한다는 믿음이 확고하다. 이들은 홍콩 시위 때 민주화 진영을 향해 무차별 사이버 공격을 퍼부었고 대만에는 무력 공격을 해야 한다는 호전적 태도를 보였다.

중국의 그릇된 애국주의 광풍은 한국에도 엄습했다. 여진족 계열이 세운 금과 청이 백두산에 제를 올린 지역을 관광지로 개발하고 백두산의 유네스코 세계지질공원 단독 등재를 추진하고 있다. 관변 신문인 〈환구시보〉는 한복과 김치, 삼계탕이 중국에서 유래했다고 보도하고, 공산당 기관지인 〈인민일보〉는 한국전쟁을 미국의 침략전쟁으로 날조했다.

자국에 불리한 역사 지우기에는 중국 정부까지 적극적으로 가담한다. 강원도 양구군과 화천군에 걸친 파로호破虜湖의 이름을 바꾸도록 우리 정부를 압박한 것이 그런 사례다. 파로호는 한국군이 6·25전쟁이 한창이던 1951년 5월 26~29일 화천저수지 일대에서 중국군을 격파한 것을 기념해 이승만 대통령이 '오랑캐를 무찔렀다'라는 뜻으로 지은 이름이다. 세계 G2 국가 반열에 오른 중국이 중국몽을 꾸는 마당에 6·25 당시 패전의 기억을 소환하는 '파로'는 현대판 황제국의 자존심을 상하게 한다는 생각에서 개명을 요청한 것이라고밖에 해석할 수 없다. 중국 외교당국은 주중 한국 대사관과 강원도 등을 통해 파로호의 명칭을 바꿔 달라는 요구를 반복했다.

중국의 파로호 개명 요구에 일부 시민단체가 동조했다. 파로호에 남은 전쟁 상흔을 치유하는 것은 한중 친선은 물론 한반도와 동아시아 평화를 만들어 가는 디딤돌이 될 것이라는 게 찬성 이유였다. 하지만 중국이 2016년 경북 성주 사드 배치를 문제 삼아 경제보복을 취하고 6·25전쟁을 반미감정 조장에 활용하는 마당에 개명은 바람직하지 않다는 여론이 더 컸다. 당나라 태종 집권기에 이뤄진 고구려 경관 철거(제1장 참조)의 교훈도 개명 불가론에 힘을 싣는다.

당 태종은 중국에서 역사상 가장 훌륭한 성군으로 존경받는 인물 중 한 명이다. 태종 치세의 연호가 정관이어서 이때를 일컬어 정관의 치貞觀之治라고 부르며 태평성대의 귀감으로 삼는다. 당 태종은 오랜 전란으로 폐허가 된 중원을 단기간에 안정시키고 세금과 부역, 형벌 부담을 줄여 준 덕에 당나라 인구가 늘어나고 생산력이 증대됐다. 태종이 국력을 신장시켜 당의 국제 위상을 드높였다는 점에서 중국에서는 영웅일지 모르지만, 한반도에는 재앙을 불러온 인물이다. 태종을 전후한 시기에 당은 연이은 침략으로 고구려와 백제를 무너뜨린 다음 동맹국 신라까지 삼키려 했다. 그 결과 우리 영토는 고구려 땅을 모조리 빼앗기고 대동강 이남으로 쪼그라들었다. 시진핑 중국 주석이 집권한 2013년부터 줄곧 언급해 온 '중국몽'의 모델도 당 태종 집권기라는 해석이 많다. 시 주석이 내세운 중국몽에는 패권경쟁에서 승리해서 당나라 시절 중국이 누린 지위와 영광을 되찾겠다는 의지가 숨어 있다는 것이 국제사회의 시각이다.

문재인 대통령은 이런 역사를 아는지 의심스러울 정도로 시진핑의 중국몽을 칭찬했다. 중국 방문 당시 "통 큰 꿈"이라는 표현으로 중국몽에 대한 찬사를 늘어놓았다. 고구려 경관 철거 이후 중국이 한반도를 잔인하게 짓밟았다는 점에서 국가 정상의 이런 태도는 부적절하다.

중국이 '항왜원조', '항미원조' 등을 읊조릴 때는 그 속내를 의심해야 한다. 중국을 중심에 둔 이 발언에는 일본과 미국에 맞서 한반도를 자신의 세력권에 묶어 두려는 의도가 담겼기 때문이다. 중국은 날로 커지는 국력을 내세워 역사를 입맛대로 해석하려는 시도를 더욱 노골화할 것으로 보여 대응 역량 구축이 시급하다.

중국의 2천 년 갑질을 되새겨 본 이 책이 중국의 이런 역사 왜곡의 폭주를 저지하는 데 조그마한 보탬이라도 되기 바란다.

참고문헌

사서, 사료

『고려사』.

『매천야록』.

『사기』.

『삼국사기』.

『삼국지·위서』.

『승정원일기』.

『심양장계』.

『조선왕조실록』.

『조선총독부관보』.

『통문관지』.

저술, 기고

강명관, "송시열과 그들의 나라", 주간조선 2018. 10. 15.

강선, 이종묵 옮김, 『국역 연행록』, 국립중앙도서관, 2009.

구범진, 『병자호란, 홍타이지의 전쟁』, 까치, 2019.

규장각 한국학연구원 엮음, 『조선 사람의 세계여행』, 글항아리, 2011.

＿＿＿,『세상 사람의 조선여행』, 글항아리, 2012.

김경록, "조선시대 사신접대와 영접도감",『한국학보』117, 2004.

＿＿＿, "조선시대 사행과 사행기록",『한국문화』38, 2006.

김경수, "임진왜란 관련 민간일기 정경운의『고대일록』연구",『국사관논
　　　총』92, 2000.

김광순 옮김,『산성일기』, 서해문집, 2004.

김기덕, "고려조의 왕족봉작제",『한국사연구』52, 1986.

김남,『노컷 조선왕조실록』, 어젠다, 2012.

김동철,『다시 쓰는 징비록: 환생 이순신』, 한국학술정보, 2016.

＿＿＿, "얼레빗과 참빗(김동철 칼럼)", 베이비타임즈 2017. 11. 21.

김보광, "12세기 초 송의 책봉 제의와 고려의 대응",『동국사학』60, 2016.

김성호, "연변지역 조선민족 항일혁명투쟁의 특수성 연구(2)",『국사관논
　　　총』100, 1998.

김원모, "원세개의 한반도 안보책",『동양학』16, 단국대학교 동양학연구
　　　원, 1986.

김종대,『이순신, 신은 이미 준비를 마치었나이다』, 시루, 2012

김종수, "조선시대 사신연 의례의 변천",『온지논총』38, 2014.

김준태, "선조와 유성룡(김준태의 보스와 참모의 관계학)", 월간중앙
　　　2017. 9.

김현숙, "한국 근대 서양인 고문관 연구", 이화여자대학교 박사학위논문,
　　　1999.

나만갑, 서동인 옮김,『병자년 남한산성 항전일기: 왕은 숨고 백성은 피
　　　흘리다』, 주류성, 2017.

노대환, "숙종·영조대 대명의리론의 정치·사회적 기능", 『한국문화』 32, 2003.

노혜경, "淸 부담스러워 병났다며 사신 피한 숙종…… 원칙대로 대접하고 실리 챙긴 영조", 동아비즈니스리뷰 2014. 8.

박래겸, 조남권·박동욱 옮김, 『심사일기』, 푸른역사, 2015.

박명희, "카이로회담에서의 한국문제에 대한 중화민국정부의 태도", 『동양학』 47, 단국대학교 동양학연구원, 2010.

박보균, "'한국 자유·독립조항' 루스벨트가 주연…… '장제스 역할론'은 과장된 신화다(박보균의 현장 속으로)", 중앙일보 2013. 11. 16.

박영규, 『한권으로 읽는 고려왕조실록』, 웅진지식하우스, 2000.

_____, 『환관과 궁녀』, 웅진지식하우스, 2009.

_____, 『한권으로 읽는 조선왕조실록』, 웅진지식하우스, 2020.

박일송, "6·25전쟁 시기 제2군단의 전투효율성으로 본 금성전투의 의의", 『군사연구』 150, 육군군사연구소, 2020.

박종구, "수나라 2대 황제 수양제(박종구의 중국 인물 이야기)", 광주일보 2017. 4. 11.

박종인, "반정공신 김자점의 기똥찬 처세술(박종인의 땅의 역사)", 조선일보 2020. 6. 2.

_____, "매국노 하나가 나라를 뒤흔든 시대가 있었다(박종인의 땅의 역사)", 조선일보 2021. 4. 7.

박희병·박희수, "조선시대 중국 파견 사신의 총칭 문제", 『한국문화』 86, 2019.

백지원, 『완간 고려왕조실록』, 진명출판사, 2010.

서양자, "서양자 수녀의 중국 가톨릭 교회사", 가톨릭신문 1999. 9. 12.

손세일, "한국 민족주의의 두 유형: 이승만과 김구(손세일의 비교 평전)", 월간조선 2010. 12.

송기호, "왕국과 황제국(송기호의 역사 이야기)", 『대한토목학회지』 62(2), 2014.

_____, "칙사대접(송기호의 역사 이야기)", 『대한토목학회지』 62(10), 2014.

송요태, "6·25전쟁 개입 초기 중국군의 작전계획 및 작전 결과", 『군사연구』 120, 육군사연구소, 2001.

신동준, "위안스카이(동양의 근대를 만든 사람들)", 월간조선 2008. 11.

신명호, "포로가 된 선조의 두 왕자 임해군과 순화군(신명호의 조선왕조 스캔들)", 월간중앙 2016. 3.

신병주, "명군의 참전과 그들만의 강화 회담(조선을 움직인 인물과 사건)", 한국역사연구회 웹진, 2008. 4. 15.

신채호, 탁양현 엮음, 『단재 신채호의 조선상고사 1』, e퍼플, 2018.

알렌, H. N., 김원모 옮김, 『알렌의 일기』, 단국대학교 출판부, 1991.

유성룡, 이재호 옮김, 『국역정본 징비록』, 위즈덤하우스, 2019.

유인선, "전근대 베트남의 대중국 인식", 『동북아역사논총』 23, 2009.

윤성환, "624~642년 고구려의 대당 외교와 정국 동향", 『동북아역사논총』 59, 2018.

윤희권, "박세당의 생애와 학문", 『국사관논총』 3, 1992.

이기환, "혐한파 소동파를 짝사랑한 고려(이기환의 흔적의 역사)", 경향신문 2014. 1. 28.

_____, "천세, 구천세, 만세(이기환의 흔적의 역사)", 경향신문 2016. 5. 11.

이덕일, "조선 왕을 말한다(이덕일의 事.思.史)", 중앙선데이 200 9. 1. 26.

_____, "淸, 국경 획정에 조선 대표 배제해 역관이 참석…… 백두산에 정계비(이덕일의 새롭게 보는 역사)", 서울신문 2018. 3. 27.

_____, 『금기어가 된 조선 유학자, 윤휴』, 다산초당, 2021.

이동근, "효령사 김유신 장군의 캐릭터적 고찰", 『국학연구논총』 10, 2012.

이상배, "조선전기 외국사신 접대와 명사(明使)의 유관 연구", 『국사관논총』 104, 2006.

이양자, 『감국대신 위안스카이』, 한울엠플러스, 2020.

이완범, "한반도분할의 국제정치학", 『국제정치논총』 42(4), 2002.

이윤섭, 『객관적 20세기 전반기사』, 필맥, 2010.

이이화, 『한국사 이야기 13: 당쟁과 정변의 소용돌이』, 한길사, 2001.

이한우, "명나라 영락제의 총애를 받은 조선여인 현인비(이한우의 조선이야기)", 주간조선 2006. 11. 6.

이호준, "인조를 위한 변호: 자금성", 하영선 엮음, 『사랑방의 젊은 그들 베이징을 품다』, 동아시아연구원, 2014.

임기환, "고구려는 천하의 중심이다", 매일경제 2017. 8. 3.

자오이, 차혜정 옮김, 『대송제국쇠망사』, 위즈덤하우스, 2018.

장철균, "유성룡: 조선의 분할을 저지한 외교 재상(인물로 본 한국 외교사)", 월간조선 2014. 4.

_____, "박정양: 자주외교 고집한 초대 주미전권공사(인물로 본 한국 외

교사)", 월간조선 2016. 4.

정병준, "카이로회담의 한국 문제 논의와 카이로선언 한국조항의 작성 과
　　　정", 『역사비평』 107, 2014.

정혜진, "산대희(정혜진의 소소한 무용담)", 법보신문 2020. 5. 12.

정호훈, 『조선후기 정치사상연구: 17세기 북인계 남인을 중심으로』, 혜안,
　　　2004.

조덕천, "중일전쟁기 대한민국 임시정부에 대한 중화민국 국민정부의 지
　　　원", 『동양학』 63, 단국대학교 동양학연구원, 2016.

조법종, "한국 고중세 백두산신앙과 만주명칭의 기원", 『한국사연구』
　　　147, 2009.

조병인, "명나라 영락제에게 진헌된 여덟 공녀의 비극", 『고궁문화』 12,
　　　2019.

차경애, "의화단운동진압전쟁으로 인한 한국의 국제적 환경의 변화와 대
　　　응", 『명청사연구』 24, 2005.

최덕규, "러시아의 해군정책과 독도(1894년-1905년)", 『한국북방학회논
　　　집』 8, 2001.

탁양현, 『양명 철학: 조선왕조 이단 사문난적 양명학 윤휴 박세당 정약
　　　용』, 카멜팩토리, 2019.

한명기, 『임진왜란과 한중관계』, 역사비평사, 1999.

＿＿＿, "10만 포로의 눈물(병자호란 다시 읽기)", 서울신문 2007. 1. 11.

＿＿＿, "후금 관계 파탄의 시초 2(병자호란 다시 읽기)", 서울신문 2008.
　　　4. 30.

＿＿＿, "쓰시마 정벌이 명나라 때문이었다고?(G2 시대에 읽는 조선 외교

사)", 한겨레 2012. 1. 20.

_____, "명나라 파병의 빛과 그림자(한명기의 임진왜란)", 한겨레 2012.
6. 8.

_____, "벽제전투와 강화협상(한명기의 임진왜란)", 한겨레 2012. 6. 22.

_____, "재조지은과 조선후기 정치사", 『대동문화연구』 59, 2017.

_____, "후금에 투항한 강홍립, 그는 과연 매국노였나(한명기의 한중일
삼국지)", 중앙일보 2021. 3. 12.

_____, "조선 백성 수탈한 모문룡, 그의 송덕비 세운 인조(한명기의 한중
일 삼국지)", 중앙일보 2021. 5. 21.

한우덕, "春來不似春(한자, 세상을 말하다)", 중앙일보 2015. 3. 16.

한홍구, "민생단사건의 비교사적 연구", 『한국문화』 25, 2000.

_____, "밥을 흘려도 죽였다(한홍구의 역사이야기)", 한겨레21, 2002. 3. 6.

허동욱, "중국의 군사개입 결정과 향후 전망", 『군사연구』 132, 2011.

허성도, "한자이야기: 京(경)", 동아일보 2006. 3. 17.

황인규, "서산대사의 승군활동과 조선후기 추념사업", 『불교사상과 문
화』 1, 2009.

기사(게재순)

"아리랑의 최후를 아는가", 한겨레21, 2002. 4. 3.

"난세의 간웅 원세개", 경향신문 2003. 3. 17.

"위안스카이, '골수까지 병든 조선'의 최고 권력자로(역사다큐 운명의
20년)", 조선일보 2004. 3. 25.

"주자학에 통달한 인물을 이단이라니……", 주간동아 2006. 9. 21.

"포로들의 고통과 슬픔 3(병자호란 다시 읽기)", 서울신문 2008. 12. 17.

"청나라 관리 다쳐 사형당한 조선 백성(간도 오딧세이)", 위클리경향 2009.
5. 5.

"무덤은 말한다, 발해의 진실을", 조선일보 2009. 8. 26.

"위안스카이, 임오군란 뒤 14년간 용산 근거로 조선총독 노릇", 중앙선데
이 2010. 5. 16.

"중국에 맞선 베트남 저항의 역사", 시사저널 2010. 8. 17.

"40년대 中 정부, 한강 이북까지 진주하려 했다", 조선일보 2010. 12. 24.

"평양성 탈환: 명군이 죽인 자의 절반은 조선인", 한겨레 2012. 6. 8.

"한국 자유·독립조항 루스벨트가 주연", 중앙일보 2013. 11. 16.

"백제왕들은 스스로 황제라 칭했다: 노중국 교수, '백제의 대외 교섭과 교
류' 펴내", 매일경제 2013. 2. 27.

"카이로 선언의 한국 독립 결의 누가 이끌었나", 동아일보 2014. 3. 19.

"기관총만으로 미군 대적못해…… 린뱌오 난색에 펑더화이 낙점", 한겨레
2014. 10. 19.

"6·25 때 중공군 당나라 군대가 아니었다", 중앙선데이 2016. 6. 19.

"조선에 제가 가야 합니다: 明·淸때 사신 경쟁 치열", 매일경제 2016. 9. 12.

"북한 선전매체, 김일성 中동북해방전쟁 지원 책자 소개", 연합뉴스 2017.
1. 2.

"조선 모욕하던 20대, 중국서 '배신의 아이콘' 되다", 중앙일보 2017. 7. 3.

"외교·안보 파탄낼 수 있는 문 정부의 3가지 착각", 주간조선 2017. 12. 31.

"태종과 영락제가 여진족 추장 쟁탈전을 벌인 까닭은?", 중앙일보 2018. 3.
10.

"미국서 찾아낸 최초 태극기 도안", 조선일보 2018. 8. 14.

"정축약조로 국방 무장해제(병자호란 그후)", 아틀라스뉴스 2019. 7. 11.

"마오가 아낀 덩화: 정면 강한 미군, 갈라쳐서 포위해 섬멸", 중앙선데이

    2019. 7. 27.

"치열한 고지쟁탈전…… 엄청난 희생, 국군 2사단의 승리", 월간조선 2019. 8.

"조선의 마지막 자주 개혁 기회를 앗아간 사나이", 연합뉴스 2019. 10. 24.

"中 도전에 공동 대처 한목소리 낸 나토", 서울경제 2019. 12. 5.

"8살에 당에 끌려가 노비와 내시가 된 고구려 왕손", 한겨레 2020. 4. 12.

"총부리 겨눴던 중국이 기억하는 항미원조", 연합뉴스 2020. 6. 18.

"스탈린, 중공군 참전을 끈질기게 설득", 미래한국 2020. 7. 16.

"미국도 캐나다도 분노한 시진핑의 6·25 왜곡", 조선일보 2020. 11. 1.

"'항미원조'가 불편하고 불쾌한 이유(유레카)", 한겨레 2020. 11. 4.

"120년 전 신축조약 불러낸 2021 동북아 정세", 주간조선 2021. 1. 4.

"중공과 월공", 조선일보 2021. 5. 21.

범용 웹

국사편찬위원회 우리역사넷(contents.history.go.kr).

동북아역사넷(contents.nahf.or.kr).

문화콘텐츠닷컴(culturecontent.com).

세계한민족문화대전(okpedia.kr).

위키백과 한국판(ko.wikipedia.org/wiki/).

한국민족문화대백과사전(encykorea.aks.ac.kr).

중국 갑질 2천 년

초판 1쇄 발행   2021년 9월 15일
초판 3쇄 인쇄   2025년 2월 17일

지은이   황대일
펴낸이   안병훈
펴낸곳   도서출판 기파랑
등 록   2004. 12. 27 제300-2004-204호
주 소   서울시 종로구 대학로8가길 56 동숭빌딩 301호   우편번호 03086
전 화   02-763-8996(편집부) 02-3288-0077(영업마케팅부)
팩 스   02-763-8936
이메일   info@guiparang.com
홈페이지   www.guiparang.com

ISBN 978-89-6523-581-1   03340

이 책은 관훈클럽 정신영기금의 도움을 받아 저술되었습니다.